高等教育新形态精品教材

大学 体育理论与实践

主　编	刘　晨	韩相伟	高　岚	
副主编	盖英锋	耿楠楠	刘成维	王　森
	衣海永	刘传安	付太山	康法英
	李琳琳	赵广丰		
参　编	安晓辉	管延伟	刘　波	吴　磊
	张文波	张春波	于　然	刘明朋
	高　娟	宋　越	王奎利	杨　宁
	王炳花	李岳松	曲蓉蓉	杨云强

北京理工大学出版社
BEIJING INSTITUTE OF TECHNOLOGY PRESS

内容提要

本书贯彻素质教育原则，突出学生的个性发展和能力培养，帮助学生掌握体育的基础知识、基本技术、基本技能，使其形成良好的锻炼习惯、学习习惯、生活习惯，进而培养其爱国主义精神、集体主义观念。全书共分为两篇共9章，第一篇为基础理论篇，主要内容包括高校体育与健康、大学生体质健康测评；第二篇为实践运动篇，主要内容包括田径运动、球类运动、形体运动、游泳运动、户外与休闲运动、民族传统体育运动和搏击运动等。

本书可作为高等院校各专业公共体育课程的教材，也可供相关专业人员和广大体育爱好者学习参考。

版权专有　侵权必究

图书在版编目（CIP）数据

大学体育理论与实践 / 刘晨，韩相伟，高岚主编.--北京：北京理工大学出版社，2023.5
　　ISBN 978-7-5763-2396-2

Ⅰ.①大… Ⅱ.①刘… ②韩… ③高… Ⅲ.①体育－高等学校－教材 Ⅳ.①G807.4

中国国家版本馆CIP数据核字（2023）第090774号

出版发行 / 北京理工大学出版社有限责任公司
社　　址 / 北京市丰台区四合庄路6号院
邮　　编 / 100070
电　　话 /（010）68914775（总编室）
　　　　　（010）82562903（教材售后服务热线）
　　　　　（010）68944723（其他图书服务热线）
网　　址 / http://www.bitpress.com.cn
经　　销 / 全国各地新华书店
印　　刷 / 河北鑫彩博图印刷有限公司
开　　本 / 787毫米×1092毫米　1/16
印　　张 / 16　　　　　　　　　　　　　　　　　　责任编辑 / 王梦春
字　　数 / 365千字　　　　　　　　　　　　　　　　文案编辑 / 孙　玥
版　　次 / 2023年5月第1版　2023年5月第1次印刷　　责任校对 / 刘亚男
定　　价 / 49.00元　　　　　　　　　　　　　　　　责任印制 / 王美丽

图书出现印装质量问题，请拨打售后服务热线，本社负责调换

前言 PREFACE

大学体育既是体育文化的重要组成部分,也是校园文化的重要内容和形式,其对于培养学生的健全体魄和树立良好的校风、学风起着积极的推动作用,不仅能够强身健体,而且能培养意志以及自信心。

大学体育是以身体练习为主要手段,通过合理的体育教育和科学的体育锻炼,使大学生达到增强体质、增进健康和提高体育素养目的的公共基础课程,是高等院校课程体系的重要组成部分,是学校体育工作的中心环节,是实施素质教育和培养全面发展人才的重要途径。

党的二十大报告指出:"广泛开展全民健身活动,加强青少年体育工作,促进群众体育和竞技体育全面发展,加快建设体育强国。"本书以加强高校体育课程建设、提高体育教育教学质量为目的,使大学生学习和掌握体育与健康的科学知识,培养对体育活动的兴趣和爱好,学会锻炼身体的科学方法,增强体质,促进身心健康,提高体育运动水平,成为德、智、体、美、劳全面发展的高素质人才。

本书主要具有以下特点:

(1) 实用性强。本书在内容编排上,针对体育项目或动作特点,设计安排了相当数量的练习方法。这些练习方法不仅能够有针对性地解决技术动作难点,提高学生的运动能力,而且娱乐性较强,有利于练习者在愉快的活动中掌握技术动作要点。

(2) 内容精练。本书遵循理论与实践相结合的编写原则,一切以够用为度,既突出大学体育的本质、特点,树立正确的健康观,掌握科学的健身方法,又突出促进身体健康所需要的运动技能等。

(3) 科学性强。本书依据当前大学体育教学和学生的实际情况,从体育知识与基础理论入手,每部分的论述都依据可靠的参考资料和科学研究的材料,使大学生在学习和掌握科学的健身方法的同时，养成科学锻炼身体的习惯。

  本书在编写过程中从教学实际出发，力求做到内容新颖、通俗易懂、简单易学、图文并茂。本书既考虑了教材的深度，又照顾到教材的广度，对一些基本的体育技能作了详尽的描述，使学生在了解基本理论的基础上，能科学地进行体育锻炼，提高自己的运动能力，通过本书的学习，学生可以了解体育文化、体育精神，树立正确的体育观、健康观，具备良好的社会公德、协作精神、竞争意识和社会适应能力。

  本书由山东青年政治学院刘晨、韩相伟、高岚担任主编。本书在编写过程中得到众多兄弟院校专业和领导的大力帮助，并参考了大量相关体育资料、教材和著作等，从中吸取了新的理念和内容，在此一并表示衷心的感谢。

  由于编写时间仓促，编者的水平有限，书中难免存在不妥和疏漏之处，恳请各位读者批评指正。

编 者

目录 CONTENTS

第一篇　基础理论篇

第一章　高校体育与健康 ·· 002
　第一节　体育与健康概述 ·· 002
　第二节　高校体育的目的、任务 ·· 006
　第三节　科学体育锻炼身体的原则与方法 ······························ 007

第二章　大学生体质健康测评 ·· 014
　第一节　大学生体质健康概述 ·· 014
　第二节　大学生体质健康测评内容 ······································· 015
　第三节　大学生体质健康标准 ·· 017
　第四节　大学生体质健康标准评分表 ···································· 021

第二篇　实践运动篇

第三章　田径运动 ·· 028
　第一节　田径运动概况 ··· 028

第二节　走、跑、跨栏项目 ·· 029
第三节　跳跃项目 ·· 040
第四节　投掷项目 ·· 045

第四章　球类运动 ··· 050

第一节　篮球运动 ·· 050
第二节　足球运动 ·· 071
第三节　排球运动 ·· 088
第四节　乒乓球运动 ·· 104
第五节　羽毛球运动 ·· 116
第六节　网球运动 ·· 129

第五章　形体运动 ··· 142

第一节　健美操 ·· 142
第二节　啦啦操 ·· 149
第三节　体育舞蹈 ·· 155
第四节　排舞 ·· 160
第五节　健身健美 ·· 162

第六章　游泳运动 ··· 166

第一节　游泳运动概述 ·· 166
第二节　蛙泳 ·· 167
第三节　爬泳 ·· 171

第七章　户外与休闲运动 ··· 176

第一节　野外生存 ·· 176
第二节　登山 ·· 180
第三节　轮滑 ·· 183
第四节　攀岩 ·· 186

第五节　定向越野 ··· 190
　　第六节　飞盘运动 ··· 195
　　第七节　花样跳绳 ··· 198
　　第八节　骑行 ··· 200

第八章　民族传统体育运动 ····································· 203
　　第一节　太极拳 ··· 203
　　第二节　太极剑 ··· 222
　　第三节　健身气功 ··· 224

第九章　搏击运动 ··· 230
　　第一节　拳击 ··· 230
　　第二节　跆拳道 ··· 234
　　第三节　散打 ··· 240

参考文献 ··· 248

第一篇

基础理论篇

第一章　高校体育与健康

第一节　体育与健康概述

一、体育

1. 体育的含义

体育作为一种社会现象，是一种有目的、有意识的社会实践活动。体育的含义有狭义和广义的区分。

狭义的体育即身体教育，是通过身体活动，增强体质，传授锻炼身体的知识、技能、技术，培养道德和意志品质的有目的、有计划的教育过程。它是教育的组成部分，是培养全面发展的人的一个重要方面。

广义的体育亦称体育运动，是指以身体练习为基本手段，以增强体质，促进人的全面发展，丰富社会文化生活和促进精神文明建设为目的的一种有意识、有组织的社会活动。它是社会总文化的一部分，其发展在一定程度上受社会的政治和经济的制约，也在一定程度上为社会的政治和经济服务。

2. 体育的来源

体育虽然有悠久的历史，但"体育"一词却出现甚晚。在古希腊，体育活动往往用"体操"来表示，但其含义不同于现在的体操，它包括当时进行的所有身体操练，如拳击、跳跃、奔跑、投掷和角力等。在我国古代，类似于体育活动的行为或运动用养生、导引、武术等名词标记。

据世界体育资料记载，"体育"一词是法国人于1760年在法国的报刊上论述儿童身体教育问题的论文时首先使用的（ēducation Physique）。现在国际上普遍用"physical education"泛指"体育"。它的本义是指以身体活动为手段的教育，直译为身体的教育。1762年，卢梭在法国出版了著名的教育论著《爱弥儿》，他也使用"体育"一词来描述对爱弥儿身体的教育过程。由于该书激烈地批判了当时的教会教育，在世界上引起了很大反响，"体育"一词同时也在世界各国流传开来。可见，"体育"一词最初产生于"教育"一词，它最早的含义是指教育过程中的一个领域。到19世纪，世界上教育发达的国家普遍使用了"体育"一词。19世纪中叶以后，德国和瑞典的体操才传入我国，随后在兴办的洋学堂中设置了"体操科"。

"体育"一词最早于1904年由日本留学生引入中国。我国创办最早的体育团体是1906年上海的"沪西士商体育会"。1907年我国著名女革命家秋瑾在绍兴也创办了体育会。同年，清朝学部的奏折中也开始有"体育"这个词。辛亥革命以后，"体育"一词就逐渐运用开来。

随着西方文化不断涌入我国，学校体育的内容也从单一的体操向多元化发展，出现了篮球、田径、足球等运动项目。

3. 体育的功能

体育功能主要指体育对个体和社会所能发挥的作用和效能。体育的功能主要包括强身健体、健康心理、休闲娱乐、教育、政治、经济等功能。

（1）强身健体功能。体育运动的强身健体功能主要体现在：体育可以通过促进人体八大系统，即运动系统、神经系统、循环系统、呼吸系统、消化系统、内分泌系统、免疫系统及泌尿系统的健康发展来促进个体的健康。

大脑是人体的指挥部，人体一切活动的指令，都是由大脑发出的。经常进行锻炼，可以改善大脑的供血情况，加速新陈代谢，促进血液循环，改善中枢神经系统对各器官系统的调节作用，从而使有机体的生理发育更趋完善，发展人体生理功能和身体素质水平，提高人体的基本活动能力和适应能力。冰冻三尺非一日之寒，锻炼身体非一朝一夕，坚持持久，持之以恒，体质就会增强，不仅能提高工作效率，而且能延年益寿。

（2）健康心理功能。体育运动可以发展人的认知能力，均衡性的肢体运动还可以使左右半球的大脑产生兴奋，促进人智力的发展；体育运动可以完善人的性格、气质，每个人的性格和气质都是迥异的，但随着运动次数的增多，人格心理就会得到适当的改变，在很大程度上人格特征会向外向型方向发展，紧张、焦虑程度降低，竞争力和创造性得到加强；坚持体育锻炼能够提高心理应激水平，使得人体在受到强烈的物理、化学、生物等作用或情绪发生变化时避免刺激对人体的损害，在遇到外界的强烈刺激时也能保持心理的平衡，使心理承受能力和健康水平都处于较高的状态。较高的心理应激水平可以使人更加从容地面对和克服困难，提升意志品质。

（3）休闲娱乐功能。休闲娱乐是人们闲暇时间里进行的自由的、自愿的、愉悦身心的活动。体育作为发展人的"自身自然"的身体活动，其在休闲娱乐中所发挥的个体和社会功能是其他休闲娱乐活动所不可取代的。体育具有休闲娱乐功能的主要原因在于：体育活动始终关注人的"自身自然"的发展；体育活动存在大量的人与人的交往。体育休闲娱乐功能的实现主要有两种基本途径：一是亲身参与体育活动，二是欣赏体育比赛。

（4）教育功能。体育是学校教育的一个重要组成部分，是教育的一个重要手段和方面。体育在培养人们健康合理的生活方式、集体主义精神、爱国主义精神、刻苦耐劳精神、顽强拼搏精神等方面有着重要作用。体育的教育功能主要体现在：体育运动可以促进良好生活习惯的形成；通过提供社会规范教育、社会角色尝试来促进人的社会化；通过促成个性形成、约束个性发展和养成进取精神来发挥体育在促成个性形成和发展中的作用。

（5）政治功能。体育作为一项在全世界具有广泛影响的社会文化和教育活动，在当今社会中与政治有着密切的关系，在维护统治阶级的利益、处理国际关系和民族关系方面，具有独特的功能。主要体现在：体育运动可以提高国家和民族的威望，体育运动可以服务国家外交，体育运动还可以增强民族团结。

（6）经济功能。体育作为一种社会活动，它总是在一定的物质消费的基础上进行的，因此，与体育活动相关的服装、器材、装备和体育场地设施等就会随之产生，体育服务等社

会行业就必然会出现。特别是在现代社会，体育中的很多内容已经发展成为人类社会的第三产业，在社会经济生活中发挥着越来越大的作用。许多国家的政府还出台了体育产业发展纲要等政府文件，这些都充分说明了体育的经济功能和作用。

二、健康

健康是人类生存发展的要素。以往，人们普遍认为"健康就是没有病的，有病就不是健康"。随着科学的发展和时代的变迁，现代健康观告诉我们，健康已不再仅仅是指四肢健全、无疾病或虚弱，除身体健康外，还需要在精神上有良好的状态。人的精神、心理状态和行为对自己、他人和社会都有影响。更深层次的健康观还应包括人的心理、行为的正常和社会道德规范，以及环境因素的完美。

1. 健康的定义

现代健康的含义是多元的、广泛的，包括生理、心理和社会适应性三个方面，其中社会适应性归根结底取决于生理和心理的素质状况。心理健康是身体健康的精神支柱，身体健康又是心理健康的物质基础。良好的情绪状态可以使生理功能处于最佳状态，反之则会降低或破坏某种功能而引起疾病。身体状况的改变可能带来相应的心理问题，生理上的缺陷、疾病，特别是痼疾，往往会使人产生烦恼、焦躁、忧虑、抑郁等不良情绪，导致各种不正常的心理状态。作为身心统一体的人，身体和心理是紧密依存的两个方面。

世界卫生组织关于健康的定义："健康乃是一种在身体上、精神上的完满状态，以及良好的适应力，而不仅仅是没有疾病和衰弱的状态。"其实这就是人们所指的身心健康。也就是说，一个人在躯体健康、心理健康、社会适应良好和道德健康四方面都健全，才是完全健康的人。对这几个方面的健康可做如下解释。

（1）躯体健康：一般指人体的生理健康。

（2）心理健康：有三个方面的标志。第一，人格的完整；第二，在所处的环境中，有充分的安全感，保持适度的焦虑；第三，对未来有明确的目标，能切合实际地、不断地进取，有理想和事业的追求。

（3）社会适应良好：指个体的社会行为，能适应复杂的环境变化，能保持正常的人际关系，能受到别人的欢迎。

（4）道德健康：不以损害他人利益来满足自己的需要，有能够辨别真伪、善恶、美丑的是非观念，能按社会行为规范的准则约束、支配自己的行为，能为人民的幸福做贡献。

2. 亚健康的特征、临床表现

现代医学将健康称作"第一状态"，疾病称作"第二状态"，将介于健康与疾病之间的生理功能低下的状态称作"第三状态"，也称为"亚健康状态"或"灰色状态"。亚健康状态是指机体虽无明显疾病，却呈现出活力下降、适应能力不同程度减退的一种生理状态。

亚健康的主要特征包括以下四点。

（1）身心上不适应的感觉所反映出来的种种症状，如疲劳、虚弱、情绪改变等，其状况在相当时期内难以明确。

(2) 与年龄不相适应的组织结构或生理功能减退所致的各种虚弱表现。
(3) 微生态失衡状态。
(4) 某些疾病的病前生理病理学改变。

亚健康的临床表现多种多样，躯体方面可表现为疲乏无力、肌肉及关节酸痛、头昏头痛、心悸胸闷、睡眠紊乱、食欲不振、脘腹不适、便溏便秘、性功能减退、怕冷怕热、易于感冒、眼部干涩等；心理方面可表现有情绪低落、心烦意乱、焦躁不安、急躁易怒、恐惧胆怯、记忆力下降、注意力不能集中、精力不足、反应迟钝等；社会交往方面可表现有不能较好地承担相应的社会角色，工作、学习困难，不能正常地处理好人际关系、家庭关系，难以进行正常的社会交往等。

3. 衡量健康的标准

世界卫生组织提出的健康的10条标准如下：

(1) 精力充沛，能从容地应付日常生活和工作的压力而不感到过分紧张。
(2) 处事乐观，态度积极，乐于承担责任，事无巨细都能认真对待，不挑剔。
(3) 善于休息，睡眠良好。
(4) 应变能力强，能适应环境的各种变化。
(5) 能够抵抗一般性感冒和传染病。
(6) 体重得当，身材匀称，站立时头、肩、臂位置协调。
(7) 眼睛明亮，反应敏捷，眼睑不发炎。
(8) 牙齿清洁，无空洞，无痛感；齿根颜色正常，不出血。
(9) 头发有光泽，无头屑。
(10) 肌肉、皮肤富有弹性，走路轻松有力。

4. 影响健康的因素

世界卫生组织经研究提示有四大因素影响个人健康和寿命：生物学因素占15%、环境因素占17%、卫生服务占8%、行为与生活方式占60%。

(1) 生物学因素。生物学因素是指遗传和心理。遗传不是可改的因素，但心理因素可以修改，保持积极心理状态是保持和增进健康的必要条件。

(2) 环境因素。环境因素包括自然环境与社会环境，所有人类健康问题都与环境有关。污染、人口和贫困，是当今世界面临的严重威胁人类健康的三大社会问题。良好的社会环境是人民健康的根本保证。

(3) 卫生服务因素。卫生服务的范围、内容与质量直接关系到人的生、老、病、死及由此产生的一系列健康问题。

(4) 行为与生活方式因素。行为与生活方式因素包括危害健康行为与不良生活方式。生活方式是指在一定环境条件下所形成的生活意识和生活行为习惯的统称。不良生活方式和有害健康的行为已成为当今危害人们健康，导致疾病及死亡的主因。我国的前三名死因是恶性肿瘤、脑血管和心脏病，这些疾病多是由生活习惯和不良卫生行为所引起的。

三、体育运动对人的健康各方面的影响和作用

（1）体育运动可以促进生长发育、增进健康。体育运动能提高人体的吸氧能力，从而促进人体新陈代谢和解毒过程；体育运动可促进全身血液循环，使肌肉得到充分的营养，提高肌肉的代谢能力，使肌纤维变粗，发达、结实、匀称而有力。

（2）体育运动可促使大脑清醒，提高学习效率。体育运动能增加大脑的供血，改善大脑血糖和氧的供应，促进脑细胞的新陈代谢，提高大脑皮质的活动能力，提高神经活动的兴奋性、灵敏性和反应性，提高对某些植物神经和脏器活动的自控能力。

（3）体育运动可以促进个性培养，陶冶情操。体育运动可以帮助学生克服种种生理和心理上的障碍，培养其勇敢、果断、吃苦耐劳等优良品质。体育运动可调节人的一些不健康的情绪和心理，如消沉、沮丧、紧张等。体育竞赛运动，特别是一些团体运动，要求团结协作、诚实、守纪、力争上游、胜不骄、败不馁的优良品质和作风。

（4）体育运动能提高机体免疫功能，提高机体抗御疾病的能力。体育运动能促进胃肠蠕动、消化液分泌，有助于机体的消化吸收，可预防和治疗习惯性便秘、消化不良等疾病。有研究表明，经常运动的人比不经常运动的人不易生病且长寿。

第二节　高校体育的目的、任务

一、高校体育的目的

根据我国现代化建设事业对当代大学生身心发展的需求和大学生生理、心理特征，体育的功能及我国的国情，高等学校体育教育的目的是：以体育锻炼为基本手段，增强学生体质，促进学生身心全面发展，达到学校教育的要求，培养出能够更好地为社会主义现代化建设服务、德智体全面发展的高素质人才。主要表现为以下几个方面。

（1）传授体育与健康的基本知识，提高学生的健康意识和知识水平：使学生能够科学、有效地进行体育锻炼，可以制订锻炼计划，不断提高自身的运动能力；帮助学生掌握一些常见运动损伤的预防和处理方法。

（2）养成良好的行为和生活习惯，增强体质：使学生基本上都能参与测试并评价体质健康状况，掌握有效提高体质、发展体能的锻炼方法；更新观念，科学营养膳食，养成良好的行为习惯及健康的生活方式，具备强壮的体魄。

（3）进行思想品德教育，促进学生心理健康，培养优良品质。通过体育运动来改善学生的心理状态，帮助学生克服心理障碍，养成积极、乐观、上进的生活态度，并能够调节、控制自己的情绪，设立符合自身发展的运动目标，从中体验运动的乐趣和成功的喜悦。

视频：周周练

（4）培养体育兴趣，养成体育运动习惯，培养终身体育的能力。通过体育理论和体育实践的过程来提高学生的体育素养，帮助学生学习并掌握一两项有兴趣，并能成为特长的终身体

育运动项目的基本知识、技术、技能和科学的锻炼手段，养成经常锻炼身体的习惯，使学生受益终身。

二、高校体育的任务

党的二十大报告中指出"到二〇三五年"，"建成教育强国、科技强国、人才强国、文化强国、体育强国、健康中国，国家文化软实力显著增强"，"广泛开展全民健身活动，加强青少年体育工作，促进群众体育和竞技体育全面发展，加快建设体育强国"。

高等学校体育教育的任务是：全面锻炼学生身体，使之增强体质，增进健康，提高抵抗疾病与适应环境变化的能力；学习和掌握体育"三基"，激发学生参加体育锻炼的兴趣，使其养成自觉锻炼身体的习惯，提高体育文化素质，为终身体育奠定基础；通过体育向大学生进行思想品德教育，培养良好的思想品质和道德风尚；发展大学生的体育才能，提高运动技术水平，促进体育进一步普及。

高校学校体育应该使当代大学生真正享受参与体育运动的乐趣，带动更多人为建设体育强国而奋斗。

第三节　科学体育锻炼身体的原则与方法

一、科学体育锻炼身体的原则

科学体育锻炼身体需要掌握规律，也要遵循一定的原则。体育锻炼中依据健身的人体科学基础、运动学理论，以及运动对人体的作用和特点等进行综合指导。因此，体育锻炼身体原则的提出有充分的科学依据，并能够反映事物发展的客观规律。体育锻炼身体的原则主要有自觉性原则、全面性原则、循序渐进性原则、经常性原则和适量性原则等，是人们在体育锻炼实践中总结出来的经验，为锻炼者达到理想效果而提供科学指导。

1. 自觉性原则

自觉性原则是指体育锻炼的参加者必须有明确的健身目标，自觉地从事体育锻炼。体育锻炼是一种有目的、有意识的健身行为，它不同于日常的生活和劳动。必须建立自觉锻炼的信念；明确"生命在于运动"的科学原理；认识体育锻炼是健康投资的终身需要。

2. 全面性原则

全面性原则是指体育锻炼应该全面发展身体的各个部位和各个器官的机能，提高身体素质，从而全面而和谐地发展。

人体是一个有机统一的整体，人体各部位、各器官系统的机能都是互相联系和互相影响的，人体在体育活动中所表现出来的力量、速度、耐力、柔韧和灵敏等素质是通过肌肉活动表现出来的，但同时也反映着神经系统和运动器官的协调、运动器官和内脏器官的配合协调。因此，体育锻炼者必须采用多种运动形式、内容、方法和手段，并且要全面、科学、合理地搭配锻炼的内容，内外结合，既要考虑身体形态的发展，又要考虑体内组织器官和系统的反应，同时要注意心理素质的培养，以达到全面锻炼身体的目的。

3. 循序渐进原则

循序渐进原则是指体育锻炼必须根据人体发展规律和个人的实际情况，在锻炼的内容、方法、运动负荷等方面逐步提高，使机体功能不断得到改善和提高。要做到循序渐进，首先在锻炼内容上，要根据自己的身体状况合理选择，体质不同，锻炼起点也不同。然后，运动量逐步增大。机体对运动量的承受能力有一个缓慢的适应过程，锻炼时运动量要由小到大，待机体适应后再逐步加大。病后或中断锻炼后再进行锻炼，尤其要注意循序渐进，以免发生意外。最后，每次锻炼的过程也要循序渐进，每次锻炼要做准备活动，锻炼后要做好整理活动。

4. 经常性原则

经常性原则是指体育锻炼必须经常性进行，使之成为日常生活中的重要内容。体育锻炼对机体给予刺激，每次刺激都产生一定的作用痕迹，连续不断地刺激则产生作用痕迹的积累。这种积累使机体结构和机能产生新的适应，体质就会不断增强，动作技能形成的条件反射也会不断得到强化。因此，体育锻炼贵在坚持，形成良好的习惯，使自身锻炼成为日常生活中的一个组成部分，这样才能达到良好的锻炼效果。

5. 适量性原则

适量性原则是指体育锻炼要根据锻炼者的实际情况（年龄、性别、健康状况等）合理确定锻炼的运动负荷。人体能够承受的生理负荷都有相对的极限，锻炼的运动负荷要力求控制在一定的范围之内。锻炼效果的大小，很大程度上取决于运动刺激的强度，弱的刺激不能引起机体功能变化，而过大负荷的刺激可能损害身体健康。适宜的强度取决于能量的消耗和恢复的超量补偿，能量消耗过多，便产生了疲劳。适度疲劳经过休息和恢复，可以促进人体机能水平的提高，产生明显的锻炼效果。而过度疲劳则造成身体机能水平的下降并损害身体健康。

二、科学体育锻炼身体的方法

体育锻炼方法是根据人体发展规律，运用各种身体练习，以提高人体的身体素质和基本活动能力的途径和方式。科学体育锻炼身体的方法主要有重复锻炼法、间歇锻炼法、连续锻炼法、循环锻炼法、变换锻炼法、负重锻炼法。

1. 重复锻炼法

重复锻炼法就是按一定负荷标准，重复进行某项练习，以获得健身效果的锻炼方法。锻炼时要注意克服厌倦情绪，防止机械呆板，每次重复都应达到运动负荷的有效价值范围。重复的次数和时间要适度，要考虑项目的特点，运动量过量会导致疲劳积累，有害健康；运动量太小又无效果。

运用重复锻炼法，关键是掌握好负荷的有效价值范围（最有锻炼价值负荷量下的心率），并据此调节重复次数。在重复锻炼中，对负荷如何控制，怎样去重复才能达到理想效果的负荷程度，应视实际情况而定。

2. 间歇锻炼法

间歇锻炼法是指在两次练习之间，规定一个严格的休息时间，以使机体处于不完全恢复状态下，反复进行练习的训练方法。间歇锻炼法两次练习之间休息时间短，机体尚未完全恢复，因此对提高机体运动负荷有重要的作用。

间歇锻炼法的间歇时间的长短可根据锻炼者个人身体机能状况而定。水平低者，间歇时间可长；反之，间歇时间应短。一般以心率每 120 次 / 分左右为宜。在间歇过程中应进行积极的休息和放松，如慢跑、按摩和深呼吸等，以加快血液回流，保证氧气供应。应特别注意的是，间歇锻炼法对机体的机能有较高的要求，要注意根据自身实际情况，加强对负荷的监测。

3. 连续锻炼法

连续锻炼法是按一定要求，持续进行规定动作的身体锻炼方法，是指在锻炼的过程中，为了保持有价值的负荷量而不间断地连续进行运动。该方法要求负荷强度较低、负荷时间较长，不间断地连续进行运动。连续的作用在于保证持续负荷量不下降，维持在一定的水平上，使身体充分地受到运动的作用。

连续锻炼时间的长短，同样要根据负荷的有效价值范围来确定。通常认为，在 130 次 / 分左右心率下连续锻炼 20～30 分钟，可使机体的各个部位获得充分的血液和氧的供应，因而能有效地发展有氧代谢能力和耐力素质。用于连续锻炼的内容通常是那些比较容易并已为锻炼者所熟悉的运动，如跑步、游泳，也可以是跳健美操或广场舞等。

4. 循环锻炼法

循环锻炼法是指把各种类型的动作，具有不同练习效果的手段组成一组锻炼项目，按一定的顺序循环往复地进行锻炼的方法。循环练习的各个练习点、内容要搭配合理，动作要简单而且是已经掌握的，并且要规定练习次数和要求。由于项目的变化和不同，使练习者产生浓厚的兴趣，疲劳感减轻，提高了练习密度，健身效果显著，但在进行循环锻炼时不能片面追求运动密度和数量而忽视动作的质量。

5. 变换锻炼法

变换锻炼法是指通过不断变换运动负荷、练习内容、练习形式及练习条件等，提高锻炼者的积极性、适应性及应变能力的方法。该方法可以有效地调节锻炼者的生理负荷，提高兴奋性，强化锻炼意识，克服疲劳和厌倦情绪，最终达到提高锻炼效果的目的。如刚参加锻炼时，可多做些诱导性和辅助性练习。随着锻炼水平的提高，应加大练习的难度，如用越野跑代替在田径场的长跑等。锻炼条件的变化，可对锻炼者的大脑皮质不断产生新的刺激，提高兴奋性，激发锻炼兴趣，从而提高机体对负荷的承受能力，提高锻炼效果。

6. 负重锻炼法

负重锻炼法是使用杠铃、哑铃、沙袋等重物进行身体运动来锻炼身体、增强体力的方法。负重的方法，既用于普通人为增强体质锻炼身体，又用于各项运动员进行身体训练，还可用于解决身体疾患的康复。一般情况下，人为增强体质进行负重锻炼时，应该采用最大摄氧量和最大心输出量以下的负荷。

三、运动处方

运动可以使人的机体生理参数发生明显的变化。运动对机体有好的作用，也有不良的作用，如同药物一样，不同剂量和服用方法对疾病的作用效果不同；而不同负荷和练习方法的运动对人体的锻炼效果也不一样。适宜运动可增强体力、提高机体的防御能力，预防和治疗疾病。

1. 运动处方的概念及分类

（1）运动处方的概念。1969年世界卫生组织（WHO）开始使用运动处方术语，从而在国际上得到认可。运动处方的完整概念是：康复医师或体疗师，对从事体育锻炼者或患者，根据医学检查资料（包括运动试验和体力测验），按其健康、体力，以及心血管功能状况，用处方的形式规定运动种类、运动强度、运动时间及运动频率，提出运动中的注意事项。

运动处方是指针对个人的身体状况，采用处方的形式规定健身者锻炼的内容和运动量的方法，是指导人们有目的、有计划和科学地锻炼的一种方法。其特点是因人而异，对"症"下药。

（2）运动处方的分类。运动处方的种类很多，按锻炼的对象和作用可分为以下几种。

1）治疗性运动处方，以治疗疾病、提高康复效果为主要目的。

2）预防性运动处方，以增强体质、预防疾病、提高健康水平为主要目的。

3）健身、健美运动处方，以提高身体素质、运动能力、健美为主要目的。

2. 运动处方的特点及作用

（1）运动处方的特点。

1）系统化。运动处方的基本成分包括运动目的、运动方式、运动强度、每次运动持续时间、运动频率、能量消耗、运动目标和注意事项；强调系统性、有计划地进行全身运动。

2）个体化。针对每个人的年龄、健康状态、体力活动现状、有无疾病或危险因素的存在等具体情况，以及运动目的等来综合判断、制定运动处方。

3）安全有效。按照运动处方有计划地进行健身锻炼，能够明显获益和减少运动伤病的发生率，有效提高身体机能，达到预防和治疗某些慢性疾病的目的。

（2）运动处方的作用。运动处方与普通的体育锻炼和一般的治疗方法不同，运动处方是有很强的针对性、有明确的目的、有选择、有控制的运动疗法。运动处方的作用主要有以下几个方面。

1）旨在提高运动成绩的运动训练，由教练员为运动员制订训练计划；旨在使学生掌握一定的运动技术、技能，提高身体素质的学校体育课，由体育老师根据学生实际情况按照教学计划、教学大纲制定教案。

2）运动处方在康复治疗中的作用是，科学地指导康复者进行康复训练，以便更有效地预防功能障碍的形成、减轻功能障碍的程度、尽快恢复功能。实践证明，按照运动处方进行康复锻炼，可以使康复的效果比没有处方指导的"自由活动"明显提高。

3）随着生活水平的提高，不良生活方式引起的疾病增多，且有老年病年轻化的趋势，大众健身引起了人们的重视。运动处方在提高国民体质、增进健康、预防慢性疾病的健身活动中能正确指导健身者科学地进行训练，以较短的实践、较轻的体力负荷，取得较大的锻炼效果。

3. 运动处方的原则

（1）因人而异原则。运动处方必须因人而异，切忌千篇一律。要根据每一个参加锻炼者或患者的具体情况制定出符合个人身体客观条件及要求的运动处方。不同的疾病，运动处方不同；同一疾病在不同的病期，运动处方不同；同一个人在不同的功能状态下，运动处方也应有所不同。

（2）有效原则。运动处方的制定和实施应使参加锻炼者或患者的功能状态有所改善。在制定运动处方时，要科学、合理地安排各项内容；在运动处方的实施过程中，要按质、按量认真完成训练。

（3）安全原则。按运动处方运动，应保证在安全的范围内进行，若超出安全的界限，则可能发生危险。在制定和实施运动处方时，应严格遵循各项规定和要求，以确保安全。

（4）全面原则。运动处方应遵循全面身心健康的原则，在运动处方的制定和实施中，应注意维持人体生理和心理的平衡，以达到"全面身心健康"的目的。

4. 运动处方的主要内容

运动处方的内容主要应包括运动目的、运动种类、运动强度、运动时间、运动频率、运动进度及注意事项等。

（1）运动目的。运动处方与普通的体育锻炼不同，有很强的针对性和很明确的目的，因此，在制定运动处方时应首先明确运动目的，根据运动目的制定出合理的运动处方。常见的运动目的包括：提高心肺耐力、控制体重、增肌减脂、塑形健美、提高体质水平、各种慢性疾病的早期预防与控制等。

（2）运动种类。现代新兴的运动处方要求包括三种运动种类，即有氧运动、力量性运动、伸展运动，以达到全身锻炼的最佳效果。

1）有氧运动。有氧运动是运动处方最主要和最基本的运动手段。其运动项目有步行、慢跑、走跑交替、游泳、自行车、上下楼梯、跳绳、划船、滑冰、滑雪、室内运动自行车、步行车和跑台等。有氧运动能够改善心血管及代谢功能，可作为一般健身项目，也可用于冠心病、高血压、肥胖症等多种慢性疾病的预防和康复。

2）力量性运动。力量性运动在运动处方中，主要用于运动系统、神经系统等肌肉、神经麻痹或关节功能障碍的患者，以恢复肌肉力量和肢体活动功能为主。在矫正畸形和预防肌力平衡被破坏所致的慢性疾患的康复中，有选择地增强肌肉力量，调整肌力平衡，从而改善躯干和肢体的形态和功能。力量性运动主要包括抗阻运动、主动运动、助力运动等。

3）伸展运动。伸展运动包括运动负荷较小的放松性练习及医疗体操和矫正体操。前者的运动项目包括太极拳、气功、五禽戏、八段锦、放松操等。这些运动可改善心情，消除身体疲劳，防治高血压病和神经衰弱；后者的运动项目包括各种医疗体操、舞蹈、矫正体操等。这些运动项目可针对某些疾病进行专门性治疗，如慢性支气管炎、肺气肿患者可做专门的呼吸体操，内脏下垂者应做腹肌锻炼，脊柱畸形、扁平足者应做矫正体操。

（3）运动强度。运动强度是运动处方设计中重要的组成部分，不同个体的运动能力是有差异的,需要通过监测来确定运动强度是否适宜。一般人的运动强度不应超过最大强度的80%和低于50%,一般在60%～70%。而心脏病患者的运动强度应为最大强度的40%～60%。运动强度可根据心率(HR)、最大吸氧量(VO_2max)的百分数和自觉疲劳程度(RPE)来确定。

1)用心率确定劳动强度:HR_{max}是在最大强度运动负荷实验中测得的最大值,也可根据公式推测。目前推荐60%～80%HR_{max}的强度为有氧训练强度,见表1-1。

表1-1 各种最大心率百分比测算方式

公式创建者	公式	适用人群	
Fox(19)	HR_{max}=220 - 年龄	少部分男性和女性	170
Astrand(9)	HR_{max}=216.6-0.84×年龄	4～34岁男性和女性	
Tanaka(48)	HR_{max}=208-0.7×年龄	健康男性和女性	173
Gelist(21)	HR_{max}=207-0.7×年龄	所有年龄段和各种体质水平的成年男女	172
Gulati(23)	HR_{max}=206-0.88×年龄	运动负荷试验中无症状的中年女性	162

以最大心率的65%～85%为靶心率,即靶心率=(220-年龄)×65%(或85%)。年龄在50岁以上,有慢性病史的,可用:靶心率=170-年龄;经常参加体育锻炼的人可用:靶心率=180-年龄。

例如:年龄为40岁的健康人,其最大运动心率为:220-40=180次/分,适宜运动心率为:下限为180×65%=117次/分,上限为180×85%=153(次/分),即锻炼时心率在117～153次/分,表明运动强度适宜。

2)用最大吸氧量的百分数来表示运动强度:最大吸氧量是指运动中每分钟由人体呼吸系统吸入,并由循环系统运输到肌肉而被肌肉所利用的最大氧量,其单位是(mL/kg·min)。最大吸氧量的50%～70%是最合适的运动强度范围,小于最大吸氧量70%的持续运动血液中乳酸含量不增高,大于80%最大吸氧量的运动具有一定的不安全因素,小于50%最大吸氧量的运动对老年人和心脏病患者有较好的效果。

3)用自觉疲劳程度来确定运动强度:自觉疲劳程度是Borg根据运动者自我感觉疲劳程度来衡量相对运动强度的指标,是持续强度运动中体力水平可靠的指标,可用来评定运动强度;在修订运动处方时,可用来调节运动强度。自感用力度分级运动反应与心肺代谢的指标密切相关,如吸氧量、心率、通气量、血乳酸等。

(4)运动时间。运动时间指每次持续运动的时间。一般运动时间为20～30分钟(除去准备活动和整理活动时间),其中达到适宜心率的时间至少持续10分钟。耐力性运动的持续时间为30～60分钟。健康成年人宜采用中等强度、长时间运动;体质弱或有疾病症状者,宜采用小强度、长时间运动;年轻体质好者宜采用大强度、短时间运动。

(5)运动频率。由于运动效果的蓄积作用,适宜的运动频度以每周3～4次为宜。一周运动一次时,运动效果不蓄积,肌肉酸痛和疲劳每次都发生,运动后1～3天身体不适,且易发生伤病;一周运动2次,肌肉酸痛和疲劳减轻,效果一点一点蓄积,但不显著;而当每周锻炼多于3次时,最大吸氧量增加逐渐趋于平和;锻炼次数增加到5次以上时,最大吸氧量提高就很小。当然，以健身为目的进行锻炼时，应采用次日不残留疲劳的小运动负荷，可以坚持每天练，也可以选择适合自己情况的锻炼次数，关键是养成运动习惯和使运动生活化。

（6）运动进度。一般根据运动处方进行适量运动的人，经过一段时间的运动练习后（6～8星期），心肺功能应有所改善。这时，在运动强度和运动时间方面均应逐渐加强，所以运动处方应根据个人的进度而修改。在一般情况下，运动训练造成体能上的进展可分为三个阶段：初级阶段、进展阶段和保持阶段。

1）初级阶段：指刚刚开始实行定时及有规律的运动的时候。在这个阶段并不适宜进行长时间、多次数和程度大的运动，因为肌肉在未适应运动时就接受高度训练很容易造成受伤。所以，以大部分人来说，最适宜采取强度较低、时间较短和次数较少的运动处方。例如选择以缓步跑作为练习的运动员，应该以每小时4千米的速度进行，而时间和次数则应因自己的体能而调节，不过每次的运动时间不应少于15分钟。

2）进展阶段：指运动员经过初级阶段的运动练习后，心肺功能已有明显的改善，而改善的进度则因人而异。在这个阶段，一般人的运动强度都可以达到最大摄氧量的40%～85%，运动时间也可每2～3周便加长一些。这个阶段是运动员体能改善的明显期，一般长达4～5个月。

3）保持阶段：在训练计划大约进行了6个月之后出现。在这个阶段，运动员的心肺功能已达到满意的水平，而他们亦不愿意再增加运动量。运动员只要保持这个阶段的训练，就可以确保体魄强健。这时，运动员亦可以考虑将较为刻板沉闷的运动训练改为一些较高趣味的运动，以避免因沉闷放弃继续运动。

（7）注意事项。在运动处方中，应根据每个锻炼者或患者的具体情况提出相应的注意事项。

1）指出应禁忌参加的运动项目和某些易发生危险的动作。
2）指出运动中自我观察指标及出现指标异常时停止运动的标准。
3）每次锻炼前后都要做好充分的准备活动和整理活动。

知识拓展：体育运动与医务监督

第二章　大学生体质健康测评

第一节　大学生体质健康概述

一、体质的基本概念

体质是指人体的质量，是在遗传性和获得性基础上表现出来的人体形态结构、生理功能和心理因素的综合相对稳定的特征。体质主要包括以下五个方面。

（1）身体形态发育水平，即体格、体型、身体姿态、营养状况和身体组成成分。

（2）人体生理功能水平，即机体的新陈代谢水平和各器官、系统的效能，如脉搏、血压、肺活量等反映心肺功能水平的指标。

（3）身体素质和运动能力的发展水平，即速度、力量、耐力、灵敏性、柔韧性等身体素质和走、跑、跳、投、攀登、爬、负重等身体基本活动能力。

（4）心理发育发展水平，即人体本体感知能力、智力、个性、意志等。

（5）适应能力，即对不利因素和环境条件的适应能力、应激能力和对疾病的抵抗能力。影响体质强弱的因素是多方面的，它与遗传、环境、营养、体育锻炼等有着密切的关系。遗传只对体质的状况和发展提供了可能性和前提条件，体质的强弱则有赖于后天环境、营养、卫生和身体锻炼等因素。因此，有计划、有目的地进行科学的锻炼，是增强体质最积极有效的手段。

二、体质与健康的关系

体质与健康之间有着密切联系。二者都是对人体状况的描述，都涉及人体的形态结构、生理机能、运动能力、心理状况及对社会（包括人际关系）的适应能力等方面，它们之间既有联系，又有所不同。

体质是生命活动的基本要素，也是健康的物质基础；而健康则是人体理想状态的标志，是体质所追求的目标体现。体质侧重于体格、体型、身体素质、运动能力等，而健康则侧重于研究人体的心、肝、脾、肺、肾及血管组织结构和生理机能的异常、疾病和死亡。体质是从"外观"上研究人体，健康是从"内部"研究人体。

体质是人体的质量，健康则是体质状况的反映和表现，所以在评价体质和健康状况时，有些指标很难说是纯属体质检测的指标，另一些指标也很难说是纯属健康检测的指标。

第二节　大学生体质健康测评内容

一、体质健康测定内容

（1）形态指标：身高、体重、胸围、上臂围、坐高及身体组成测定；皮脂厚度、体脂比重、去脂体重等。
（2）功能指标：安静时心率、血压、肺功能及心血管运动试验等。
（3）身体素质指标：力量、爆发力、柔韧性、协调性、平衡性和耐力项目。
（4）运动能力指标：跑、跳、投掷能力。

二、体质健康评价内容

1. 身体形态

身体形态包括体格、体型、姿势、营养状况及身体组成成分等。由于功能发育与形态发育密切相关，常用身高、体重两项代表身体形态发育水平。

2. 健康体能

体能是身体适应能力的简称，包括身体机能、身体素质和运动能力等方面。健康体能主要是指个人能胜任日常工作，有余力享受休闲娱乐生活，又可应付突发紧急情况的能力。它是由心肺功能，肌肉力量，肌肉耐力，柔韧度，身体的敏捷、协调、平衡、速度、反应及爆发力等组成的。这些素质与基本运动能力关系较为密切，故归属运动体能。

3. 心理健康

心理健康是指人的内心世界与客观环境的一种平衡关系，是自我与他人之间的一种良好的人际关系的维持，即不仅能获得自我安定感和安全感，还能做到自我价值实现，具有为他人的健康做贡献、服务的能力。

4. 社会适应能力

社会适应能力是指个体在他人及社会环境相互作用下，具有良好的人际关系和扮演社会上应有角色的能力。运动锻炼可以增加人与人之间接触和交往的机会，可以得到社会的强化和群体的认同，从而在安全、友谊、爱情、亲情、支持、理解、尊重等方面得到应有的满足。

三、《国家学生体质健康标准》的说明

《国家学生体质健康标准》（以下简称《标准》）是测量学生体质健康状况和锻炼效果的评价标准，是国家对不同年龄段学生体质健康方面的基本要求，是学生体质健康的个体评价标准。它从身体形态和体能健康（身体机能、身体素质和运动能力）等方面综合评定学生的体质健康水平，是促进学生体质健康发展，激励学生积极进行身体锻炼的教育手段。

（1）《标准》是国家学校教育工作的基础性指导文件和教育质量基本标准，是评价学生综合素质、评估学校工作和衡量各地教育发展的重要依据，是《国家体育锻炼标准》在学校的

具体实施，适用于全日制普通小学、初中、普通高中、中等职业学校、普通高等学校的学生。

（2）本标准的修订坚持健康第一，落实《国家中长期教育改革和发展规划纲要（2010—2020年）》《国务院办公厅转发教育部等部门关于进一步加强学校体育工作若干意见的通知》（国办发〔2012〕53号）和《教育部关于印发〈学生体质健康监测评价办法〉等三个文件的通知》（教体艺〔2014〕3号）有关要求，着重提高《标准》应用的信度、效度和区分度，着重强化其教育激励、反馈调整和引导锻炼的功能，着重提高其教育监测和绩效评价的支撑能力。

（3）本标准从身体形态、身体机能和身体素质等方面综合评定学生的体质健康水平，是促进学生体质健康发展、激励学生积极进行身体锻炼的教育手段，是国家学生发展核心素养体系和学业质量标准的重要组成部分，是学生体质健康的个体评价标准。

（4）本标准将适用对象划分为以下组别：小学、初中、高中。按每个年级为一组，其中小学为6组、初中为3组、高中为3组。大学一、二年级为一组，三、四年级为一组。

（5）小学、初中、高中、大学各组别的测试指标均为必测指标。其中，身体形态类中的身高、体重，身体机能类中的肺活量，以及身体素质类中的50米跑、坐位体前屈为各年级学生共性指标。

（6）本标准的学年总分由标准分与附加分之和构成，满分为120分。标准分由各单项指标得分与权重乘积之和组成，满分为100分。附加分根据实测成绩确定，即对成绩超过100分的加分指标进行加分，满分为20分；小学的加分指标为1分钟跳绳，加分幅度为20分；初中、高中和大学的加分指标为男生引体向上和1 000米跑，女生1分钟仰卧起坐和800米跑，各指标加分幅度均为10分。

（7）根据学生学年总分评定等级：90.0分及以上为优秀，80.0～89.9分为良好，60.0～79.9分为及格，59.9分及以下为不及格。

（8）每个学生每学年评定一次，记入《国家学生体质健康标准》登记卡。特殊学制的学校，在填写登记卡时可以按规定和需求相应地增减栏目。学生毕业时的成绩和等级，按毕业当年学年总分的50%与其他学年总分平均得分的50%之和进行评定。

（9）学生测试成绩评定达到良好及以上者，方可参加评优与评奖；成绩达到优秀者，方可获体育奖学分。测试成绩评定不及格者，在本学年度准予补测一次，补测仍不及格，则学年成绩评定为不及格。普通高中、中等职业学校和普通高等学校学生毕业时，《标准》测试的成绩达不到50分者按结业或肄业处理。

（10）学生因病或残疾可向学校提交暂缓或免予执行《标准》的申请，经医疗单位证明，体育教学部门核准，可暂缓或免予执行《标准》，并填写《免予执行〈国家学生体质健康标准〉申请表》，存入学生档案。确实丧失运动能力、被免予执行《标准》的残疾学生，仍可参加评优与评奖，毕业时《标准》成绩需注明免测。

（11）各学校每学年开展覆盖本校各年级学生的《标准》测试工作，《标准》测试数据经当地教育行政部门按要求审核后，通过"中国学生体质健康网"上传至"国家学生体质健康标准数据管理系统"。测试和数据上传时间由教育行政部门确定。

四、《国家学生体质健康标准》实施办法

依据学校规定每个学生每学年评定一次,记入《国家学生体质健康标准》登记卡(表2-1)。学生按当年的总分评定等级,凡及格以上的将获得相应学分。

表 2-1 《国家学生体质健康标准》登记卡

学校 _____

姓名			性别			学号					
院(系)			民族			出生日期					
单项指标	大一			大二			大三			大四			毕业成绩	
	成绩	得分	等级	成绩	得分	等级	成绩	得分	等级	成绩	得分	等级	得分	等级
体重指数(BMI)/(千克·米$^{-2}$)														
肺活量/毫升														
50米跑/秒														
坐位体前屈/厘米														
立定跳远/厘米														
引体向上(男)/1分钟仰卧起坐(女)/次														
1 000米跑(男)/800米跑(女)/(分·秒)														
标准分														
加分指标	成绩	附加分		成绩	附加分		成绩	附加分		成绩	附加分			
引体向上(男)/1分钟仰卧起坐(女)/次														
1 000米跑(男)/800米跑(女)/(分·秒)														
学年总分														
等级评定														
体育教师签字														
编导员签字														

学校盖章:

年 月 日

第三节 大学生体质健康标准

一、测试项目及权重

对于大学生来说,大学一、二年级为一组,三、四年级为一组。各组别的测试指标均为必测指标。其中,身体形态类中的身高、体重,身体机能类中的肺活量,以及身体素质类中的50米跑、坐位体前屈为各年级学生共性指标。测试项目及权重见表2-2。

表 2-2　大学各年级学生单项指标与权重

测试对象	单项指标	权重 /%
大学各年级学生	体重指数（BMI）	15
	肺活量	15
	50 米跑	20
	坐位体前屈	10
	立定跳远	10
	引体向上（男）/1 分钟仰卧起坐（女）	10
	1 000 米跑（男）/800 米跑（女）	20

注：体重指数（BMI）= 体重（千克）/ 身高^2（米^2）

二、测试方法

1. 身高

（1）测试目的。测试学生身高，与体重测试相配合，评定学生的身体匀称度，评价学生生长发育的水平及营养状况。

（2）场地器材。采用身高测量计。使用前应校对 0 点，以钢尺测量基准板平面至立柱前面红色刻线的高度是否为 10.0 厘米，误差不得大于 0.1 厘米。同时应检查立柱是否垂直，连接处是否紧密，有无晃动，零件有无松脱等情况并及时加以纠正。

（3）测试方法。受试者赤足，立正姿势站在身高计的底板上（上肢自然下垂，足跟并拢，足尖分开成 60° 角）。足跟、骶骨部及两肩胛区与立柱相接触，躯干自然挺直，头部正直，耳屏上缘与眼眶下缘呈水平位。测试人员站在受试者右侧，将水平压板轻轻沿立柱下滑，轻压于受试者头顶。测试人员读数时双眼应与压板水平面等高进行读数，记录员复述后进行记录。以厘米为单位，精确到小数点后一位。测试误差不得超过 0.5 厘米。

（4）注意事项。

1）身高计应选择平坦靠墙的地方放置，立柱的刻度尺应面向光源。

2）严格掌握"三点靠立柱""两点呈水平"的测量姿势要求，测试人员读数时两眼一定与压板等高，两眼高于压板时要下蹲，低于压板时应垫高。

3）水平压板与头部接触时，松紧要适度，头发蓬松者要压实，头顶的发辫、发结要放开，饰物要取下。

4）读数完毕，立即将水平压板轻轻推向安全高度，以防碰坏。

5）测量身高前，受试者应避免进行剧烈体育活动和体力劳动。

2. 体重

（1）测试目的。测试学生的体重，与身高测试相配合，评定学生的身体匀称度，评价学生生长发育的水平及营养状况。

（2）场地器材。采用杠杆秤或电子体重计。使用前需检验其准确度和灵敏度。准确度要求误差不超过 0.1%，即每百千克误差小于 0.1 千克。检验方法是：以备用的 10 千克、20 千克、30 千克标准砝码（或用等重标定重物代替）分别进行称量，检查指标读数与标准砝码误差是否在允许范围。灵敏度的检验方法是：置 100 克重砝码，观察刻度尺变化，如果刻度抬高了 3 毫米或游标向远移动 0.1 千克而刻度尺维持水平位，则达到要求。

（3）测试方法。测试时，杠杆秤应放在平坦地面上，调整 0 点至刻度尺水平位。受试者赤足，男性受试者身着短裤，女性受试者身着短裤、短袖衫，站在秤台中央。测试人员放置适当砝码并移动游标至刻度尺平衡。读数以千克为单位，精确到小数点后一位。记录员复诵后将读数记录。测试误差不超过 0.1 千克。

（4）注意事项。

1）测量体重前受试者不得进行剧烈体育活动或体力劳动。

2）受试者站在秤台中央，上下杠杆秤动作要轻。

3）每次使用杠杆秤时均需校正。测试人员每次读数前都应校对砝码标重，以避免出现差错。

3．肺活量

（1）测试目的。测试学生的肺通气功能。

（2）场地器材。电子肺活量计。

（3）测试方法。房间通风良好；使用干燥的一次性口嘴（非一次性口嘴，则每换测试对象需消毒一次，每测一人后，将口嘴向下倒出唾液并注意消毒后必须使其干燥）。肺活量计主机放置于平稳桌面上，检查电源线及接口是否牢固，按工作键液晶屏显示"0"即表示机器进入工作状态，预热 5 分钟后测试为佳。

首先告知受试者不必紧张，并且要尽全力，以中等速度和力度吹气效果最好。令被测试者面对仪器站立、手持吹气口嘴，面对肺活量计站立试吹 1 至 2 次，首先看仪表有无反应，还要试口嘴或鼻处是否漏气，调整口嘴并用鼻夹夹住鼻子（或自己捏鼻孔）；学会深吸气（避免耸肩提气，应该像闻花式的慢吸气）。受试者进行一两次较平日深一些的呼吸动作后，更深地吸一口气，屏住气向口嘴处慢慢呼出至不能再呼为止，防止此时从口嘴处吸气，测试中不得中途二次吸气。吹气完毕后，液晶屏上最终显示的数字即为肺活量毫升值。每位受试者测三次，每次间隔 15 秒，记录三次数值，选取最大值作为测试结果。以毫升为单位，不保留小数。

（4）注意事项。

1）电子肺活量计的计量部位的通畅和干燥是仪器准确的关键，吹气筒的导管必须在上方，以免唾液或杂物堵住气道。

2）每测试 10 人及测试完毕后用干棉球及时清理和擦干气筒内部。严禁用水、酒精等任何液体冲洗气筒内部。

3）导气管存放时不能弯折。

4）定期校对仪器。

4．坐位体前屈

（1）测试目的。测量学生在静止状态下的躯干、腰、髋等关节可能达到的活动幅度，主要反映这些部位的关节、韧带和肌肉的伸展性和弹性及学生身体柔韧素质的发展水平。

（2）场地器材。采用坐位体前屈测试计。

（3）测试方法。受试者两腿伸直，两脚平蹬测试纵板坐在平地上，两脚分开10～15厘米，上体前屈，两臂向前伸直，用两手中指尖逐渐向前推动游标，直到不能前推为止。测试计的脚蹬纵板内沿平面为0点，向后为负值，向前为正值。记录以厘米为单位，保留一位小数。测试两次，取最好成绩。

（4）注意事项。

1）身体前屈，两臂向前推游标时两腿不能弯曲。

2）受试者应匀速向前推动游标，不得突然发力。

5. 立定跳远

（1）测试目的。测试学生下肢爆发力及身体协调能力的发展水平。

（2）场地器材。沙坑、丈量尺。沙面应与地面平齐，如无沙坑，可在土质松软的平地上进行。起跳线至沙坑近端不得少于30厘米。起跳地面要平坦，不得有凹坑。

（3）测试方法。受试者两脚自然分开站立，站在起跳线后，脚尖不得踩线（最好用线绳做起跳线）。两脚原地同时起跳，不得有垫步或连跳动作。丈量起跳线后缘至最近着地点后垂直距离。每人试跳三次，记录其中成绩最好一次。以厘米为单位，不计小数。

（4）注意事项。

1）发现犯规时，此次成绩无效。三次试跳均无成绩者，应允许再跳，直至取得成绩为止。

2）可以赤足，但不得穿钉鞋、皮鞋、塑料凉鞋参加测试。

6. 50米跑

（1）测试目的。测试学生速度、灵敏素质及神经系统灵活性的发展水平。

（2）场地器材。50米直线跑道若干条，地面平坦，地质不限，跑道线要清楚。发令旗一面，口哨一个，秒表若干块（一道一表）。秒表使用前，应用标准秒表校正，每分钟误差不得超过0.2秒。标准秒表选定，以北京时间为准，每小时误差不超过0.3秒。

（3）测试方法。受试者至少两人一组测试。站立起跑，受试者听到"跑"的口令后开始起跑。发令员在发出口令同时要摆动发令旗。计时员视旗动开表计时，受试者躯干部到达终点线的垂直面停表。以秒为单位记录测试成绩，精确到小数点后一位，小数点后第二位数按非零进一原则进位，如10.11秒则读成10.2秒记录。

（4）注意事项。

1）受试者测试最好穿运动鞋或平底布鞋，赤足亦可。但不得穿钉鞋、皮鞋、塑料凉鞋。

2）发现有抢跑者，要当即召回重跑。

3）遇风时一律顺风跑。

7. 引体向上

（1）测试目的。测试学生的上肢肌肉力量的发展水平。

（2）场地器材。高单杠或高横杠，杠粗以手能握住为准。

（3）测试方法。受试者跳起双手正握杠，两手与肩同宽成直臂悬垂。静止后，两臂同时用力引体（身体不能有附加动作），上拉到下颌超过横杠上缘为完成一次。记录引体次数。

（4）注意事项。

1）受试者应双手正握单杠，待身体静止后开始测试。

2）引体向上时，身体不得做大的摆动，也不得借助其他附加动作撑起。

3）两次引体向上的间隔时间超过 10 秒停止测试。

8．仰卧起坐

（1）测试目的。测试学生的腹肌耐力。

（2）场地器材。垫子若干块（或代用品），铺放平坦。

（3）测试方法。受试者仰卧于垫上，两腿稍分开，屈膝呈 90°角左右，两手指交叉贴于脑后。另一同伴压住其踝关节，以固定下肢。受试者坐起时两肘触及或超过双膝为完成一次。仰卧时两肩胛必须触垫。测试人员在发出"开始"口令的同时开表计时，记录 1 分钟内完成次数。1 分钟到时，受试者虽已坐起但肘关节未达到双膝者不计该次数，精确到个位。

（4）注意事项。

1）如发现受试者借用肘部撑垫或臀部起落的力量起坐，该次不计数。

2）测试过程中，观测人员应向受试者报数。

3）受试者双脚必须放于垫上。

9．800 米或 1 000 米跑

（1）测试目的。测试学生耐力素质的发展水平，特别是心血管呼吸系统的机能及肌肉耐力。

（2）场地器材。400 米、300 米、200 米田径场跑道，地质不限。也可使用其他不规则场地，但必须丈量准确，地面平坦。秒表若干块，使用前需要校正，要求同 50 米跑测试。

（3）测试方法。受试者至少两人一组进行测试，站立式起跑。当听到"跑"的口令后开始起跑。计时员看到旗动开表计时，当受试者的躯干部到达终点线垂直面时停表。以分、秒为单位记录测试成绩，不计小数。

（4）注意事项。

1）如果在非 400 米标准场地上测试，测试人员应向受试者报告剩余圈数，以免跑错距离。

2）测试人员应告知受试者在跑完后应保持站立并缓缓走动，不要立刻坐下，以免发生意外。

3）受试者不得穿皮鞋、塑料凉鞋、钉鞋参加测试。

4）对分、秒进行换算时要细心，防止差错。

第四节　大学生体质健康标准评分表

一、单项指标评分表

大学生体重指数单项评分见表 2-3，肺活量单项评分见表 2-4，坐位体前屈单项评分见表 2-5，50 米跑单项评分见表 2-6，立定跳远单项评分见表 2-7，男生 1 分钟引体向上、女生 1 分钟仰卧起坐单项评分见表 2-8，男生 1 000 米、女生 800 米跑单项评分见表 2-9。

表 2-3　大学生体重指数单项评分　　　　　　　　　　　　　　　　　　　　kg/m²

等级	单项得分	男生	女生
正常	100	17.9～23.9	17.2～23.9
低体重	80	≤17.8	≤17.1
超重		24.0～27.9	24.0～27.9
肥胖	60	≥28.0	≥28.0

表 2-4　大学生肺活量单项评分　　　　　　　　　　　　　　　　　　　　　mL

等级	单项得分	男生		女生	
		大一、大二	大三、大四	大一、大二	大三、大四
优秀	100	5 040	5 140	3 400	3 450
	95	4 920	5 020	3 350	3 400
良好	90	4 800	4 900	3 300	3 350
	85	4 550	4 650	3 150	3 200
	80	4 300	4 400	3 000	3 050
及格	78	4 180	4 280	2 900	2 950
	76	4 060	4 160	2 800	2 850
	74	3 940	4 040	2 700	2 750
	72	3 820	3 920	2 600	2 650
	70	3 700	3 800	2 500	2 550
	68	3 580	3 680	2 400	2 450
	66	3 460	3 560	2 300	2 350
	64	3 340	3 440	2 200	2 250
	62	3 220	3 320	2 100	2 150
	60	3 100	3 200	2 000	2 050
不及格	50	2 940	3 030	1 960	2 010
	40	2 780	2 860	1 920	1 970
	30	2 620	2 690	1 880	1 930
	20	2 460	2 520	1 840	1 890
	10	2 300	2 350	1 800	1 850

表 2-5　大学生坐位体前屈单项评分　　　　　　　　　　　　　　　　　　　cm

等级	单项得分	男生		女生	
		大一、大二	大三、大四	大一、大二	大三、大四
优秀	100	24.9	25.1	25.8	26.3
	95	23.1	23.3	24.0	24.4
	90	21.3	21.5	22.2	22.4

续表

等级	单项得分	男生		女生	
		大一、大二	大三、大四	大一、大二	大三、大四
良好	85	19.5	19.9	20.6	21.0
	80	17.7	18.2	19.0	19.5
及格	78	16.3	16.8	17.7	18.2
	76	14.9	15.4	16.4	16.9
	74	13.5	14.0	15.1	15.6
	72	12.1	12.6	13.8	14.3
	70	10.7	11.2	12.5	13.0
	68	9.3	9.8	11.2	11.7
	66	7.9	8.4	9.9	10.4
	64	6.5	7.0	8.6	9.1
	62	5.1	5.6	7.3	7.8
	60	3.7	4.2	6.0	6.5
不及格	50	2.7	3.2	5.2	5.7
	40	1.7	2.2	4.4	4.9
	30	0.7	1.2	3.6	4.1
	20	-0.3	0.2	2.8	3.3
	10	-1.3	-0.8	2.0	2.5

表 2-6 大学生 50 米跑单项评分   s

等级	单项得分	男生		女生	
		大一、大二	大三、大四	大一、大二	大三、大四
优秀	100	6.7	6.6	7.5	7.4
	95	6.8	6.7	7.6	7.5
	90	6.9	6.8	7.7	7.6
良好	85	7.0	6.9	8.0	7.9
	80	7.1	7.0	8.3	8.2
及格	78	7.3	7.2	8.5	8.4
	76	7.5	7.4	8.7	8.6
	74	7.7	7.6	8.9	8.8
	72	7.9	7.8	9.1	9.0
	70	8.1	8.0	9.3	9.2
	68	8.3	8.2	9.5	9.4
	66	8.5	8.4	9.7	9.6
	64	8.7	8.6	9.9	9.8
	62	8.9	8.8	10.1	10.0
	60	9.1	9.0	10.3	10.2

续表

等级	单项得分	男生		女生	
		大一、大二	大三、大四	大一、大二	大三、大四
不及格	50	9.3	9.2	10.5	10.4
	40	9.5	9.4	10.7	10.6
	30	9.7	9.6	10.9	10.8
	20	9.9	9.8	11.1	11.0
	10	10.1	10.0	11.3	11.2

表 2-7 大学生立定跳远单项评分　　　　　　　　　　　　　　　　　　　　　cm

等级	单项得分	男生		女生	
		大一、大二	大三、大四	大一、大二	大三、大四
优秀	100	273	275	207	208
	95	268	270	201	202
	90	263	265	195	196
良好	85	256	258	188	189
	80	248	250	181	182
及格	78	244	246	178	179
	76	240	242	175	176
	74	236	238	172	173
	72	232	234	169	170
	70	228	230	166	167
	68	224	226	163	164
	66	220	222	160	161
	64	216	218	157	158
	62	212	214	154	155
	60	208	210	151	152
不及格	50	203	205	146	147
	40	198	200	141	142
	30	193	195	136	137
	20	188	190	131	132
	10	183	185	126	127

表 2-8 大学男生引体向上和女生仰卧起坐评分　　　　　　　　　　　　　　　次

等级	单项得分	男生引体向上		女生1分钟仰卧起坐	
		大一、大二	大三、大四	大一、大二	大三、大四
优秀	100	19	20	56	57
	95	18	19	54	55
	90	17	18	52	53

续表

等级	单项得分	男生引体向上		女生1分钟仰卧起坐	
		大一、大二	大三、大四	大一、大二	大三、大四
良好	85	16	17	49	50
	80	15	16	46	47
及格	78			44	45
	76	14	15	42	43
	74			40	41
	72	13	14	38	39
	70			36	37
	68	12	13	34	35
	66			32	33
	64	11	12	30	31
	62			28	29
	60	10	11	26	27
不及格	50	9	10	24	25
	40	8	9	22	23
	30	7	8	20	21
	20	6	7	18	19
	10	5	6	16	17

表 2-9　大学男生 1 000 米跑和女生 800 米跑评分　　　　　　分·秒

等级	单项得分	男生 1 000 米跑		女生 800 米跑	
		大一、大二	大三、大四	大一、大二	大三、大四
优秀	100	3′17″	3′15″	3′18″	3′16″
	95	3′22″	3′20″	3′24″	3′22″
	90	3′27″	3′25″	3′30″	3′28″
良好	85	3′34″	3′32″	3′37″	3′35″
	80	3′42″	3′40″	3′44″	3′42″
及格	78	3′47″	3′45″	3′49″	3′47″
	76	3′52″	3′50″	3′54″	3′52″
	74	3′57″	3′55″	3′59″	3′57″
	72	4′02″	4′00″	4′04″	4′02″
	70	4′07″	4′05″	4′09″	4′07″
	68	4′12″	4′10″	4′14″	4′12″

续表

等级	单项得分	男生1 000米跑		女生800米跑	
		大一、大二	大三、大四	大一、大二	大三、大四
及格	66	4′17″	4′15″	4′19″	4′17″
	64	4′22″	4′20″	4′24″	4′22″
	62	4′27″	4′25″	4′29″	4′27″
	60	4′32″	4′30″	4′34″	4′32″
不及格	50	4′52″	4′50″	4′44″	4′42″
	40	5′12″	5′10″	4′54″	4′52″
	30	5′32″	5′30″	5′04″	5′02″
	20	5′52″	5′50″	5′14″	5′12″
	10	6′12″	6′10″	5′24″	5′22″

二、加分指标评分表

大学生加分指标评分见表2-10。

表2-10 大学生加分指标评分

加分	男生引体向上/次		女生1分钟仰卧起坐/次		男生1 000米跑		女生800米跑	
	大一、大二	大三、大四	大一、大二	大三、大四	大一、大二	大三、大四	大一、大二	大三、大四
10	10	10	13	13	−35″	−35″	−50″	−50″
9	9	9	12	12	−32″	−32″	−45″	−45″
8	8	8	11	11	−29″	−29″	−40″	−40″
7	7	7	10	10	−26″	−26″	−35″	−35″
6	6	6	9	9	−23″	−23″	−30″	−30″
5	5	5	8	8	−20″	−20″	−25″	−25″
4	4	4	7	7	−16″	−16″	−20″	−20″
3	3	3	6	6	−12″	−12″	−15″	−15″
2	2	2	4	4	−8″	−8″	−10″	−10″
1	1	1	2	2	−4″	−4″	−5″	−5″

第二篇

实践运动篇

第三章 田径运动

第一节 田径运动概况

一、田径运动的定义

田径运动是指由走、跑、跳跃、投掷等运动项目及由部分项目组成的全能运动项目的总称。

田径运动的起源是人类的基本生存和生活活动,具有悠久的历史。在上古时代,人类为了生存,在利用大自然资源和与大自然斗争的过程中,不得不奔跑、跳跃、投掷石块、使用工具,久而久之形成了走、跑、跳、投掷等基础生存技能,并将此作为练习和比赛的一种形式。

二、田径运动的特点

1. 体能的基础性

走、跑、跳、投掷是人类生活和运动的基本能力,不仅是田径运动项目中最基本的运动形式,而且是大多数运动项目的体能和运动基础。

2. 激烈的竞争性

田径运动竞赛是体能、技术和心理的较量,无论是径赛、田赛还是全能项目,其比赛或者需要长久的时间考验,或者是在瞬间决定胜负,运动员都需要坚强、果敢的意志品质。

3. 严格的技术性

田径运动中,严格的技术性体现在短短的一瞬间要达到高度精确,每一个动作、身体的每一个环节、每块肌肉或肌群的用力和放松的时间与顺序,构成了技术严密的统一体。同时,对手、观众、气候、场地条件等都会对运动员产生重要的影响。

4. 活动组织的复杂性

要筹备和组织一次田径运动会,其组织和赛事安排必须严密严谨,考虑到方方面面的因素,才能为运动员提供一个发挥水平、创造佳绩的赛事平台。

5. 广泛的群众性

田径运动是最普及、参赛人数最为广泛的运动项目。

三、田径运动的作用

田径运动能有效地发展速度、力量、耐力,以及灵敏、协调性等身体素质,增强体质,获得运动技能,提高运动成绩,培养意志品质。

知识拓展:田径运动的发展历史与健身运动的回归

（1）长时间竞走或长跑，全身的肌肉都参与工作，可加速物质代谢，增强心血管、呼吸和其他系统的活动能力，协调有机体各器官的系统机能，有效地发展耐久力和培养坚持不懈的意志。

（2）中速跑、快速跑要求进一步提高机体各系统器官的适应能力，身体全部肌肉群都参与运动，心血管、呼吸与其他系统活动也随着跑速的加快而更加强烈，物质代谢速度也更快，有效地发展速度、耐力、力量，也能使顽强拼搏精神跨入一个更高的阶段。

（3）跳跃是人体在短时间内，高强度神经肌肉用力克服障碍的运动。诸如克服地心引力，身体重量，自身运动中的各种生理性和病理性的不协调、不适应，以及克服运动环境、器械、情绪等阻力。

（4）投掷项目是将专门器械推远或掷远的比赛项目。

（5）全能运动能更加全面地提高身体素质，更加全面地掌握田径运动技术，也能更好地发展一般耐力，增强顽强的意志品质。

第二节　走、跑、跨栏项目

一、竞走

1. 竞走简介

竞走起源于英国。19世纪初，英国出现步行比赛的活动。19世纪末，部分欧洲国家盛行从一个城市到另一个城市的竞走旅行。1866年，英国业余体育俱乐部举行了首次冠军赛，距离为7英里（1英里=1.609 344千米）。竞走可分为场地竞走和公路竞走两种。场地竞走设世界纪录；公路竞走因路面起伏等不可控因素较多，成绩可比性差，故仅设世界最好成绩。运动员行进时，两脚必须与地面保持不间断接触，不准同时腾空；着地的支撑腿膝关节应有一瞬间的伸直，不得弯曲。比赛时，运动员出现腾空或膝关节弯曲，均给予严重警告，受3次严重警告者即取消比赛资格。竞走于1908年首次进入奥运会，当时的距离是3 500米和10英里。此后几届奥运会距离有所不同，有3千米、10千米等，从1956年奥运会起定为20千米（1956年列入）、50千米（1932年列入）。女子竞走于1992年才被列入奥运会，距离为10千米。2000年的奥运会将其改为20千米。

走路大部分人都会，科学、合理、有意识地通过走路运动锻炼自己十分重要，有必要认识和懂得科学走路运动的重要性。走路运动是各种运动之母，走路运动能增强体质，促进血液流通、新陈代谢、体液分泌、身心愉悦等身体各项功能的平衡。在科学走路运动的锻炼下，不知不觉中给身体各器官的血液体液送去了营养、带走了垃圾、消耗了剩余物质，达到了和谐综合平衡的状态。内和气血、外柔肢体、强身固本和延年益寿等目标在不知不觉中得到了实现。

2. 竞走基本技术

竞走的一周期也称为一个复步，一个复步是由两个单步组成的。在人体经过垂直部位后，支撑腿由全部着地过渡到脚尖着地，在摆动腿前摆的配合下完成下一步的后蹬。摆动腿随着骨盆沿身体纵轴的转动，屈膝前摆，脚距离地面始终较低。腿前摆时应柔和地伸直膝关节，小腿依惯性前摆并用足跟着地。此时形成短暂的双脚支撑姿势。人体重心在向前运动过程中不应有明显起伏，当重心投影点与前腿支点一致时，又出现了下一步的垂直姿势，接着又开始新的用力蹬地动作。运动员应做到步幅大、频率高，善于协调肌肉的用力和放松，走步朴实、自然，省力而无多余动作，两脚落地的足迹保持在一条直线上。

竞走时，运动员躯干自然伸直或稍前倾，两臂屈肘约90°，在体侧做前后协调有力的摆动，两臂配合下肢动作调节走的速度。走步时，身体重心尽量做向前的直线运动。过大的上下起伏和左右摇摆不利于提高走速，也会消耗较多能量。

3. 竞走学练方法

（1）竞走练习方法。

1）沿直线做普通大步走（脚跟先着地）。

2）沿直线做直腿走（体会脚跟着地和后蹬动作）。

3）慢速和中速竞走（100米、200米、400米），逐渐加大动作幅度和骨盆转动，增大步幅（体会在身体垂直部位时向前迈步）。

4）骨盆扭转的专门练习。

①原地做骨盆回环转动练习。

②交叉步走，使骨盆前后转动。

③原地交换支撑腿（两脚平行站立，身体重心由一腿移到另一腿）。

5）摆臂练习。

①原地摆臂练习。

②结合竞走做摆臂练习（要注意和腿部动作协调配合）。

6）改进和提高竞走技术练习。

①由普通大步走过渡到竞走。

②较小步长的慢、快竞走。

③较大步长的中速竞走。

④变速竞走（100米快、100米慢交换进行）。

⑤快速竞走（200米、400米）要特别注意由直道转入弯道的技术。

（2）竞走初学者易犯错误及其纠正方法。

1）摆臂僵硬、不协调、无节奏。产生的主要原因是摆臂概念不清，耸肩，肩和手臂紧张。纠正方法：第一，讲清楚摆臂的正确技术和作用；第二，做原地摆臂练习，要求肩下沉，肩和手臂放松，半握拳；第三，原地听信号做不同节奏的摆臂练习；第四，做摆臂技术与腿部动作配合的竞走练习。

2）骨盆沿垂直轴转动不明显，步子过小。产生的主要原因是对竞走的技术概念不清，髋关节灵活性、柔韧性差，腿部肌肉力量不够。

纠正方法：第一，通过观看竞走技术录像，建立正确的技术概念；第二，讲清楚髋关节转动的概念和技术要求；第三，做提高髋关节灵活性的练习，如原地支撑送膝转髋、双脚开立左右转髋、交叉步走等练习；第四，加强腿部肌肉力量的练习，如原地纵跳、行进间脚尖跳等练习；第五，在地上摆放标志，按标志步长走。

3）双脚无双支撑时期，双脚离地。产生的主要原因是步频过快，步长过大或过小；后蹬角度大，作用力向上；支撑腿弯曲。

纠正方法：第一，加强腿部肌肉力量的练习；第二，反复练习步长和步频，要求合理地控制步长和步频；第三，练习时要求摆动腿不要向上摆，同时要减小后蹬角度，强调支撑腿要有蹬直阶段。

4）支撑腿在垂直部位屈膝。产生的主要原因是膝关节支撑力量和柔韧性、灵活性差。

纠正方法：第一，加强腿部肌肉力量的练习；第二，多做一些膝关节柔韧性、灵活性练习。

5）竞走时身体重心起伏，左右摇摆过大。产生的主要原因是没有掌握骨盆沿垂直轴转动技术，而是左右扭髋，左右摆臂，或两脚不在一条直线上走。同时，后蹬角度大，作用力向上。

纠正方法：第一，反复做摆臂练习和髋关节灵活性、柔韧性练习；第二，练习竞走时，适当加大摆动腿的前摆幅度，但要降低摆动腿的脚掌在前摆时的高度，同时要减小蹬地的角度，防止重心起伏；第三，地上画一条直线，在直线上做竞走练习。

二、跑步

1. 跑步简介

跑是人类与生俱来的基本能力。它自古以来就是一种比赛形式，几乎每个国家的文献中都有描述。据史料记载，短跑是公元前776年古希腊奥运会唯一的竞技项目，距离为192.27米。现代短跑起源于欧洲，最早被列入正式比赛是在1850年的牛津大学运动会上。当时设有100码、330码、440码（1码≈0.9144米）跑项目。19世纪末，为规范项目设置，将赛跑距离由码制改为米制。它最初为职业选手的表演项目，后逐渐扩展到业余运动员。运动员比赛时必须使用起跑器，听信号统一起跑，必须自始至终在自己的跑道内跑动。奥运会比赛项目男、女均为100米跑、200米跑和400米跑。其中，男子项目于1896年列入，女子100米跑和200米跑项目于1928年列入，400米跑项目于1964年列入。

跑步运动能促进人体的新陈代谢，改善神经系统的调节功能，提高心血管系统、呼吸系统及其他内脏器官的机能；能全面发展力量、速度、耐力、灵巧性、协调性和提高运动素质，促进人的正常发育，增进健康水平；还能促使人的走、跑、跳、投的技能成绩进步，从而保持和提高人体在生活和工作中的适应能力，并可延缓人体衰老过程。

2. 跑步基本技术

跑步是由单脚支撑与腾空相交替，摆臂、摆腿、扒地缓冲与后蹬密切配合的周期性运动。跑步的一个周期就是一个复步。在一个复步中，人体要经过两次单脚支撑和两次腾空。一个复步包括两个单步，在每一复步的下肢运动中可分为两个阶段：支撑阶段，即从脚着地到脚离地；腾空阶段，即从脚离地到另一脚着地。在一个周期中，运动员身体重心移动轨迹会产生上下波动，这是腾空与着地缓冲的必然结果。但在跑步时，应防止身体重心的左右晃动，注意跑步的直线性。跑步包括短跑、中长跑、接力跑。这里主要介绍短跑和中长跑。

（1）短跑。短跑是径赛距离最短、速度最快的项目，属于极限强度的运动，是典型的以无氧代谢为主的运动项目。其包括100米、200米和400米。短跑技术一般可分为起跑、起跑后的加速跑、途中跑和终点跑四个部分。

1）起跑。起跑的任务是使身体迅速摆脱静止状态，尽可能获得较大的起动速度，为起跑后的加速跑创造有利的条件。起跑技术有"各就位""预备""鸣枪"（或"跑"）三个技术环节，如图3-1所示。

图3-1 起跑的技术

①各就位：听到"各就位"口令后，做几次深呼吸，走到起跑器前俯身以两手撑地，四指并拢或稍分开，与拇指成八字形，撑于起跑线后。两脚依次踏在前后起跑器的抵足板上，有力的腿在前，后膝跪地，两手与肩同宽，两臂伸直，身体重心稍前移，肩与起跑线齐平，头与躯干保持自然放松姿势，注意听"预备"口令。

②预备：听到"预备"口令时，臀部逐渐提起，使臀部稍高于肩10~20厘米，同时重心前移，两肩稍过起跑线，身体重心移动到两臂和前腿上。前腿大小腿的夹角约为90°，后腿大小腿夹角约为120°，两脚贴紧在前后起跑器支撑面，请集中注意力听枪声。

③鸣枪：听到枪声后，两手迅速推离地面，屈肘做有力的前后摆动，同时两脚快速用力蹬起跑器。后腿快速蹬离起跑器后，快速屈膝向前上方摆出。后腿前摆时，不要太高，要加快摆动速度。同时前腿用力蹬起跑器，髋、膝、踝三关节充分蹬直时，后腿也前摆至最大限度，大腿积极下压，用前脚掌在身体重心投影点着地。

2）起跑后的加速跑（图3-2）。起跑后的加速跑是从蹬离起跑器到途中跑的一段距离，一般为15~25米。其任务是在最短距离内尽快地发挥出最大的速度。

蹬离起跑器后，身体处于较大的前倾姿势，要积极加快腿与臂的摆动和蹬地动作，保持身体平衡。第一步不宜过大，一般为3.5~4脚长，第二步为4~4.5脚长，以后步长逐渐增加，步频逐渐加快，两臂积极摆动，两腿依次用力蹬地，着地点逐渐吻合于一条直线上，上体随之逐渐抬起。当身体达到正常姿势并发挥到最大速度时，加速跑已结束，就转入了途中跑。

图3-2 起跑的技术

3)途中跑(图3-3)。途中跑的任务是继续发挥和保持最高速度跑到终点。在跑的周期中,包括后蹬与前摆、腾空、着地缓冲等动作,跑时要做到自然放松。

途中跑时,头正对前方,两眼向前平视,上体稍前倾。支撑腿迅速用力后蹬,使髋、膝、踝三关节充分伸直。摆动腿大腿迅速前摆,小腿随惯性折叠,前摆时带动同侧髋向前上方送出。当摆动结束时,要积极下压,用前脚掌着地,完成"扒地"动作。同时两臂弯曲,以肩为轴轻松有力地前后摆动。前摆时不超过胸中线和下颏,后摆时,肘关节稍向外,大臂不超过肩,小臂与躯干平行。

图 3-3 途中跑的技术

4)终点跑。终点跑的任务是尽力保持途中跑的高速度跑过终点。终点跑包括终点跑技术和撞线技术。在离终点 10~20 米时,躯干稍有前倾,加快两臂摆动速度和力量。在离终点线前约一步距离时,上体急速前压,以胸部或肩部撞终点线。短跑时应发挥个人的特长,反应速度快、加速能力强的运动员,争取前半程领先对手,后半程尽力保持高速度。绝对速度好的运动员应发挥自己的最高速度能力和持久力。

(2)中长跑。中长跑项目为男女 800 米、1 000 米、1 500 米、3 000 米等。长跑是以耐力为主的项目,男女 5 000 米、10 000 米均属于长距离跑。马拉松跑(42.195 千米)属于超长距离跑。另外,还有公路赛、半程马拉松、25 千米、30 千米、100 千米和公路赛接力跑。中长跑的特点是长时间的内脏器官工作和连续的肌肉协调活动。跑时要轻松协调、重心平稳、直线性好、节奏性强,尽可能减少能量的消耗。保持步长、提高跑的步频是当今中长跑技术发展的趋向。

中长跑是一项人体负荷较大,锻炼价值高的运动项目。经常参加锻炼能改善呼吸系统和心血管系统功能,发展耐力素质。同时可培养人们勇敢、顽强、不怕苦、不怕累和克服困难的意志。中长跑的技术,根据全程跑的特点可分为起跑、起跑后的加速跑、途中跑、终点跑和呼吸五个部分。

1)起跑。田径规则规定,中长跑起跑必须是站立式的。起跑技术可分为"各就位""鸣枪"两个技术环节。

发令前要求参赛者站在起跑线后 3 米的集合线上，听到"各就位"的口令后，先做一两次深呼吸，轻松地走到起跑线后，两脚前后开立。有力的脚在前面紧靠起跑线的后沿，前脚脚跟和后脚脚尖之间的距离为一脚长，两脚左右间隔约为半脚长。身体重心落在前脚上，后脚用脚掌支撑站立。

两腿弯曲，头部与躯干保持在一条直线上，眼向前看，身体保持稳定姿势，集中注意力听枪声。

2）起跑后的加速跑。听到枪声后，两脚用力蹬地。后腿蹬地后迅速前摆，两臂配合两腿的蹬摆做快而有力的前后摆动，使身体快速向前冲出。随着跑距的延长，上体逐渐抬起，加速跑时，占领有利的战术位置，为途中跑创造条件。起跑后，上体前倾稍大，蹬、摆积极有力，与短跑基本相似。

3）途中跑。途中跑在技术结构上与短跑相同。由于中长跑距离长，体力消耗大，要求跑时动作放松、协调、平稳和省力。途中跑技术主要体现在动作的经济性和实效性两个方面。途中跑与短跑相比，在上体的前倾角度、摆臂、摆动腿的动作幅度、步长和后蹬力量等方面都要小，后蹬角度相对较大。脚着地时，前脚掌或前脚掌外侧先着地，然后过渡到全脚掌着地。进行中长跑时，做到轻松自如、步伐均匀、步长适中、重心平稳、呼吸与动作节奏配合好，才能提高中长跑的成绩。

4）终点跑。终点跑是在身体十分疲劳的情况下进行的。其是中长跑临近终点时最后一段距离的冲刺跑。终点跑的距离要根据不同项目、个人特点、场上的情况和战术要求而定。比赛距离越长，终点跑的距离越要相对加长。冲刺时应动员全部力量，加快摆臂、加大后蹬、提高频率，以顽强意志冲过终点。

5）中长跑的呼吸。中长跑时，首先感到呼吸困难，主要是因为能量消耗大，机体对氧的需求量增加，肺通气量比安静时增加 10～15 倍，每分钟可达到 100 多升。为了供给肌体充足的氧气，必须掌握一定的呼吸频率和呼吸深度。呼吸应做到均匀深长，吸入的气体最好稍有停留，然后再均匀呼出。只有充分地呼出二氧化碳，才能充分地吸进氧气，所以呼吸必须与跑步协调配合。多数长跑者都采用"二步一吸，二步一呼"或"一步一吸，一步一呼"的方法。随着疲劳的出现，呼吸的频率也有所加快。呼吸是利用鼻与半张开的嘴同时进行的。冬天练长跑和顶风时，可以用鼻子呼吸或用鼻子吸入、嘴呼出的方法。跑速加快以后，靠鼻子呼吸已经无法摄入足够的氧气，这时需用鼻子和嘴同时呼吸。

由于内脏器官工作条件的改变，氧气的供应落后于肌肉活动的需要，因此跑到一定阶段往往会出现胸部发闷、呼吸节奏破坏、呼吸困难、跑速降低而难以坚持跑下去的感觉。这种现象即通常所说的"极点"，这是跑的过程中出现的正常现象。跑的强度越大，"极点"出现得越早。当"极点"出现时，一定要以顽强的意志坚持下去。同时要注意呼吸的方法，做到深呼吸。另外，可适当调整跑速。

3. 跑步学练方法

（1）短跑学练方法。

1）短跑技术的专门性练习。

①原地摆臂：两腿前后自然站立（前腿微屈），重心投影点落在前脚上，两臂做前后交替、均匀、快速摆动。

②小步跑：由提踵、提腰开始，大腿稍抬起，约与地面成45°角或稍大于45°（可达60°左右）。大腿快速下压时，膝盖充分放松，做"扒地"动作，频率由慢到快。从原地到行进间做上述练习，可逐渐地向高抬腿跑、加速跑或途中跑过渡。小步跑的目的是体会前摆下压和"扒地"动作，频率由慢到快。

③高抬腿跑：上体正直或稍前倾，身体重心提高，大腿高抬与躯干约成90°角。然后积极下压，膝关节放松，小腿自然伸开，用前脚掌着地，支撑腿三关节充分伸展，骨盆前送，两臂前后摆动。

④后蹬跑：上体稍前倾，后蹬腿充分蹬直，最后通过脚趾蹬离地面。摆动腿以膝盖领先向前积极摆出，两臂前后协调摆动。频率由慢到快，幅度由小步跑到大步跑过渡。后蹬跑的目的是体会后蹬时髋、膝、踝三个关节的蹬伸动作，发展下肢的蹬摆力量。

⑤车轮跑：目的是体会大腿摆动下压和"扒地"动作。成仰卧姿势，两腿抬起做车轮跑动作，两手支撑腰部做车轮跑动作。

2）发展反应速度的主要练习方法。原地做快速小步跑听哨声（或击掌声）快速向前跑出；原地背对跑的方向做快速小步跑或向上跳听哨声（或击掌声）快速向后跑出。

3）发展加速度的主要练习。30～80米的加速跑6～8次；下坡跑（发展步频）；让距追逐跑；不同距离的接力游戏或比赛。

4）发展最高速度的主要练习。30～60米行进间快速跑3～8次；40～80米跑练习，最好用石灰打点做标记。侧重发展频率时，其间隔比最大步长小10～20厘米；用于发展步长时，其间隔应比最大步长长5～10厘米。每次练习可跑6～9次。80～120米变节奏跑，做6～8次；30～60米反复跑6～9次；50～60米下坡跑6～9次；60～80米下坡跑4～6次；负重快跑40～60米跑6～8次。

5）发展短跑力量的练习。

①力量训练的基本手段是抗阻力训练，即在完成练习时，全身或某一部分附加重物、阻力等，如拉橡皮带练习、双人对抗练习等。

②跳跃力量训练：短距离跳跃（快速而连贯）、立定跳远、立定三级跳远、十级蛙跳、连续单脚跳、连续跳栏、跳台阶、跳深、长距离跳、连续触胸跳和连续分腿跳等。

6）发展短跑一般耐力的基本练习方法。

①匀速越野跑5 000～10 000米。

②在运动场草地上匀速跑5 000～10 000米。

③大运动量的变速跑（直道快、弯道慢或直道慢、弯道快）。

7）发展短跑专项的练习方法。

①间歇时间长，强度为个人最好成绩的90%的主项或超过主项距离的反复跑，跑间休息为5～10分钟，如100米、200米、150米、200米、250米跑。

②间歇时间短，强度为80%～85%的等距离反复跑，如100米、200米运动员跑6～7次等。

③间歇时间短，强度为80%～85%的不等距离的组合跑。这种跑由短距离开始，逐渐增加至长距离，然后又逐渐缩短。这种练习称为阶梯跑或组合跑。

④间歇时间短，强度为90%以上的组合跑。这种组合跑通常由两个距离组成，如100米+50米、150米+100米、300米+150米等。间歇时间为1分钟，强度也可以是第一个距离用比赛速度跑，第二个距离用全力跑。

⑤用比赛平均速度反复跑等距离，间歇时间多为3～4分钟或走回原地跑。这种练习常为400米所使用。

⑥短距离的反复跑，通常指100米以内距离的反复跑。如4～5次的60米，跑结束后继续走回，强度为90%以上。

⑦大量的短距离的变速跑。如60米快跑、40米慢跑做8组。常为100米运动员所用。

8）柔韧性练习。

①原地前后左右摆腿。

②手扶肋木做左右转髋练习。

③行进间正踢腿、外摆腿、里合腿、侧踢腿。

④原地前后、左右劈腿。

⑤俯撑高抬腿。

（2）中长跑学练方法。

1）一般耐力练习方法。一般耐力训练是发展中长跑专项耐力的基础。一般耐力是通过强度小、时间长的练习，诸如越野跑、游泳、爬山和各种球类练习进行训练的。

①持续跑的练习方法。发展一般耐力要以增加量开始，循序渐进，波浪式地前进，随着训练水平的不断提高，适当增加跑量和强度。用规定速度进行长时间的持续跑是中长跑训练的最基本的方法之一。持续跑的强度相当于全力跑的60%～70%，每分钟的脉搏次数为120～150次；持续跑的速度一般来说比全力跑慢得多。但是有时也通过改变它的距离、时间、跑速等来调节训练内容，所以形成了不同类型的持续跑。

a. 长时间慢速跑（持续时间1～3小时）脉搏在130～150次/分。它是运动员保持基础耐力或者紧张训练和比赛后一种恢复体力的手段。

b. 长时间中速跑（持续时间1～2小时）脉搏在155～156次/分。它是发展运动员的有氧代谢功能的主要手段。

c. 长时间快速跑（持续时间30～60秒）脉搏在165～175次/分。它是发展有氧和无氧代谢功能的一种手段，初学者不宜采用。

②"法特莱克"跑的练习方法。"法特莱克"又称为速度游戏，是发展耐力与速度的良好手段。它充分利用了山地、湖边、森林、草坪的自然条件作为"法特莱克"的场地。在"法特莱克"的训练中，保留了大运动量的特点，又利用了地形，增加了训练难度。瑞典教练员霍迈尔给运动员制定的"法特莱克"内容大致有以下两种。

a. 慢跑 10 分钟，接着再自由跑 12～20 分钟，途中做 10～15 分钟，每次 70～100 米的加速跑。而后做各种跳跃练习，再慢跑 10 分钟，用 3/4 的力量跑 2～3 次，每次 300～500 米。当中间歇 800 米慢跑，做 10×300 米、3×300 米、8×400 米均可，最后匀速跑 5～10 分钟。

b. 慢跑 10 分钟，接着做 1 200～2 000 米轻快的匀速跑，走 5 分钟，再进行 50～60 分钟快速跑。其中慢跑休息，量自己掌握。做各种跳跃练习，放松慢跑。而后做 200 米上坡跑，15 分钟慢跑，途中多次疾跑，慢跑 15 分钟。这种跑法不仅可以提高内脏功能，提高有氧代谢能力，还可以培养运动员的意志品质，改进跑的技术和提高身体素质。

2）发展耐力常采用的力量练习方法。

①立定跳远、多级跳、单足跳、跨跳、跳高、蛙跳、跳远、三级跳远及各种跳跃游戏。

②俯卧撑、立卧撑、俯撑曲伸腿、轻器械练习（如实心球、哑铃、沙衣、沙袋等）。

③利用地形条件（如山坡、沙滩等）进行跑的练习。

④其他的负重（如杠铃等）练习。

进行力量训练还应注意以下几点。

①认真检查场地（如地面平整、沙坑松软等）和器械，必要时要加强保护措施。

②注意身体情况和情绪。

③每次力量练习后，要放松练习。

④在两周内至少要安排一次力量练习。

3）灵敏性、柔韧性练习方法。

①各种专门练习，如徒手体操、器械体操、技巧练习、球类活动、游戏、舞蹈等。

②田径中的其他项目（跨栏等）练习。

③各种转肩、转体练习。

④各种压腿、摆腿、踢腿、劈叉等练习。

发展柔韧性练习时还应注意以下两点。

①在采用爆发式（急骤地拉长肌肉组织）和慢张式（静力的拉长）这两种方法时，应以后一种为主，其效果较好。对于前一种方法，也应给予一定重视。一般在练习中，先做慢张式练习，接着再做爆发式练习。

②柔韧性练习后，应做放松练习；必须坚持系统不间断的训练；要做好准备活动，应循序渐进，不提出过高、过急的要求，以免造成伤害事故。

4）专项耐力练习。发展专项耐力一般采用间歇跑、重复跑、变速跑、接近专项距离或略超过专项距离的计时跑，以及专项检查跑、检测、比赛等。

①间歇跑训练：间歇跑训练是严格按预先规定的距离、次数、间歇时间和休息方式反复练习的方法。间歇跑时，使心率保持在 120～180 次/分，使心输出量处于最佳水平上。间歇时间应使肌肉得到休息，而内脏仍处于较高的活动水平，使整个训练对心脏功能的增强有显著效果。一般常在 200～600 米距离上采用间歇跑。在各年级段的训练中，均可以采用间歇跑的练习。

②重复跑训练：重复跑训练是按预先制定好的强度（全力或接近全力）进行运动练习，然后采取走和坐的休息方式，待疲劳得到恢复后，再进行同等强度的重复运动的一种训练方法。如果采用重复跑练习，选择的段落应以专项距离为主。如800米跑，以400～600米为主；1 500米跑，以700～1 200米为主；3 000米跑，以1 000～2 600米为主；5 000米跑，以1 000～4 000米为主；10 000米跑，以1 000～6 000米为主。

③各种训练手段和方法的综合运用。

④长距离的大强度越野跑。

5）中长跑的战术训练。制定战术时必须以自己的能力为基础。科学分配体力是取得优异成绩的主要战术。通常，耐力好而速度差的选手多采用领先跑的战术，以便在跑程中能较好地发挥自己的特长，甩掉对手。而跟随跑，是最后一段发挥速度优势，全力冲刺超越对手，夺取胜利。弯道跑时，应靠近跑道内沿跑进，以免多跑距离。途中超越对手应利用惯性在下弯道或直道上进行。逆风跑时，应适当增大身体的前倾幅度，相应缩短步长，用加快频率的方式来弥补速度的损失；顺风跑时，上体要稍微直立。

中长跑比赛的战术不是一成不变的，应根据场地、气候、对手等情况灵活掌握，做到知己知彼，以己为主，争取胜利。

三、跨栏跑

1.跨栏跑运动简介

跨越障碍物是人类在长期生产及与自然做斗争的过程中所形成的一种基本的生活技能。作为田径运动的跨栏跑，由跨越障碍物的基本技能发展演变而来。

跨栏跑起源于英国，由牧羊人跨越羊圈栅栏的游戏演变而来。当时人们把它叫作障碍跑，属于男子运动项目。早期的跨栏跑设置的障碍物是一般的栅栏。后来出现了埋在地上的木栏架，以后又改为锯木柴用的支架。跨越这类障碍物很危险，容易发生伤害事故，而且也妨碍了跨栏跑技术的提高。

1837年在英国首次举行了大学生跨栏跑比赛。1896年第一届奥运会，跨栏跑是正式比赛项目之一。1990年北京亚运会上，我国选手刘华金在女子100米栏赛中以12秒73的成绩，打破她自己保持的12秒89的亚洲纪录。中国选手刘翔在2004年雅典奥运会追平了沉睡13年的纪录，是12秒91。后来在国际田联超级大奖赛洛桑站他又打破了这个纪录，创造了12秒88的好成绩。古巴人罗伯斯于2008年6月12日创造了新的世界纪录：12秒87。2012年9月8日，梅里特在国际田联钻石联赛布鲁塞尔站男子110米栏比赛中以12秒80的惊人成绩打破世界纪录。

跨栏跑，是途中设有固定数量、固定距离、固定高度栏架的短跑项目，也是田径运动中技术比较复杂、节奏性比较强、锻炼价值比较高的项目。从事跨栏跑运动，不仅能有效地发展速度、弹跳力、柔韧和灵敏等身体素质，还可以培养勇敢、顽强、果断和克服困难的意志品质。

2.跨栏跑基本技术

跨栏跑的关键是快，这就是一要跑得快，二要完成跨越栏架一系列动作快。因此，任何距离跨栏跑的特点都是短时间大强度的工作。动作自然,而且能以必要的幅度和较快的频率完成,是现代跨栏跑技术的基本特征。尽管跨栏跑的距离有长有短,栏架有高有低,栏间跑的步数有多有少,但是跨越栏架的技术是基本相同的。

(1)起跑至第一栏。起跑的过程与短跑基本相同,起跑至第一栏起跨点一般采用8步起跨,起跑时应把起跨脚放在前起跑器上。起跑后上体抬起要比短跑时来得快。

(2)过栏。过栏是跨栏技术的关键部分,它由起跨、腾空过栏和下栏着地等动作组成。

1)起跨。起跨前应保持较高的跑速,最后一步比前一步的步长小一点,也就是"栏前短步"。当起跨腿脚掌着地时,摆动腿由体后向前摆动,大小腿在体后开始折叠,膝关节摆至超过腰部高度。两腿蹬摆配合完成起跨运动过程中上体随之加大前倾,摆动腿异侧臂往前上方摆出,另一臂屈肘摆至体侧,形成"跨栏姿势"。

2)腾空过栏。腾空后身体重心沿着起跨所形成的腾空轨迹向前运行。起跨腿蹬离地面后,摆动腿大腿继续向前上方摆至膝关节超过栏架高度,小腿迅速前摆,当脚掌接近栏架时,摆动腿几乎伸直,脚尖微微上翘。摆动腿的异侧肩臂一起伸向栏架上方。上体加大前倾使头部接近或超过摆动腿的膝略高于踝。

3)下栏着地。摆动腿积极下压,起跨腿加速向前提拉,以髋为轴完成两腿剪绞动作,摆动腿脚掌移过栏架的同时,起跨腿屈膝外展,小腿收紧抬平,脚尖勾起足跟靠臀,以膝领先经腋下加速前拉,当脚掌过栏后,膝继续收紧向身体中线高抬,脚掌沿最短路线向前摆出,身体成高抬腿跑的姿势,伸直下压的摆动腿在接触地面时,前脚掌做积极扒地动作,如图3-4所示。

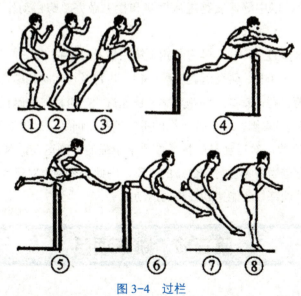

图3-4 过栏

(3)栏间跑。110米栏间三步步长不等,每步步速和支撑、腾空时间的关系都有变化,这就构成栏间跑所特有的节奏。

栏间跑第一步的水平速度因过栏有所降低,蹬地起步时膝关节始终伸直,因而第一步短于后面两步。第二步的动作结构和支撑及腾空时间关系大致与短跑的途中跑相同。第三步因准备起跨形成一个快速短步，动作特点与跨第一栏的最后一步相同。

（4）终点跑。在下倒数第二栏时，应发挥最大速度跑向最后一个栏，并用力跨过栏架。下栏的第一步不必做摆幅较大的提拉动作，以便用最高速度冲向终点。

3．跨栏跑学练方法

（1）跨栏坐：坐在地上做模仿过栏时腿部和手臂动作，以初步建立过栏时手、腿配合的技术概念，发展柔韧性。

（2）跨摆练习：模仿跨栏步上栏动作的练习，以学习掌握跨栏时起跨腿充分蹬伸和摆动腿屈膝前摆高抬技术，提高积极跨栏意识。

（3）摆动腿过栏模仿练习（鞭打练习）：摆动腿前摆高抬积极下压小腿前伸着地，以学习动腿模仿过栏的动作。

（4）原地起跨腿提拉过栏练习：学习掌握起跨腿的过栏技术，提高髋关节的柔韧性和灵活性。

（5）跨栏步模仿练习：在走步中模仿两腿的过栏动作，以强化过栏时上、下肢协调配合的完整技术。

（6）栏侧攻摆和提拉过栏练习：在走步中从栏侧完成过栏动作。

（7）栏间节奏跑模仿过栏练习：初步建立三步过栏和跑栏的概念。

（8）摆动腿过栏：学习摆动腿的跨栏，鞭拉过栏技术。

（9）放松跑过栏：以中等速度跑进从栏侧和栏上做完整跨栏动作，以掌握正确的过栏技术。

（10）起跑6～8步过第一栏：学习起跑上第一栏及跨栏技术。

（11）起跑过3～5个栏：强化起跑上第一栏、过栏及栏间跑相结合技术。

（12）缩短栏距跨栏跑：提高栏间跑频率和快速过栏、跨栏接的跑栏意识。

（13）重复跨栏跑：起跑过8～10个栏的重复训练，训练全过程技术和节奏。

跨栏跑是一项速度快，对运动员的技术性要求很强的短跑运动，其实质是跑栏。跨栏跑的最大特点是在高速跑进当中越过一定数量的障碍，因此必须通过对运动员的平跑速度和专项技术进行科学、系统的训练，才能达到较高的运动水平。

第三节　跳跃项目

一、跳高

1．跳高运动简介

跳高起源于古代人类在生活和劳动中越过垂直障碍的活动。现代跳高始于欧洲。18世纪末苏格兰已有跳高比赛，19世纪60年代开始流行于欧美国家。1827年9月26日在英国圣罗兰·博德尔俱乐部举行的首届职业田径比赛中，亚当·威尔逊（Adam Wilson）屈膝团身跳越1.575米。这是第一个有记载的世界跳高成绩。跳高有跨越式、剪式、俯卧式、背越式等过杆技术。现在，绝大多数运动员都采用背越式。跳高横杆可用玻璃纤维、金属或其他适宜材料制成，长为3.98～4.02米，最大质量为2千克。比赛时，运动员必须用单脚起跳，可以在规定的任一起跳高度上试跳，但第一高度只有3次试跳机会。男、女跳高分别于1896年和1928年被列为奥运会比赛项目。

跳高运动能增强人体大腿的肌肉和韧带的强度，提高人体的弹跳能力和协调性，培养勇敢顽强、拼搏进取的精神。

2. 跳高基本技术

跳高是人体通过助跑、起跳、腾空、落地系列动作形式跳越高度障碍的运动。跳高过杆技术有背越式、跨越式、剪式、滚式、俯卧式等。由于技术类型不同，运动员在完成助跑、起跳、过杆、落地的各动作方法上各有差异。这里主要介绍背越式跳，整个运动过程可分为助跑、起跳、腾空过杆与落地四个紧密相连的技术阶段。

（1）助跑。助跑的任务是获得水平速度，并为准确、快速踏板和起跳创造条件。在起跳前立即调整技术动作的结构和节奏。其目的是达到合理的身体姿势，促使背越式跳高成为一个独特的跳高技术。

目前，背越式跳高的助跑大多数采用8～12步或9～13步。助跑开始前4～8步要加速跑，但是后4步是跑弧线。在跑动中整个身体要向弧心倾斜，速度要加快，倾斜要适当加大。做全程助跑时要保持高重心，跑的节奏要鲜明，速度要逐渐加快。到最后一步要积极、快速、准确地踏上起跳点，要及时把水平速度转化为垂直速度，为起跳创造良好的条件。另外，在学习背越式跳高助跑中，要注意步子动作自然放松，速度与节奏稳定。背越式跳高距离的丈量，采用走步丈量的方法，如图3-5所示。

（2）起跳。起跳是跳高技术的最关键技术。起跳的任务是在助跑速度的基础上，迅速地转变人体运动方向，而且获得尽可能大的垂直速度。同时要产生一定的旋转动力，保证顺利地完成过杆动作。

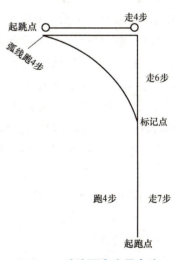

图3-5 助跑距离丈量方法

起跳腿要沿弧线的切线方向踏上起跳点，用脚跟外侧先接触地面，并迅速地滚动到全脚掌着地，脚尖指向弧的切线方向。这时，摆动腿蹬离地面开始摆腿，重心迅速跟上并积极前移，使起跳腿伸肌进行退让工作。当身体重心移到支撑点上方时，摆动腿继续向上摆，将同侧髋带出，带动骨盆扭转。同时蹬伸起跳腿，两臂配合腿的动作向上提肩摆臂，要及时地做引肩的动作，如图3-6所示。

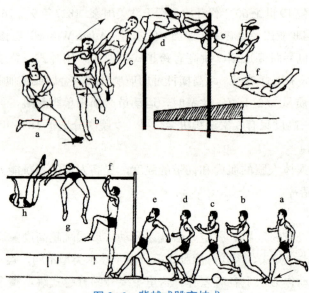

图 3-6 背越式跳高技术

（3）腾空过杆与落地。起跳腾空后，身体保持伸展的姿势，在摆动腿和同侧臂动作力量带动下，加速身体的纵轴旋转。同时，身体迅速转向背对横杆，这时摆动腿的膝关节要放松，起跳腿蹬伸离开地面后要自然下垂，肩继续向横杆伸展，头和肩越过横杆后，髋部要较快地向上升起，然后充分上挺，两腿的膝关节自然弯曲稍分开，两臂置于体侧，在杆上成背弓姿势。当身体重心越过横杆时，要含胸收腹，髋部发力，带动大、小腿快速向后上方甩动，使整个身体离开横杆后，以肩背部落于海绵垫上，如图 3-6 所示。

3. 背越式跳高学练方法

（1）介绍背越式跳高技术并结合图片、挂图、观看录像等手段，简要地讲述跳高的意义和特点，使学生懂得背越式跳高的完整技术。

（2）学习原地摆腿和摆臂的技术。

（3）上一步做起跳技术，要求掌握摆动腿蹬地后快速起摆，在摆动腿和摆臂带动下，起跳腿快速蹬伸跳起动作的练习。

（4）沿着直径为 10～15 米的圆圈快跑。要求掌握身体的向内倾斜，从直道进入弯道的跑动动作的练习。

（5）起跳转体的动作技术，3～5 步助跑起跳，身体腾空后沿身体纵轴转体 180°，背对横杆落地动作的练习。

（6）4～6 步弧线助跑起跳后，坐上高器械。要求掌握进入弧线助跑时，控制身体向内倾斜，起跳后身体垂直向上腾起，然后坐上高器械动作的练习。

（7）起跳后倒动作的技术。双脚并立，双腿屈膝发力向上方蹬伸跳起，腾空后，肩背积极后倒，以肩部和背部着垫子的练习。

（8）跳上垫子动作的技术。3～5 步助跑起跳、转体、提髋，做背弓动作，落在垫子上动作的练习。

（9）过杆和落地动作的技术。仰卧在垫子或草地上，两肩和两脚撑地做向上抬臀挺髋动作的练习。

（10）立定背越式跳高动作的技术。要求掌握两腿屈膝半蹲，然后用力向上跳，两臂配合上摆，肩向后伸展，抬臀、挺髋成背越式姿势，肩背着垫动作的练习。4步助跑、起跳、过杆的动作练习。

（11）8步助跑，起跳过低横杆技术动作的练习。

（12）全程跑8～12步，背越式跳高、助跑、起跳、腾空过杆与落地技术动作的练习。

二、跳远

1. 跳远运动简介

跳远起源于人类猎取或逃避野兽时跨越河沟的活动，后成为军事训练的手段，为公元前708年古代奥运会五项全能项目之一。现代跳远运动始于英国。1827年9月26日在英国圣罗兰·博德尔俱乐部举行的首届职业田径比赛中，亚当·威尔逊（Adam Wilson）越过5.41米的远度。这是第一个有记载的世界跳远成绩。跳远的腾空动作有蹲距式、挺身式和走步式。20世纪70年代出现前空翻跳远，因危险性大，被国际田联禁用。最初，运动员是在地面起跳，1886年开始采用起跳板。起跳板为白色，埋入地下，与地面齐平，长1.22米，宽20厘米，距离沙坑近端不少于1米。起跳板前有起跳线，起跳线前有用于判断运动员起跳是否犯规的橡皮泥显示板或沙台。运动员必须在起跳线后起跳。比赛时，如运动员不足8人，每人可试跳6次；超过8人，则先试跳3次，8名成绩最好的运动员再试跳3次。最后以运动员6次试跳的最好成绩排列名次。男、女跳远分别于1896年和1948年被列为奥运会比赛项目。

跳远运动能增强人体大腿的肌肉和韧带的强度，提高人体的速度、弹跳力和灵活性，培养勇敢顽强、拼搏进取的精神。

2. 跳远基本技术

跳远，又称"急行跳远"，是在助跑道上沿直线助跑，在跑进中用单脚起跳腾空，最后双脚落入沙坑的田径运动项目。整个运动过程可分为助跑、起跳、腾空与落地四个紧密相连的技术阶段。

（1）助跑。助跑的任务是为了获得最大的水平速度，并为迅速有力地起跳做好准备。助跑一般采用"站立式"起动姿势。助跑距离应根据各人发挥速度的快慢来决定，一般来说，男子助跑距离是32～38米，助跑步数是18～22步；女子助跑距离是26～35米，助跑步数是16～20步。

在确定助跑点时，一般采用两个标志。第一标志是助跑的起跑线。起跑时，后蹬要充分有力，并要做到逐渐加速。踏上第二标志时，在距离起跳板6～8步的地方，使助跑快速接近和达到最高速度，这时做好准备踏板。倒数第二步的步幅稍长，身体重心略有降低，最后的一步略小，使身体重心升高而进入起跳。

助跑技术动作要求助跑时肩带放松，两臂配合两腿动作放松而协调地摆动，跑的节奏要明显，步子轻松自然，富有弹性，促使身体重心平稳地沿着直线向前运动。

（2）起跳。起跳的任务是充分利用助跑速度，获得尽可能大的腾起初速度和合理的腾起角。起跳动作是从助跑最后一步开始的。起跳时，大腿积极下压，小腿迅速前伸，用前脚掌着地。当身体重心接近起跳腿的支撑点时，起跳腿迅速用力蹬伸，同时摆动腿以膝领先，积极向前上方摆到水平位置。两臂也配合腿部动作用力上摆，使起跳腿髋、膝、踝关节充分伸直。要求上体正直，眼视前方，踏板起跳。

（3）腾空。起跳后的腾空姿势，是身体起跳后进入腾空的姿势。正确的腾空动作，是防止身体前旋，主要是维持身体平衡，为落地动作做好准备。

起跳腾空后，身体保持起跳后的伸展。摆动腿屈膝前摆，大腿高摆至水平位置，小腿自然下垂，上体正直，头向上顶，两臂上摆提肩，腰腹部肌肉紧张用力，向上提髋，在空中成为跨步飞行姿势，这个姿势称为腾空步。腾空步以后的空中动作有蹲踞式、挺身式和走步式三种。这里介绍蹲踞式和挺身式两种。

1）蹲踞式（图3-7）。起跳腾空后，保持腾空步的姿势，上体正直。当腾空到最高点时，起跳腿向前上方和摆动腿并拢，两臂自然下垂，上体稍前倾，在空中成"蹲踞"姿势。快落地时，小腿前伸，同时两臂由前向后下方摆动，借高举大腿的惯性，将小腿前伸落地。

图3-7　蹲踞式跳远技术

2）挺身式（图3-8）。完成腾空步后，摆动大腿积极下放，小腿由前向后成弧形摆动，髋关节伸展，两臂由下向上方摆动。这时，留在体后的起跳腿与后摆的摆动腿靠拢。臀部前移，胸腰稍向前挺，形成展体挺身的姿势。落地前，两臂上举或后摆，然后收腹，双腿前伸，上体前倾，完成落地动作。

图3-8　挺身式跳远技术

（4）落地。良好的落地技术动作，可以提高跳远成绩，能增加20厘米左右，而且可以防止伤害事故。在完成腾空动作后，两大腿向前上方抬起，小腿向前伸，同时臀部要向前移动，上体前倾，两脚着地迅速屈膝缓冲，借助向前的惯性作用，使身体重心向下向前移过支撑点，安全地落地，避免后坐或后倒。

3.跳远学练方法

（1）介绍跳远的技术，结合图片、挂图、录像等手段，讲解跳远的技术。教学动作练习时，应将快速助跑和合理有力的起跳相结合作为重点。

（2）学习立定跳远的技术，要求两脚并立，屈膝半蹲，两臂后摆，上体前倾。然后两臂猛然向前上方挥摆，同时两腿用力蹬地，向上跳起，落地时屈膝下蹲动作的练习。

（3）学习助跑和起跳的技术，在跑道上进行18～20步助跑练习，确定助跑距离，掌握助跑踏板动作的练习。

（4）学习上步模仿起跳，在跑道上连续做3步助跑起跳动作的练习。

（5）在跑道上慢跑3～5步，做连续起跳和腾空步练习。从跳箱上做"蹲踞式"空中动作并落地动作的练习。

（6）学习4～6步助跑起跳腾空步后，将起跳腿与摆动腿靠拢，收腹举腿尽量贴近胸部，成团身的蹲踞姿势，两脚同时落地。

（7）学习从跳箱上做"挺身式"空中动作并落地的练习。助跑6～8步起跳后做挺身展体，再收腹落地动作的练习。

（8）学习跳远全程助跑、起跳、腾空、落地的完整技术动作的练习。

（9）发展跳远的速度可以采用短距离的反复跑、行进间快跑、改变节奏跑、上下坡跑、跨栏跑等。

（10）发展快速力量：中等力量的负重练习（负重起踵、负杠铃原地跳、负重弓箭步走等）、负大重量的蹲起、用各种方法举杠铃和双人对抗性练习。

（11）发展弹跳力。

1）一般跳跃练习：单足跳、跨步跳、分腿跳、蛙跳、直腿跳等。

2）跳跃障碍练习：跳跃栏架、跳上台阶或各种物体。

3）与专项技术相近的跳跃练习：助跑跳起触高、跳高、多级跳和三级跳远等。

第四节　投掷项目

投掷运动起源于古希腊。古希腊著名雕塑家米隆大约在公元前450年创作其代表作《掷铁饼者》，说明了投掷运动的历史源远流长。在古代奥运会上投掷比赛所用的器材都是扁圆的石块，重量没有统一的标准。比赛时，运动员站在一个石台上，做几次预摆后将石块掷出，用距离和姿势来确定优胜者。

一、推铅球

1.推铅球运动简介

推铅球起源于古代人类用石块猎取禽兽或防御攻击的活动。现代推铅球始于14世纪40年代欧洲炮兵闲暇期间推掷炮弹的游戏和比赛，后来逐渐形成体育运动项目。铅球的制作经历了用铁、铅及外铁内铅的过程。正式比赛男子铅球的质量为7.26千克，直径为11～13厘米；

女子铅球的质量为 4 千克，直径为 9.5～11 厘米。早期推铅球没有固定的方式，可以原地推，也可以助跑推；可以单手推，也可以双手推；还出现过按体重分级别的比赛。最初采用原地推铅球技术，后逐渐发展到侧向推、上步侧向推。20 世纪 50 年代，美国运动员奥布赖恩发明背向滑步推铅球技术，该技术被称为"铅球史上的一场革命"。20 世纪 70 年代，苏联运动员巴雷什尼科夫发明旋转推铅球技术，由于旋转后难以控制身体平衡，至今只有极少数运动员使用。比赛时，运动员应在直径为 2.135 米的圈内，用单手将球从肩上推出，铅球必须落在规定的角度线以内方为有效。男、女铅球分别于 1896 年和 1948 年被列为奥运会比赛项目。

推铅球运动是一个全身协调用力的运动。它能提高人的协调性和柔韧性，主要发展上肢力量，增强学生的安全意识。

2. 推铅球基本技术

推铅球是学校体育教学和田径比赛的主要项目之一。经常从事这项运动的锻炼，能发展学生的速度、力量、灵敏性、协调性等身体素质，增强人体的上肢、下肢和腰腹部肌肉力量，特别是对肩带肌力量的作用有很大好处。推铅球技术包括握球与持球、滑步、最后用力和维持身体平衡四个部分。

（1）握球与持球（以右手为例）。握球的手五指自然分开，将球放在食指、中指及无名指的指根上。球的大部分重量在食指和中指之间，大拇指及小指自然地扶在球的两侧。手腕成背屈，便于控制和稳定球体，促使滑步和最后用力发挥手指的力量。握好球后，将球放在肩上锁骨窝处，并紧贴着颈部，掌心向前，右肘微抬起，右上臂与躯干约成 90°角，躯干与头保持正直。

（2）滑步。侧向滑步推铅球技术如图 3-9 所示。持球后，身体左侧对着投掷方向，右脚外侧靠近投掷圈后沿内侧，两脚左右开立与肩同宽。左腿向投掷方向预摆 1～2 次，待身体平衡后，左腿的大腿迅速有力地向投掷方向摆动，带动身体。同时，右脚用力蹬地，迅速向前滑步，使身体重心向投掷方向移动。当滑到投掷圈中心附近，左脚积极落地，完成滑步动作，为最后用力创造良好条件。

图 3-9　侧向滑步推铅球技术

（3）最后用力。侧向滑步结束时，左脚一着地，右脚迅速用力蹬地，脚跟提起，膝盖向内转，同时髋部也边转动边向前送出，上体逐渐抬起向投掷方向转动，右髋先于右肩。当身体左侧接近与地面垂直的一瞬间以左肩为轴,右腿迅速充分蹬直,身体转向投掷方向。此时,挺胸、抬头、左腿支撑、右肩前送,右臂迅速用力向前上推球,同时伸直左腿。推球时,手腕用力,手指快速拨球。球出手后,迅速降低重心,两脚换位,维持身体平衡。

(4)维持身体平衡。铅球推出手后,两腿前后交叉,这时身体左转,及时降低重心,来减缓向前冲力,以维持身体的平衡,以便防止犯规。

3. 推铅球学练方法

(1)介绍推铅球的技术。通过讲解和示范、观看录像和图片等手段,使学生懂得推铅球的技术概念,提高学生推铅球的完整技术。

(2)学习铅球的握球、持球的技术。

(3)原地双手正面向前、向后抛实心球,两脚左右开立与肩同宽,持球半蹲。然后两腿用力蹬地,将球向前向后抛出动作的练习。

(4)原地正面推实心球或小铅球练习,两脚前后开立,右脚在后。持球后身体后仰,右腿屈膝,重心后移。接着,右腿用力向前向上蹬伸,送髋挺胸将球推出动作的练习。

(5)原地侧向推铅球练习,体会"蹬、转、挺、推、拨"的动作练习。

(6)原地侧向推铅球,完整技术教学。按侧向推铅球的预备姿势和最后用力技术的发力顺序,将铅球推出动作的练习。

(7)发展推铅球力量训练方法。

1)抓举、挺举、推举杠铃。

2)肩负杠铃或其他重物半蹲、全蹲、下蹲跳起、转体、前屈体。

3)肩负重物单腿深蹲跳起、转体180°。

4)仰卧推举、用较轻杠铃向斜上方连续推举。

5)推或掷实心球、较重的壶铃。

6)俯卧撑或指卧撑。

7)各种跳跃练习,如立定跳远、立定三级跳远、多级跳等。

(8)发展速度的方法。

1)跑的专门练习,快速跑20～40米。

2)肩负较轻杠铃或其他重物快速半蹲、深蹲。

3)用较轻的铅球或其他器械练习。

4)各种形式的跳跃练习和跨栏跑。

二、掷标枪

1. 掷标枪运动简介

掷标枪是一项古老的运动。古时,人们把它作为猎取食物和进行军事训练的手段。掷标枪是古代五项运动之一。当时标枪的规格和投掷方法与现代有所不同,可以在枪身上缠上带子,帮助用力。

现代掷标枪运动起源于斯堪的纳维亚国家。瑞典和芬兰人在研究投掷标枪的技术和原理方面做出了贡献。瑞典人研究了握枪和肩上持枪助跑的合理方法,芬兰人采用了"自然臂"引枪和"前交叉步"的技术,使助跑与最后用力的衔接得到了改善。20 世纪 50 年代滑翔标枪问世,通过更好地用力于枪的纵轴,发挥了良好的滑翔性能,从而提高了成绩。20 世纪 70 年代又广泛采用了塑胶助跑道,使运动员在最后用力时下肢得到更好的支撑,进一步提高了用力的效果。

掷标枪,是一个比较复杂的多轴性旋转项目。它的完整技术,是由肩上持枪经过一段预先助跑连接投掷步获得动量,通过爆发式的最后用力作用于标枪的纵轴上,将标枪经肩上投出去。古代标枪在比赛方式上除投远度外,还有投准比赛。

2. 掷标枪基本技术

(1) 握法和持枪。

1) 握法:常见的有现代式和普通式两种。现代式握法:标枪斜放于掌心,拇指和中指握在标枪缠绳把手末端第一圈的上沿,食指自然弯曲斜握在枪杆上,无名指和小指自然地握在缠绳把手上。这种握法可加长投掷半径,便于控制标枪出手角度和飞行的稳定性,为多数运动员所采用。普通式握法,手腕紧张,不利于控制出标角度,很少有人采用。

2) 持枪:持枪的方法是屈臂举枪于肩上,大小臂夹角约为 90°,稍高于头,枪尖稍低于枪尾。

(2) 助跑。助跑的目的,是为了在最后用力前获得预先速度,并在助跑中做好引枪动作,为最后用力创造条件。助跑的距离一般为 25 至 35 米。

正确的投掷步技术,特别是交叉步技术,是助跑技术的主要环节,它起着承上启下的作用,是助跑和最后用力结合的关键。助跑教学,应注意引枪和下肢动作协调配合,各步的步长和动作节奏,都要稳定。

(3) 出枪。以右手掷枪为例。出枪时,投掷臂处于身后,约与肩高,与躯干几乎成直角。弯曲的左腿做迅速有弹性的蹬伸,同时胸部尽量前送,并带动小臂向前做爆发性"鞭打"动作,使全身的力量通过手臂和手指作用于标枪纵轴。枪离手一刹那,手腕和手指的积极鞭打动作,能使标枪沿着纵轴按顺时针方向自转,这可以保持标枪在空中飞行的稳定性,提高标枪的滑翔效果,如图 3-10 所示。

图 3-10 掷标枪完整动作

(4) 缓冲。标枪出手后,运动员随着向前的惯性,继续向前运动,为了防止犯规,应及时向前跨一至二步,身体稍向左转,并降低身体重心,维持平衡。

3. 掷标枪技术的学练方法

(1) 练习掷枪前的姿势。身体左侧对投掷方向,两脚左右开立,右腿弯曲,重心落于右腿，右臂伸直持枪于右肩后方，手稍高于肩，左臂前伸稍内旋，左肩稍高于右肩，标枪位于眉和额之间，并贴近面部，眼看投掷方向。

（2）练习"满弓"动作。呈掷枪前姿势，在左腿稳固支撑的情况下，完成右腿前转送肩、转肩、挺胸、翻肘成"满弓"姿势。

（3）练习最后用力动作。从掷枪前姿势到标枪离手刹那间的身体姿势。

第四章 球类运动

第一节 篮球运动

一、篮球运动概况

1. 篮球运动的起源与发展

篮球运动是 1891 年由美国人詹姆斯·奈史密斯发明的。当时，他在马萨诸塞州斯普林菲尔德基督教青年会国际训练学校任教。由于当地盛产桃子，这里的儿童又非常喜欢做用球投入桃子筐的游戏，这使他从中得到启发，并博采足球、曲棍球等其他球类项目的特点，创编了篮球游戏。

此外，奈史密斯制定了一个不太完善的竞赛规则，共 13 个条款，其中规定不允许带球跑、抱人、推人、绊人、打人等。这大大提高了篮球游戏的趣味性，并且吸引了更多的人来参加这一游戏，从而使篮球运动很快普及到了全美国。

篮球运动诞生后，传播得很快。1892 年，篮球运动首先从美国传入墨西哥，并很快在墨西哥各地得到开展。这样，墨西哥成为除美国外，第一个开展篮球运动的国家。此后，这项运动先后传入法国、英国、中国、巴西、捷克斯洛伐克、澳大利亚、黎巴嫩等国家，在世界范围内得到了开展、普及和发展。

1896 年，美国人鲍勃盖利将篮球传入中国，首先在天津、北京等城市的青年会中开展起来。在 1910 年旧中国首届全国运动会上，篮球首次被列为表演项目。1913 年，篮球被列为我国国内正式比赛项目。篮球自 1951 年起一直是亚运会的正式比赛项目。

1932 年国际业余篮球联合会成立，男子篮球被国际奥委会承认为奥运会正式比赛项目。1946 年，美国出现职业篮球联赛，并发展为目前的 NBA。1976 年，女子篮球被列为奥运会正式比赛项目。

2. 篮球运动的特点和作用

篮球运动是围绕着悬挂在室中的球篮而展开的空间与地面的争夺，不仅具有对抗性、拼斗性、集体性，还具有健身性、娱乐性、艺术性、趣味性、观赏性。

（1）对抗性。篮球运动是一项高强度的对抗性运动项目，持续时间可长可短，但需要参与者快速奔跑、突然与连续起跳、敏捷反应与力量抗衡。

（2）集体性。篮球运动较其他球类项目技术繁多，战术形式多样，队员的技巧性也很强，而且反映出个体作战与协同配合特点，作为一项集体性很强的运动项目，篮球运动不仅要求运动员具有一定的技战术能力，以及在比赛中表现出的智慧、胆略、意志、活力与创造力，更为重要的是，运动员必须具备勇敢顽强的斗志和团结协作的精神。因此，篮球运动可以促使参与者形成良好的个性和团队精神。

（3）观赏性。在篮球比赛中，我们可以欣赏到娴熟的运球、巧妙的传球、准确的投篮、机智的抢断、精彩的扣篮和出奇的封盖，再加上攻守交错、对抗变换，从而使比赛双方斗智斗勇，球场形势变化富有戏剧性，无论是参与者还是观看者都能得到心理的满足和愉悦。

（4）趣味性。篮球运动简单易行，趣味性很强，可以因人、因地、因时、因需而异。通过变换各种活动方式，篮球运动更加方便，更能吸引人们的参与，以达到活跃身心、健身强体的目的，进而提高社会的文明氛围，充实人们业余文化娱乐生活。另外，篮球运动深受广大群众的喜爱，通过比赛的相互往来，还可以增进彼此之间的了解和友谊。

（5）健身性。通过参与篮球运动，不仅可以强身健体，而且可以使个性、自信心、审美情趣、意志力、进取心、自我约束等能力都有很好的发展，也有利于培养团结合作、尊重对手、公平竞争的道德品质。

二、篮球基本技术与学练方法

篮球技术是篮球比赛所必需的专门动作方法的总称，是完成战术配合质量的重要因素。

1. 移动

移动是运动员在篮球比赛中，为了控制身体，改变位置、方向、速度，争取高度所采用的各种脚步动作方法的总称。

（1）移动基本技术。

1）基本站立姿势。两脚左右或前后开立，两脚之间距离与肩同宽，全脚掌着地，两膝弯曲，大小腿之间的角度约为135°，身体重心落在两脚之间，上体略微前倾，两臂屈肘自然下垂置于体侧，两眼平视注意场上情况。防守时的站立姿势，两脚之间距离略比肩宽，两臂屈肘左右或前后张开，如图4-1所示。

动作要点：两腿要尽量弯曲下蹲，便于起动，两眼平视注意场上情况。

2）起动。起动是队员在球场上由静止状态变为运动状态的一种动作，是获得位移初速度的方法。

起动时，身体重心向跑动方向移动，以后脚（向前起动）或异侧脚（向侧起动）的前脚掌内侧突然用力蹬地，同时上体迅速前倾或侧转，手臂协调地摆动，充分利用蹬地的反作用力，迅速向跑动方向迈步，如图4-1所示。

动作要点：猛蹬地，快跨步，快频率。

图 4-1　基本站立姿势和起动

3）跑动。跑动是各项运动项目必须具备的基本脚步动作。主要有侧身跑、变向跑、后退跑和变速跑。

①侧身跑。这种跑动的方法正如其名称一样，"侧着身体（上体）"跑。比赛中篮球运动员进行侧身跑的主要目的是便于观察场上情况，随时做好攻防准备。

②变向跑。跑动中向左变方向，最后一步右脚落地，脚尖向左转，迅速屈膝，上体向左转移动重心。同时，左脚用力蹬地向左前方迈出，右脚迅速随着向左侧前方跨出，继续加速前进，如图 4-2 所示。向右变方向时，动作相反。

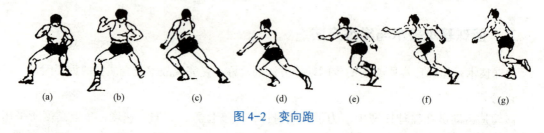

(a)　　　(b)　　　(c)　　　(d)　　　(e)　　　(f)　　　(g)

图 4-2　变向跑

③后退跑。篮球运动员在完成进攻后，通过后退跑监视对手的行动，以便及时采取防守措施。

④变速跑。它是通过速度的变化达到摆脱防守的目的。比赛中，篮球运动员时快时慢的速度变化令防守方难以防范。变速跑若能与变向跑、起动跑等技术结合运用，效果会更好。

4）急停。急停是队员在跑动中突然制动速度的一种动作方法，是衔接其他技术动作和摆脱对手的有效方法。急停包括跨步急停和跳步急停。

①跨步急停。快跑中，先向前跨出一大步，用脚尖先着地，然后过渡到全脚掌着地，迅速屈膝，同时上体稍后仰；第二步落地时，脚尖稍内扣，腰胯用力，两膝深屈，重心下降，用全脚掌内侧蹬地，身体稍向内转，重心投影点在两脚之间，两臂弯曲，自然张开，保持身体平衡，如图 4-3 所示。

②跳步急停。跑动中单脚或双脚起跳（不要太高，紧贴地面），两脚左右分开，与肩同宽同时落地，全脚掌着地，两脚内侧稍用力。两腿屈膝，稍向内扣。两臂弯曲，自然张开，保持身体平衡，如图 4-4 所示。

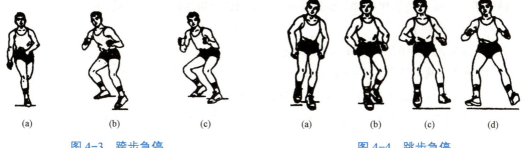

图 4-3 跨步急停　　　　　　图 4-4 跳步急停

5）转身。转身是利用身体的转动，来改变站立的位置和方向，用来进攻或防守的方法。转身有前转身和后转身两种。

①前转身。绕中枢脚脚尖方向转动的叫作前转身。以右脚为中枢脚做前转身为例：转动时，重心移到右脚上，左腿前脚掌内侧蹬地，右腿前脚掌用力碾地，同时头、肩和腰胯配合向右前方移动，左腿迅速绕右脚尖方向转动，达到欲前转角度后左脚落地，重心仍落在两脚中心。两臂自然张开，以维持身体平衡，如图 4-5 所示。

②后转身。绕中枢脚脚跟方向转动的叫作后转身。以左脚为中枢脚做后转身为例：转动时，重心移到左脚上，右脚前脚掌内侧蹬地，左脚前脚掌用力碾地，同时头、肩和腰胯配合向右后方转动，右脚迅速绕左脚跟方向转动，达到欲后转角度后右脚落地，重心落在两脚之间。两臂自然张开，以维持身体平衡，如图 4-6 所示。

图 4-5 前转身　　　　　　图 4-6 后转身

6）滑步。滑步是队员防守时移动的主要步法。滑步一般分为侧滑步和前、后滑步。

侧滑步的运作过程为：身体成基本站立姿势，两臂自然左右张开。以向左侧滑步为例：右脚前脚掌内侧蹬地，左脚先向左侧滑跨，由脚跟至脚尖着地，接着向内侧滑动右脚，如图 4-7 所示。移动中始终保持低重心、宽步幅。向右侧滑步时，动作相同，方向相反。

图 4-7 滑步

前滑步、后滑步的动作要领与侧滑步相同，只是分别向前、向后移动。

（2）移动学练方法。

1）从基本站立姿势开始，按信号做迅速起动练习。

2）原地徒手或持球做转身跨步练习。

3）利用标志杆做徒手起动、急停、转身、变向跑练习。

4）原地背向站立，听信号后做转身起动、急停、转身综合练习，或按要求做变速变向跑练习。

5）利用篮球场上的罚球圈、中圈和三分线，做变向跑、变速跑、侧身跑练习。

6）原地双脚起跳，向前、左、右跨一步或向后撤一步做双脚起跳练习。

7）跑动中做单脚起跳摸篮板、篮圈练习。

8）全场一对一做徒手攻防脚步动作练习。

2. 运球

（1）运球基本技术。运球是有球队员在原地或移动中，用单手连续拍按或双手交替拍按由地面反弹起来的球。运球的技术动作很多，总的来说可分为以下几种。

1）高运球。在没有对手紧逼的情况下，通常用这种运球方法。运球时，两腿微屈，目视前方，运球手在腰腹间触球，手脚协调配合，拍球有节奏地向前运行，如图4-8所示。

图 4-8　高运球

2）低运球。在对手紧逼防守时，为了更好地保护球，通常用这种运球方法。运球时，两腿弯曲，上体前倾，用身体保护球的同时短促地拍球，使球的反弹高度在膝部以下，如图4-9所示。

图 4-9　低运球

3）运球急停急起。当对方防守盯得很紧，不能用快速运球超越对手时，可运用运球速度上的突然变化，如急停、急起摆脱对手，或原地静止状态运球，突然急起以超越对手。运球急停时,手拍按球的上方稍靠前,使球与地面成垂直反弹,用异侧臂和身体保护球。起动时,后脚前脚掌偏内侧用力蹬地,上体前倾,重心前移,同时拍按球的后上方,利用起动速度超越对手,如图 4-10 所示。

图 4-10　运球急停急起

4）体前变向运球。当对手堵截在运球前进路线上时,突然向左或向右改变运球方向,并且交换控球手来摆脱对手的运球方式。以右手为例:右手拍球的右后上方,把球从右侧拍按到左侧前方,同时向左转体以保护球,然后换手运球,加速前进,如图 4-11 所示。

图 4-11　体前变向运球

5）运球后转身。当对手离身体较近时,不能用体前变向,也可用转身运球过人。以右手为例,变向时,左脚在前为轴做后转身,右手将球拉至身体左侧前方,然后换手运球,加速前进。运球时要尽量降低身体重心,不要上下起伏。

6）背后运球。当对手离身体较近时,无法在体前改变方向,可以用背后运球。以右手为例:变向时右脚在前,右手将球拉至身体右侧后方,迅速拍球的右后方,将球从身后拍至左侧前方,然后换左手加速运球。

7）胯下运球。当防守队员迎面堵截时,可以用胯下运球摆脱对手。以右手为例:变向时左脚在前,右手拍球的右上部,将球从两腿之间运至身体左侧,然后上右脚并换手运球,加速前进。

（2）运球学练方法

1）原地垂直的高、低运球,体会运球的动作要点。

2）对墙运球练习,提高手腕、手指的控球能力。

3）体前左、右手交替做推送横运球练习。

4）体前单手做横推拉运球练习,体侧单手做纵推拉运球练习。

5）在球场两边线间做直线折返高低运球,要求运球往返时分别用两只手练习,并且抬头看前方。

3. 传接球

（1）传接球基本技术。

1）双手胸前传球。双手持球的方法是两手手指自然分开，拇指相对成八字形，用指根以上部位持球，手心空出，如图 4-12 所示。两肘自然屈于体侧，将球置于胸腹之间的部位，身体成基本站立姿势。传球时，在后脚蹬地、身体重心前移的同时前臂迅速向传球方向伸出。球出手后，身体迅速调整成基本站立姿势。传球距离近，前臂前伸的幅度小。远距离的传球，则需加大蹬地、伸臂和腰腹的协调用力。传球距离越远，伸臂的动作速度越快。

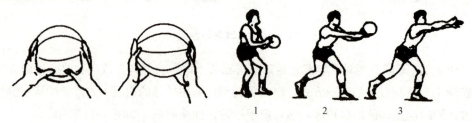

图 4-12　双手胸前传球

动作要点：持球动作正确，蹬（地）、伸（臂）、翻（腕）、拨（食指、中指）球动作连贯，用力协调。

2）单手肩上传球。单手肩上传球是单手传球中一种最基本的方法。传球时（以右手传球为例），左脚向传球方向迈出半步，右手托球，同时将球引到右肩上方，肘部外展，上臂与地面近似平行，手腕后仰。左肩对着传球方向，重心落在右脚上，右脚蹬地，转体，右前臂迅速向前挥摆，手腕前屈，通过食指、中指拨球将球传出，如图 4-13 所示。

图 4-13　单手肩上传球

动作要点：自上而下发力，蹬地、扭转肩、挥臂和扣腕动作连贯。

3）其他传球方式。

①双手头上传球。双手持球举于头上，两肘稍屈，持球手法与双手胸前传球相同，传球时小臂前挥，手腕前扣外翻的同时，拇指、食指、中指用力拨球。传球距离较远时，加脚蹬地，腰腹用力，全身协调发力，将球传出，如图 4-14（a）所示。

②单手体侧传球。在向左侧跨出半步的同时，右手将球移至右侧，向前做弧线摆动。当

球摆过身体右前方时,迅速收前臂,借手腕的力量将球传出,如图4-14(b)所示。

③双手反弹传球。这种传球方法与双手胸前传球基本相似,不同点在于用力方向是向前下方击地反弹,击地点在距接球者1/3的地方。接球时,迎球跨步,上体前倾,两臂向前下方伸出迎球,五指自然张开,手触球后,两手握球,顺势将球移至胸腹间,如图4-14(c)所示。

图4-14 其他传球方式

(a)双手头上传球;(b)体侧传球;(c)双手反弹传球

4)双手接球。双手接球是最基本的接球方法,也是在比赛中运用最多的动作之一。双手接球时,两眼注视来球,两臂伸出迎球,手指自然分开,两拇指成八字形,手指向前上方,两手成一个半圆形。当手指触球后,迅速抓握球,两臂随球后引缓冲来球的力量,两手握球于胸腹之间。保持身体的平衡,做好传球、投篮或突破的准备,如图4-15所示。

动作要点:伸臂迎球,在手接触球时,收臂后引缓冲,握球于胸腹之间,动作连贯。

图4-15 接球

(2)传接球学练方法。

1)定点传球练习:在墙上至少画出高度不同的3个点,作为传球目标。从距墙3米处开始传球,先双手胸前传球、双手反弹传球,然后双手头上传球等。

2)迎面传接球练习:全体队员分成两组,面对面各站成一列纵队,相距3~4米。

3)全场3人8字形围绕传接球练习:全体队员先分成3组,面向球场分别站成一列纵队,间隔距离相等。要求向前跑动互相传球,不许运球,不许掉球。

4. 投篮

(1)投篮基本技术。投篮的方式多种多样,要提高投篮命中率就必须了解投篮的技术结构,正确掌握投篮技术。投篮基本技术主要包括原地单手肩上投篮、原地双手胸前投篮、行进间单手肩上投篮、行进间单手低手投篮、跳起单手肩上投篮等。

1）原地单手肩上投篮。以右手投篮为例：由双手持球开始，将球引至右肩前上方，右臂屈肘，肘关节稍内收，上臂与肩关节约成水平，前臂与上臂大约成90°角。右手五指自然张开，手腕后屈，掌心空出，用手掌外缘和指根以上部位托住球的后下方，左手扶球的左侧。单手肩上投篮时，随着下肢蹬伸和腰腹伸展，投篮臂向前上方抬肘伸臂，最后力量集中到手腕和手指上，由手腕前屈和手指拨球的动作，使球通过食指、中指的指端柔和地飞出。出手后，全身随球跟送，手臂自然伸直。通常距离越近，身体其他部分用力越小，多以手腕和手指用力为主；投篮距离越远，身体协调用力越大，对手腕、手指调节力量的能力也要求越高，如图4-16所示。

图4-16　原地单手肩上投篮

2）原地双手胸前投篮。这种投篮方式虽然出球点较低，但出手前稳定性好，出手力量大，便于与传球、突破相结合，多用于远距离投篮。

双手持球基本同于双手胸前传球。两肘自然下垂，将球置于胸前，目视瞄准点。两脚前后或左右开立，两膝微屈，重心落在两脚之间。投篮时，两脚蹬地，腰腹伸展，两臂向前上方伸出，两手腕同时外翻，拇指稍用力压球，食指、中指拨球，使球从拇指、食指、中指指端飞出。球出手后，脚跟提起，身体随投篮出手方向自然伸展。注意：投篮时，蹬伸踝、膝、髋，双手用力均匀，手腕外翻，手指拨球，如图4-17所示。

图4-17　原地双手胸前投篮

3）行进间单手肩上投篮。行进间单手肩上投篮又称行进间单手高手投篮，是在比赛中切入篮下时，常用的一种投篮方法。以右手投篮为例，右脚向前跨一大步时接球，接着左脚蹬地起跳，右腿屈膝上抬，同时双手举球于右肩前上方。腾空后，上体稍后仰，当接近了最高点时，向前上方抬肘伸臂，用手腕前屈和手指拨球力量将球投出，如图4-18所示。跨步一大二小向上跳，节奏要清楚。出手时，腕、指用力要柔和。

图 4-18　行进间单手肩上投篮

4）行进间单手低手投篮。行进间单手低手投篮是在快速跳动或运球超越对手后，在篮下的一种投篮方法，具有伸展距离远和出球平稳的优点。以左手投篮为例，左脚向前跨出一步的同时接球，右脚跨第二步时用力蹬地向前上方起跳，左腿屈膝自然上提，腾空到最高点，左手五指自然张开，掌心向上，托球的下部，左臂向前上方伸展，接近球篮时，用手腕上挑和手指的拨动，使球向前旋转进入篮筐，如图 4-19 所示。腾空时身体向前上方充分伸展，举球后保持托球的稳定，手腕、手指上挑动作柔和协调。

图 4-19　行进间单手低手投篮

5）跳起单手肩上投篮。屈膝，重心在两脚之间，两脚用力蹬地垂直起跳，同时将球举至右肩上，左手扶球左侧下方，当身体接近最高点时，右臂向前上方伸直，手腕前屈，手指拨球将球投出。在空中要保持身体平衡，球出手后自然落地，如图 4-20 所示。

图 4-20　跳起单手肩上投篮

（2）投篮学练方法。

1）单手站姿投篮练习：初学者可在距篮筐 1.5 米处练习（篮筐区域或侧面均可），要求抬肘伸臂充分，用手腕前屈和手指柔和地拨球。

2）定点投篮练习：围绕罚球区 0°、30°、45°、90° 等七个点移动投篮。

5. 持球突破

（1）基本技术。持球突破是持球队员运用合理的脚步动作与运球技术相结合，快速超越防守队员的一项攻击性很强的进攻技术。根据持球突破采用的步法，可分为交叉步持球突破和顺步持球突破两种。

1）交叉步持球突破。交叉步突破这种突破方法的优点是跨步后与防守队员接触面较小，能更好地利用跨步抢位保护球，如图 4-21 所示。以右脚做中枢脚从防守队员左侧突破为例：突破时，左脚向左侧前方迈出一小步，在把防守队员引向自己左侧的同时，用左脚前掌内侧迅速蹬地，向右侧前方跨一大步，上体稍右转，左肩向前下压，重心向右前方移动，将球推引至右侧，用右手推按球于左脚右侧前方，接着右脚蹬地加速超越对手。注意：积极蹬地，突然起动；转体探肩应与跨步相连；推按球离手必须在中枢脚离地之前；跨步脚尖指向突破方向。整个动作协调连贯。

图 4-21 原地持球交叉步突破

2）顺步持球突破。顺步突破的优点是突破时突然起动，初速度快，但球暴露较多，容易被对手将球打掉，如图 4-22 所示。以左脚做中枢脚从防守队员左侧突破为例：突破时，上体积极前倾的同时，右脚迅速向右前方跨一大步，同时上体右转，左肩积极下压。左脚内侧用力蹬地，在左脚离地前，用右手推按球于右脚外侧前方，然后左脚迅速跨步抢位，加速运球超越对手。注意：起动要突然，跨步、运球要快速连贯，中枢脚离地前球要离手。

图 4-22　原地持球同侧步突破

（2）持球突破学练方法。

1）原地模仿练习。

2）原地一对一。

3）半场或全场一对一。

4）半场二对二。

6. 防守

（1）防守的基本技术。防守的基本技术包括防守无球队员和防守持球队员两种。

1）防守无球队员。

①防守无球队员的基本要求。抢占有利的防守位置，注意人球兼顾。对离球和球篮近的对手防守要紧，对远离球和球篮的对手可适当放松。防止对手摆脱，当对手向篮下切入时，要积极堵截其移动路线，切断其接球路线。在必要时，应及时果断地进行协防、补防，或与相邻的同伴组织夹击和"关门"，积极干扰、阻截对手的进攻。

②防守位置与距离的选择：要根据球和自己防守对手所处的位置来确定和调整自己的防守位置。有球的一侧为强侧，无球的一侧为弱侧。当自己防守的对手处在强侧时，因其靠近球，随时都有接到球的可能，所以要全力封锁对手接球，同时又能控制对手向篮下切入。防守队员应采取错位防守，即站在对手与球篮之间偏向有球的一侧。当对手处于弱侧时，因其距离球远，威胁较小，为了协助同伴加强对有球一侧的防守，又便于控制篮板球，防守队员应向球和球篮方向靠拢，采取松动防守。防守无球队员时，始终要保持"球—我—他"的原则，即防守队员要处于对手与球之间，与对手、球要成钝角三角形。防守距离要根据对手与球、球篮的距离而定，做到近球上，远球放，人、球、区兼顾，控制对手接球。

③站位姿势：如进攻队员离球较近时，应采用面对对手、侧向球的姿势，用两脚将对手罩住，近球手臂扬起，封锁其接球路线。另一手臂平伸，用以协助判断对手向远离球方向的移动。当进攻队员离球较远时，可采用面向球、侧对对手的姿势，两臂自然侧伸，便于断球和进行协防。

④移动步法：防守队员根据球的转移和对手的移动，使用上步、撤步、滑步、交叉步和跑动等脚步动作，堵截对手摆脱移动路线，抢占有利的防守位置，不让对手在有威胁的进攻位置上接球。

2）防守有球队员。

①防守有球队员的基本要求。要站在对手与球篮之间的有利位置上。比赛中迅速摸清对手的主要技术特点，以便采取针对性的防守策略。如对手中远距离投篮较准，则应紧逼以防投篮为主，或者对手善于突破，则应保持适当距离，以防突破为主。当对手运球停球后，应及时迎上，严密防守，并和同伴伺机进行夹击。

②防守位置：防守队员应位于持球队员与球篮之间。防守距离的远近要根据对手距离球篮的远近和对手的技术特长而定，离球篮近则近，反之则稍远；对手善投则应稍近，对手善突则应稍远。

③防守姿势：由于持球对手的进攻特点、意图及与球篮距离不同，防守姿势也有所差异，但当今大部分采用的是平步防守的步法，即两脚平行站立，两手臂侧伸或在体前不停挥摆。这种步法防守面积大，便于向左右移动，适合贴身防守，攻击性强，能有效地阻止对手向前的趋势。还有一种斜步防守姿势，即两脚前后站立，前脚同侧手臂上扬，另一手臂平伸。这种姿势便于前后移动。

（2）防守学练方法。

1）两人一组，一人持球，原地做打、抢球的手法练习。

2）断球练习。三人一组，一人防守，另两人相距5～6米传球，防守者做断球练习。三人轮换练习。

3）全场一对一防无球队员练习。两人相距一米，一攻一守。攻方做变速变向突破等，摆脱防守者。守方练习撤步堵截，然后交换练习。

4）全场一对一防有球队员练习。一人运球突破，另一人练习防守，然后交换练习。

5）三对三半场防守练习。进攻者在外围做原地传球练习，防守队员采用人盯人防守，随球转移及时调整防守位置，尽量做到以盯人为主，人球兼顾。

7. 抢篮板球

（1）抢篮板球基本技术。抢篮板球的基本技术由抢位、起跳、空中抢球和抢到球后的运作组成。

1）抢占位置。要设法抢占在对手与球篮之间的有利位置上，如图4-23所示。抢进攻篮板球时要判断球的落点，利用各种假动作冲抢；抢防守篮板球时要注意用转身挡人的动作先挡人后抢篮板球。无论抢进攻篮板球还是抢防守篮板球，都要抢占对手与球篮之间的位置，如图4-24所示。

图4-23 抢占有利位置

图 4-24 抢占对手与球篮之间的位置

2）起跳动作。起跳前两腿微屈，重心降低，上体稍前倾，两臂屈肘举于体侧，重心置于两脚之间，注意观察判断球的反弹方向，及时起跳。起跳时两脚用力蹬地，同时两臂上摆，手臂上伸，腰腹协调用力，充分伸展身体，并控制身体平衡。

3）抢球动作。双手抢篮板球时，指端触球瞬间，双手用力握球，腰腹用力，迅速将球拉入胸腹部位，同时两肘外展，以保护球。单手抢篮板球，跳起达到最高点时，指端触球后，迅速屈指、屈腕、屈肘收臂，将球下拉，另一只手扶球护球于胸腹部位。点拨球是在跳起到最高点时，用指端点拨球的侧方、侧下方或下方。

4）抢到球后。进攻抢到篮板球时或补篮或投篮，或迅速传球给同伴重新组织进攻；防守抢到篮板球，或在空中将球传出，或落地后迅速传出，或运球突破后及时传给同伴。

（2）抢篮板球学练方法。

1）对墙练习：持球站在距离墙 1.5 米的地方，尽量用力对墙掷球、起跳、抢球。

2）空中大力抢球练习：持球站在距离球篮 1.5 米的地方，投篮、起跳、抢球。

3）三对三练习：一组在罚球线的中点上，另外两组站在罚球圈的两侧距离球篮约 1.8 米的位置，各组背对球篮的人为防守员。教练员投篮出手后，防守队员立即完成转身、撤步与挡人动作。

三、篮球基本战术

篮球战术是队员个人技术的合理运用和队员之间相互协同配合的组织形式。篮球战术是篮球比赛中队员之间相互协同行动的方法。其目的是更好地发挥本方队员的技术与特长，制约对方，力争掌握比赛的主动权。篮球运动的基本战术包括基础战术配合和全队战术配合两大类。

1. 基础战术配合

（1）进攻战术的基本配合。进攻战术基础配合是指在篮球比赛中，进攻队员两三人之间以特定的专门方式所组成的简单配合方法，它是组成全队整体进攻战术配合的基础。它包括传切配合、突分配合、掩护配合和策应配合。

1）传切配合。传切配合是指进攻队员之间利用传球和切入技术所组成的简单配合。包括一传一切和空切配合，如图4-25所示。切入队员首先要掌握切入时机，根据对方的防守情况，利用假动作摆脱、及时、快速切入篮下，并随时准备接球。传球队员要利用假动作吸引、牵制对手，并采用合理的传球方法及时、准确地将球传出。

2）突分配合。突分配合是指持球队员突破对手后，主动地或应变地利用传球与同伴配合的方法，如图4-26所示。队员突破时要快速、突然，在突破过程中要随时观察场上攻守队员位置的变化，及时准确地传球。接球队员要把握时机，及时摆脱对手，迅速抢占有利位置接球投篮。

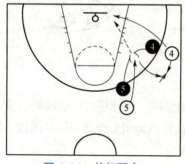
图4-25 传切配合

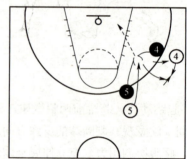
图4-26 突分配合

3）掩护配合。掩护配合是指掩护队员采用合理的行动，用自己的身体挡住同伴防守者的移动路线，使同伴借以摆脱防守，或利用同伴的身体和位置使自己摆脱防守的一种配合方法，如图4-27所示。掩护要符合规则的规定，掩护队员动作要迅速，被掩护队员要用假动作吸引自己的防守队员，不让对方发现同伴的掩护意图。掩护时同伴之间的配合时机非常重要，掩护配合时队员配合要默契，注意动作果断，并根据临场变化，争取第二次机会。

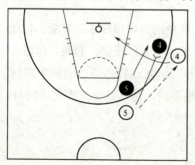
图4-27 掩护配合

4）策应配合。策应配合是指进攻队员背对篮筐或侧对篮筐接球，由其做枢纽，与同伴空切相配合而形成的一种里应外合的方法，如图4-28所示。策应队员要及时抢位要球，两手持球护于胸前或头上,接球后结合转身、跨步等动作协助同伴摆脱防守或个人进行攻击。外围传球队员要根据策应者的位置和机会,及时准确地传给策应队员,做到人到球到,传球后迅速摆脱对手,切入篮下,创造进攻机会。

图 4-28 策应配合

(2)防守战术的基本配合。防守战术基础配合是指在篮球比赛中,防守队员两三人之间所采用的协同防守配合的方法。它包括挤过、穿过、绕过、夹击、关门、交换等。

1)挤过配合。挤过配合是指防守者在掩护队员临近自己时,要积极向前跨出一步,贴近自己的防守对手,从掩护者前面挤过去,继续防住自己的对手。挤过时要贴近对手,向前抢步要及时,动作要突然,防掩护的队员要相互提醒,如图 4-29 所示。

2)穿过配合。穿过配合是指当进攻队员进行掩护时,防守做掩护的队员要及时提醒同伴并主动后撤一步,让同伴及时从自己和掩护队员之间穿过,以继续防住各自的对手。运用穿过时,要及时提醒同伴并主动让路,调整防守位置和距离,如图 4-30 所示。

图 4-29 挤过配合

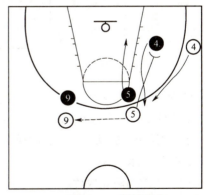

图 4-30 穿过配合

3)绕过配合。绕过配合是指当进攻队员进行掩护时,防守做掩护的队员主动贴近对手,让同伴从自己的身旁绕过,继续防住各自的对手,如图 4-31 所示。

4)夹击配合。夹击配合是指两名防守队员有目的地同时采取突然的行动,封堵和围夹持球者的一种配合方法,如图 4-32 所示。要选择好夹击的位置和时机。运用夹击时,贴近对方身体要适度,不能犯规。已形成夹击后,其他队员要随时轮转补位,严防对方近球区队员接球,远球区的防守队员要以少防多,选好断球位置。

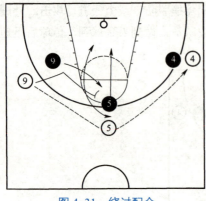
图 4-31　绕过配合

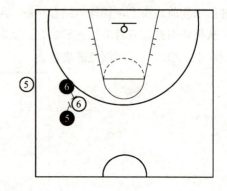
图 4-32　夹击配合

5）关门配合。关门配合是指两名防守队员靠拢协同防守突破的配合方法，如图 4-33 所示。防守队员应积极堵截突破的移动路线，临近突破一侧的防守者要及时向同伴靠拢进行关门，不给突破者留有空隙。

图 4-33　关门配合

6）交换配合。交换防守是为了破坏进攻队员的掩护配合，防守队员之间彼此及时交换自己所防守的对手的配合方法。当对方队员进行掩护时，防守队员相互呼应，并紧跟自己的对手，当进攻队员摆脱切入时，及时换防。

2. 全队战术配合

（1）快攻与防守快攻。

1）快攻。快攻是由防守转入进攻时，在对方站稳阵脚之前，抓住战机以最快的速度、最短的时间，果断而合理地发动攻击的一种速决性战术配合。发动快攻的时机是在抢获后场篮板球、抢球、断球和跳球获球后。快攻的形式有长传快攻、短传和运球快攻相结合等。

①抢后场篮板球长传快攻。如图 4-34 所示，D 抢到后场篮板球后，首先观察场上的情况，寻找长传快攻机会。B 和 C 判断 D 有可能抢到篮板球时，便立即起动快下，争取超越防守队员接 D 的长传球投篮。

②断球长传快攻。如图 4-35 所示，c 断球后，看到 b 已快下，可立即传球或运球后传球给 b 投篮。

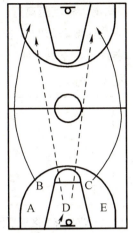
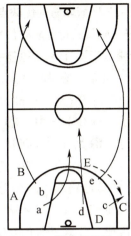

图 4-34　抢后场篮板球长传快攻　　　图 4-35　断球长传快攻

③短传与运球结合快攻。指队员在后场获球后，利用快速的短传球和运球推进相结合的方法迅速推进到前场进行攻击的一种配合。其特点是参加人数多、机动灵活、层次清楚、容易成功，但对队员配合的技巧要求较高。

2）防守快攻。篮板球是发动快攻的主要先决条件之一，积极地与对方争抢前场篮板球是防止发动快攻的重要步骤。

①有组织地积极堵截对方发动快攻的第一传，是防守快攻的关键。

②防守快下队员。快下队员是对方长传快攻的主要成员，如果快下队员接到球，将给防守造成极大的困难。因此，当对方抢获篮板球时，外线队员要迅速退守，在退守过程中，控制好中路，堵截快下路线，紧逼沿边线快下的进攻队员，切断对方长传球的路线。

③提高以少防多的能力。当对方发动快攻并迅速地向前场推进时，防守队往往来不及全部退防，出现以少防多的局面。提高一防二、二防三的能力，重点防篮下，为同伴回防赢得时间，这就必须提高个人防守能力，以及同伴之间的相互补防能力。

（2）区域联防与进攻区域联防。

1）区域联防。区域联防是由进攻转入防守时，防守队员退回后场，每个队员分工负责防守一定的区域，严密防守进入该区域的球和进攻队员，并与同伴协同防守，用一定的队形，把每个防守区域有机地联结起来，组成区域联防战术。

区域联防的站位队形有"2-1-2""2-3""3-2""1-3-1"等，图中黑线区为联防的薄弱区。下面主要介绍"2-1-2"区域联防，如图 4-36 所示。"2-3"区域联防，如图 4-37 所示。

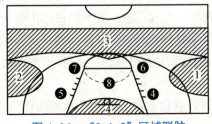
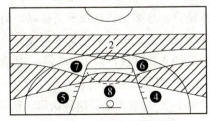

图 4-36　"2-1-2"区域联防　　　图 4-37　"2-3"区域联防

"2-1-2"区域联防的优缺点：五个防守队员分布比较均衡，移动距离近，便于相互协作，并能根据进攻队员的特点防守位置，变换防守队形，所以它是区域联防的基本形式。这种防守队形便于控制篮下，有利于抢篮板球和发动快攻。但有薄弱地区，不利于防守这些区域内的中远距离投篮，不利于在球场底角进行"夹击"防守配合。

示例一：球在外围左侧时的防守移动配合，如图4-38所示。⑬传球给⑪，⓫上⑪，⑬稍向下移动，协助⓬防守，⓬站在⑫的侧后方，切断⑪与⑫的传球路线，并防⑫向篮下空切。⓯站在⑮的侧前方，注视⑪与⑮的传球路线，减少⑮接球。⓮稍向球区移动，既要协助防守篮下，又要堵⑭背插，还要准备断⑪给⑭的横传球。当⑪投篮时，⓬、⓫、⓯拼抢篮板球。

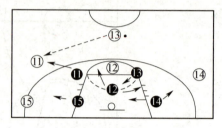

图4-38　区域联防方法（一）

示例二：堵截后卫向中锋传球移动的配合如图4-39所示。⑥正要向⑤传球时，❺和❼围守⑤，不让其接球，❹向罚球线中间移动，防⑧空切，❽向罚球区内移动，防④横插和溜底线，保护篮下。

示例三：防左前锋中投与供中锋球结合的移动配合如图4-40所示。当⑧持球时，❽上前防守⑧，❹和❼围守④，不让其接球，❻向罚球区移动，防⑥空切和保护禁区腹地，❺移动到篮下，防⑤空切和溜底线并保护篮下。

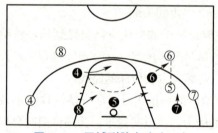

图4-39　区域联防方法（二）

图4-40　区域联防方法（三）

2）进攻区域联防。进攻区域联防是针对区域联防的特点、队形、方法和变化所采用的进攻战术。

常用的进攻阵式有"1-3-1""2-1-2""2-2-1""1-2-2""1-4"等。

"1-2-2"进攻方法：这种队形，队员分布面广，攻击点多，便于内外联系，左右配合，有利于组织抢篮板球和保持攻守平衡。

示例一："1-2-2"落位进攻"2-3"区域联防，如图4-41所示，⑥、⑧互相传球吸引❻、❼上来防守，⑤插至罚球线准备接球，防守❽也跟上防守，底线拉空，⑥突然将球传给⑦，这时有3个攻击点，第一个是⑦本身投篮，若❹上防⑦，④就是空当，⑦可传给④投篮，同时，⑧从背后插入罚球区，形成⑦、④、⑧进攻❹、❽的以多打少的有利局面，⑦根据情况决定自己投篮或传球给④或⑧投篮。

"2-1-2"进攻方法：这种队形，队员站位有针对性，利用进攻"1-3-1"，便于内外联系，有利于突破和外线。

示例二:"2-1-2"阵形落位进攻"1-3-1"区域联防。如图4-42所示,⑦、⑥相互传球,吸引防守,当❻上防⑥时,⑥将球传给⑧;⑧接球后转身投篮。若❽上防,⑧将球传给底线的④,④接球后投篮,若❺上来防守,⑧迅速切入篮下,准备接球进攻,同时,⑤插入罚球区,④根据防守情况,将球传给⑤或⑧投篮。

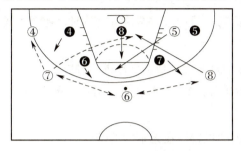
图4-41 进攻区域联防(一)

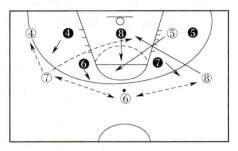
图4-42 进攻区域联防(二)

(3)半场人盯人防守。半场人盯人防守基本技术要求有以下几点。

1)对持球队员的防守一般要逼近,一般情况下为一臂间隔的距离,要始终保持在对手和球篮之间的位置上,挥动双手积极干扰对手的投篮、传球、突破等战术行动,控制对手持球手的任意行动。

2)对不持球队员的防守应该提前判断对方的意图,"看透"对方的进攻意图,抢先切断其接球和移动路线,尤其要严密控制对手并防止其空切篮下,注意随时调整防守位置、身体角度和随时准备协防。

3)在控制对手的基础上,积极迫使持球进攻队员进入"场角"和"事先设置的陷阱区域"进行夹击、抢断和补防。

4)防守对手的分工,通常是根据双方队员的身高、技术水平、身体素质、攻守特点和攻守位置来考虑,尽量与对手实力相当。

四、篮球竞赛规则简介

篮球竞赛规则是篮球比赛的法规,是比赛中裁判员行使权力的依据。随着篮球运动的发展,篮球规则经过了多次修改。每次修改,都使篮球比赛更加精彩激烈,扣人心弦,推动了篮球运动不断向更高水平发展。

1. 场地与设备

(1)场地。篮球场长28米,宽15米,4条界线外至少2米处不得有任何障碍物,如在室内则天花板的高度应至少为7米。球场分中线、前场和后场,中线上的中圈和前、后场罚球区罚球线上的两个半圆半径均为1.80米。篮圈下面的矩形为限制区,通常称"禁区"。前、后场内的拱形弧线外的地区称3分投篮区。

(2)设备。在篮球场纵轴延长线上,端线外至少2米的地方各安置一篮球架,架上安装篮板,篮板的投影垂直于地面,平行于端线,并距离端线1.20米。它的下沿离地面2.90米。篮板中安装牢固的篮圈,篮圈距离地面3.05米,平行于地面。

2. 比赛通则

（1）比赛时间：比赛由 4 节组成，每节 10 分钟。第一节和第二节、第三节和第四节中间休息时间分别为 2 分钟。两半时中间休息 10 分钟或 15 分钟。每一决胜期为 5 分钟。

（2）比赛的胜负：在规定的比赛时间内得分较多的一队为胜队。

（3）比赛开始：比赛在中圈内跳球开始。当主裁判持球步入中圈执行跳球时，比赛正式开始。

（4）交替拥有：交替拥有是以掷球入界而不是以跳球来使球成为活球的一种方法。

（5）球中篮和它的得分值：球进入篮筐，罚球得 1 分；2 分区投篮得 2 分；3 分投篮区投篮得 3 分。

（6）罚球：是给予一名队员从罚球线后的半圆内的位置，在无争抢的情况下投篮得 1 分的机会。

3. 常见的违例

违例是指队员违犯了比赛规则的行为。

（1）带球走。篮球技术的特殊特点之一是队员一旦持球，就必须确定中枢脚。中枢脚离地后再次落地前，球必须离开队员的手，否则就是"带球走"。

（2）非法运球。当在场上已获得控制活球的队员将球掷、拍、滚或运在地面上，并在球触及另一队员之前再次触及球为运球开始；当队员双手同时触及球或允许球在一手或双手中停留时为运球结束。下列情况不算运球：连续投篮、运球前后的漏接、用拍击的方式试图获得球等。

（3）球回后场。当某队队员在前场控制球时，不能使球回后场，否则视为违例。

（4）脚踢球和拳击球违例。故意踢或用腿的任何部分阻挡球或用拳击球是违例。

（5）队员出界和球出界。当队员身体的任何部分接触界线上、界线上方或界线外除队员以外的地面或任何物体时，即是队员出界。当球触及了在界外的队员或任何其他人员；界线上、界线上方或界线外的地面或任何物体；篮板支撑架、篮板背面或比赛场地上方的任何物体即是球出界。

（6）时间违例。

1）3 秒。场上控制活球的队员在对方限制区内停留超过 3 秒。

2）5 秒。罚球时，每次罚球均不得超过 5 秒；掷界外球时，不得超过 5 秒；在场上，从持球队员被对方严密防守并停步时开始计算，须在 5 秒内出手，否则视为违例。

3）8 秒。每当一名队员在自己的后场控制活球时，队友必须在 8 秒内使球进入他们的前场，否则视为违例。

4）24 秒。每当一名队员在场上控制活球，该队须在 24 秒内进行投篮，否则视为违例。

4. 常见的犯规及罚则

犯规是对规则的违犯，含有与对方队员的非法身体接触和（或）违反体育道德的举止。犯规者的每一次犯规应被登记，记入记录表并受到相应的处罚。

(1) 侵人犯规。侵人犯规是队员与对方队员的接触犯规。无论球是活球或是死球，队员不应通过伸展他的手、臂、肘、肩、髋、腿、膝或脚来拉、阻挡、推、撞、绊、阻止对方队员行进，不应将其身体弯曲成"反常的"姿势（超出他的圆柱体），也不应放纵任何粗野或猛烈的动作。

侵人犯规罚则如下：

1）应给犯规队员登记一次侵人犯规。

2）如果对正在做投篮动作的队员发生犯规，应按下列所述判给投篮队员若干罚球。

①如果投篮成功，应计得分并判给1次追加的罚球。

②如果从2分投篮区域的投篮不成功，应判给2次罚球。

③如果从3分投篮区域的投篮不成功，应判给3次罚球。

(2) 双方犯规。双方犯规是两名互为对方的队员大约同时相互发生侵人犯规的情况。

罚则：应给每一犯规队员登记一次侵人犯规，不判给罚球。

(3) 违反体育道德的犯规。根据裁判员的判断，一名队员不是在规则的精神和意图的范围内合法地试图去直接抢球，由此发生的接触犯规是违反体育道德的犯规。

违反体育道德的犯规罚则如下：

1）登记犯规队员一次违反体育道德的犯规。

2）应判给被犯规的队员相应的罚球，以及随后在记录台对面的中线延长部分掷球入界。

(4) 技术犯规。技术犯规是包含（但不限于）行为性质的队员非接触的犯规。

技术犯规罚则如下：

1）由一名队员犯规，应给该队员登记一次技术犯规，作为队员犯规并作为全队犯规之一计数。

2）由一名教练员、助理教练员、替补队员或随队人员犯规，给教练员登记一次技术犯规，并不作为全队犯规之一计数。

3）应判给对方队员2次罚球，以及随后在记录台对面的中线延长部分掷球入界。

(5) 取消比赛资格的犯规。队员、替补队员、教练员、助理教练员或随队人员任何恶劣的违反体育道德的行为是取消比赛资格的犯规。一名队员被登记了2次违反体育道德的犯规时，该队员也应被取消比赛资格。

取消比赛资格的犯规罚则如下：

1）应给犯规者登记一次取消比赛资格的犯规。

2）相应的罚球，以及随后在记录台对面的中线延长部分掷球入界。

第二节　足球运动

一、足球运动概况

1. 足球运动的起源与发展

足球运动的起源很早，在中国古代的战国时代（公元前475—前221年）和11世纪的英国，

都产生过与现代足球相类似的运动。现代足球运动正式确立于 1863 年 10 月 26 日——英国足球联合会成立，它是世界上第一个足球组织，此外它还统一了足球规则。

男女足球分别于 1900 年第 2 届奥运会和 1996 年第 26 届奥运会被列为比赛项目。1904 年 5 月 21 日，国际足联在法国巴黎成立。第一次世界大战后，

视频：漫谈足球

职业足球开始风靡于欧洲和南美。但当时的奥运会足球比赛仍然禁止职业球员参加，1920 年罗马会议上，国际足联做出了实际上承认非公开性职业足球为业余足球的瑞士提案，导致英国的四个足协集体退出国际足联以示抗议，使得奥运会足球比赛的水平大打折扣。

1930 年首届世界杯足球赛举行，这一世界大赛的展开使奥运会足球赛更陷入困境。直至 1988 年，国际足联才正式决定，今后奥运会足球赛的球员年龄将限制在 23 岁以下，并列为国际足联系列赛四个年龄组中的一个世界大赛，从 1992 年第 25 届奥运会上开始实施。这一变革使奥运会足球赛的吸引力空前提高。1995 年 11 月，国际足联成立了由国际足联主席和各洲足联主席组成的"国际足联管理委员会"，负责管理一般事务。1997 年后又对比赛规则做了部分修改。足球运动深受世界各国人民的喜爱，有"世界第一大球"之称。

2. 足球运动的特点和作用

（1）足球运动的特点。

1）对抗性。在足球运动中，双方队员需要为了得到足球需要近距离地展开对抗，并且得到球后还要通过不停奔跑来避免对方队员的阻挠，因此足球运动的对抗性非常强。并且在进行对抗和移动的过程中，球员的身体素质会得到一定程度的加强，并且在跑动和躲避阻挠的过程中还会提高身体的灵活性。

2）整体性。足球比赛每队由 11 人上场参赛。场上的 11 人思想要统一，行动要一致，攻则全动，守则全防，整体参战的意识要强。只有形成整体的攻守，才能取得比赛的主动权及良好的比赛结果。

3）多变性。足球运动在进行的过程中，会因为战术的变幻莫测和球员的发挥导致胜负发生变化，是一项非常难以预测结局的运动项目。此外足球运动可以提高球员的思考、判断、观察及反应能力，这也使得每个球员在察觉到球场上的变化时都能够快速做出反应。

4）易行性。足球竞赛规则比较简练、明了，器材设备要求也不高。一般性足球比赛的时间、参赛人数、场地和器材也不受严格限制，因而是全民健身中一项十分易于开展的群众性的体育运动项目。

5）观赏性。高水平足球比赛，无论球员的技艺、精巧的战术、恢宏的场面都紧张、激烈、精彩，战局跌宕起伏、变化莫测，胜负让人难以预料。每逢世界杯比赛期间，上至国家元首，下到普通百姓，都被精彩的赛事所吸引。

（2）足球运动的作用。

1）有利于增强体质。足球运动是全面锻炼和增强体质的良好手段。通过足球运动，可以提高人们的力量、速度、灵敏、耐力等身体素质，并可以使人的高级神经活动得到改善，尤其可以增强人体的心血管系统、呼吸系统等内脏器官的功能，从而促进人体的健康。

2）有利于良好的心理品质及思想品德的形成。经常从事足球运动，不仅对自身良好性格的形成能产生巨大的影响，而且还可以培养人的意志力、自制力、责任感及勇敢顽强、机智果断、坚韧不拔、勇于克服困难、团结协作、密切配合、集体荣誉感、守纪律等思想品德。

3）有利于精神文明建设。现在足球已成为我国许多地方人们生活的一部分。人们从踢足球中得到情绪释放，从看足球中得到艺术享受，从谈论足球中得到思想交流，足球运动丰富了人们的业余文化生活。

4）有利于振奋民族精神。在重大的国际足球比赛中，能够激发人民团结拼搏、进取向上的精神以及爱国主义热情。如1987年10月，当中国队在东京战胜日本队获得进军汉城奥运会的机会时，神州大地出现一片欢腾的景象，极大地鼓舞了为新中国建设的中国人民，振奋了民族精神。

二、足球基本技术与学练方法

足球技术是指运动员在规则规范下所采取的合理动作方法的总称，是足球运动的基础。足球基本技术主要有踢球、接停球、运球、抢截球、头顶球、掷界外球和守门员技术等。

1. 踢球

踢球是指运动员有目的地用脚的某一部位把球击向预定的目标。踢球的方法有脚内侧踢球、脚背内侧踢球、脚背正面踢球、脚背外侧踢球等。

（1）踢球基本技术。

1）脚内侧踢球。脚内侧踢球，这是传出准确的短距离地面球的最可靠技术。推传时助跑的方向与出球方向一致。支撑脚应置于球的一侧，脚尖指向传球方向，支撑脚距球约15厘米，应保证踢球腿的自由摆动。踢球脚在触球时，脚应外转并使脚内侧以正确角度对准传球方向，踝部要紧张并保持坚硬。触球时，头部要稳定，眼睛要看着球，为传低球，击球作用力要通过球的水平中线，如图4-43所示。

图4-43 脚内侧踢球

2）脚背内侧踢球。这种方法的特点是摆踢动作顺畅、幅度大、脚触球面积大、出球平稳有力，而且性能和路线富于变化，适用于中远距离传球和射门。触球部位是第一跖骨体及跖趾关节部位。斜线助跑，与出球方向约成45°角，最后一步稍大，支撑脚踏在球侧后20～25厘米处，脚尖指向出球方向，膝关节微屈，身体稍向支撑脚一侧倾斜。踢球腿以髋关节为轴，大腿带动小腿由后向前摆，当大腿摆至接近垂直地面时，小腿加速前摆，膝关节稍向内旋，脚面绷直，脚尖指向斜下方，以脚背内侧踢球的后中部，如图4-44所示。

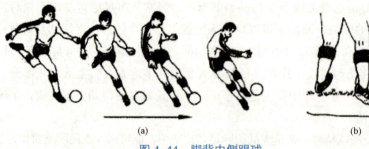

图 4-44 脚背内侧踢球

3）脚背正面踢球。脚背正面踢球的助跑角度为 30°左右，这样有利于增加踢球腿的摆幅，以便加大击球力量。触球前的最后一步要加大，目的是进一步增加摆幅。触球时，踝部应紧张且脚尖指向地面，这样可保证击中球的后中部并使球低平飞行。若脚尖不指向地面，一是容易造成脚尖捅球，二是触球点在球的中部与底部之间，球会飞离地面。击球后，踢球腿应随出球方向向前摆，这样的跟随动作可增加传球的准确性，如图 4-45 所示。

图 4-45 脚背正面踢球

4）脚背外侧踢球。脚背外侧踢球除具备脚背正面踢球的特点外，还有踢球时脚踝关节灵活性较大和摆腿方向变化较多等优点，因此它是踢各种距离弧线球的主要方法。比赛中常用脚背外侧踢定位球、弧线球、弹拨球等。

踢定位球（平直球）时，动作方法基本与脚背正面踢球相同，只是触球部位是脚背外侧，如图 4-46 所示。

图 4-46 脚背外侧踢球

(2) 踢球学练方法。

1) 各种踢球技术动作的模仿练习。在地面设想有一目标（足球），首先跨步上前做踢球动作，然后过渡到几步慢速助跑的踢球模仿动作练习，最后可做快速助跑踢球的模仿动作练习。练习中应注意要求有设想球，尤其注意设想触球一瞬间踢球脚踝关节的固定和脚背绷紧。

2) 一人用脚底挡球，另一人踢球。此方法应注意踢球腿摆动与触球部位的正确与否，同时，还要检查其支撑阶段的状况。

3) 距离足球墙 5 米左右进行踢球技术练习。此种方法主要强调小腿的摆动、大腿带动小腿进行摆动、脚与球接触面、支撑环节是否正确。练习一段时间后，可将距离逐渐增加。

4) 利用足球墙和标杆做踢旋转球的练习。可将标杆插在踢球者与墙之间，标杆与人及墙的距离视需要而定，开始可大些，当技术掌握后再逐步缩小。

5) 原地踢自抛的反弹球、空中球练习。这两种练习多采用正脚背踢球。

6) 原地踢弧线球练习。多采用脚背内侧或者外侧踢球。

7) 各种跑动中的踢球练习。

2. 接停球

接停球是指运动员有目的地用身体的合理部位把运行中的球停在所需要的控制范围内。在比赛中停球不是最终目的，而是为传球、运球、过人和射门做准备。常用的停球方式有脚内侧停球、脚底停球、脚背正面停球、胸部停球、大腿接球和腹部接球等。

(1) 接停球基本技术。

1) 脚内侧停球。脚内侧停球的特点：脚接触球的面积大，易将球停稳，并且便于改变方向和结合下一个动作，多用来停地滚球、停反弹球和停空中球。

①停地滚球。支撑脚正对来球，膝关节微屈，停球腿屈膝外转并前迎，脚尖稍翘起，当脚与球接触前的一刹那开始后撤，在后撤过程中用脚内侧接触球，缓冲来球力量，将球控制在衔接下一动作所需要的位置上，如图 4-47 所示。

②停反弹球。支撑脚踏在球的落点的侧前方，膝关节弯曲，上体稍向前倾并向停球方向微转，同时停球腿提起，踝关节放松，用脚内侧对准来球的反弹路线，当球落地反弹刚离地面时，用脚内侧踢球的中上部，如图 4-48 所示。

图 4-47 停地滚球

图 4-48 停反弹球

③停空中球。一种方法是根据来球的高度，将停球脚前迎，脚内侧对准来球路线，在脚与球接触前的刹那开始后撤，在后撤过程中用脚内侧触球，缓冲来球力量，将球控制在所需要

的位置上；另一种方法是将脚提起，稍高于选择的停球点，在脚与球接触的一刹那开始下切，在下切过程中用脚内侧切于球的侧上部，将球停在地上。接空中球时，先提大腿，腿弓正对来球。触球时，小腿放松下撤，如图4-49所示。

图4-49　停空中球

2）脚底停球。脚底停球的特点：脚底接触面积大，易将球停稳。比赛中多用于停正面来的地滚球和反弹球。

支撑脚站在球的侧后方，膝关节微屈，停球脚提起，膝关节自然弯曲，脚尖翘起高过脚跟（脚跟离地面稍低于球高），踝关节放松，用前脚掌触球的中上部，如图4-50所示。支撑脚踏在球落点的侧后方，当球着地的一刹那，用前脚掌对准球的反弹路线，触球的后上部。

图4-50　脚底停球

3）脚背正面停球。脚背正面传球接球方法适用于接高处下落的球。身体正对来球，接球腿屈膝提起，以脚背对准来球，当球与脚接触的一刹那，小腿和脚跟放松下撤，缓和来球力量，使球落在身前，如图4-51所示；另一种接法是在球接近地面时，用正脚背触球，随球下撤落地。

图4-51　脚背正面停球

4）胸部停球。胸部停球的特点：面积大、有弹性、位置高，适用于停高球和平直球。胸部停球有挺胸停球和收胸停球两种方法。

①挺胸停球。挺胸停球一般用来停高于胸部的下落球。身体正对来球，两脚前后开立，重心落在两脚之间，两膝微屈，两臂自然张开，上体稍后仰，收下颚，当球与胸部接触前的刹那，脚跟提起，向上挺胸，使球弹起，然后落于体前，如图 4-52 所示。

图 4-52　挺胸停球

②收胸停球。收胸停球一般用来停胸部高度的水平球。身体正对来球，两脚前后开立，两臂自然张开，挺胸迎球。当球与胸部接触的刹那间迅速收胸、收腹以缓冲来球力量，把球停在身前，如图 4-53 所示。

图 4-53　收胸停球

5）大腿接球。大腿接球适用于接高球。接球时，大腿抬起迎球，当与球接触的一刹那即随球下撤，使球落在身前，也可用大腿上抬垫球，使球平稳弹下，如做转体接球时，以支撑腿为轴向左（右）转体，将球接到身体左侧或右侧，如图 4-54 所示。

图 4-54　大腿接球

6）腹部接球。腹部接球适用于接反弹球。身体正对来球，两脚平行站立，当球从地上弹起时，两臂张开，上体前倾、提气、收腹，缓冲来球力量，将球接在身前，如图4-55所示。

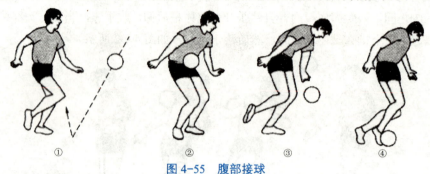

图 4-55　腹部接球

（2）接停球学练方法。

1）个人停球练习。

①各种停球的模仿练习，主要体会动作要领和方法。

②接迎面地滚球，两人面对面站立，间隔10米左右，一人踢（抛）地滚球，另一人主动迎上接球。

③自己向上抛或踢球，用脚内侧或脚外侧停反弹球。

④自己向墙上抛或踢球，然后迎上去接反弹球。

⑤自抛自颠接空中球。

⑥对墙踢球，迎上去接反弹回来的球。

⑦接两侧的地滚球。

2）多人停球练习。

①三人一组成纵向站立，甲、乙传球，丙迎上向两侧或身后接球，再传向另一方。

②两人对面抛高球练习接反弹球。

③两人对面互踢定位球练习接反弹球。

④互抛接空中球。

⑤两人对面互踢定位球练习接空中球。

3. 运球

运球是运动员在跑动中用脚连续推拨球，使球处于自己控制范围内的动作，是完成个人突破与战术配合必不可少的技术。常用的运球方法有脚背内侧运球、脚背正面运球、脚背外侧运球等。

（1）运球基本技术。

1）脚背内侧运球。脚背内侧运球的特点是运球动作幅度大，控球稳，虽不能加快速度，但是左右转换方向很容易。主要适用于掩护性运球或运球变向，它是比赛中使用得最多的运球方法。

跑动时，身体自然放松，步幅要小些，上体前倾稍向运球方向侧转，运球脚提起时，膝关节微屈，脚跟提起，脚尖外展，用脚背内侧推拨球，使球随身体前进，如图4-56所示。

图 4-56 脚背内侧运球

2)脚背正面运球。这种方法多在运球推进的情况下使用。跑动时,身体自然放松,上体稍前倾,两臂自然摆动,步幅不要过大。运球脚提起时,屈膝,脚跟提起,脚尖下指,在迈步前伸脚着地前,用脚背正面推拨球的后中部。

3)脚背外侧运球。脚背外侧运球的特点是:运球变化灵活,常用于直线快速运球和向外变向时。

与脚背正面运球相近,只是运球脚提起时,脚尖稍内转,用脚背外侧拨球前进,如图4-57所示。

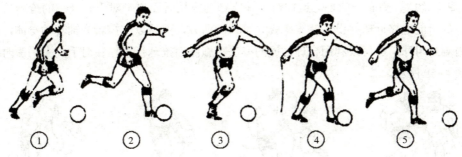

图 4-57 脚背外侧运球

(2)运球学练方法。

1)原地带球。

①两脚脚内侧左右拨球。

②脚底向左右拖拉球。

③单脚支持,另一脚底踩在球的上部,双脚交替连续做向后拖球的模仿练习。

2)行进间带球。

①慢跑中分别用单脚脚内侧、外侧和正脚背进行直线运球练习。

②慢跑中沿弧线做顺、逆时针两脚不同部位的带球练习。

③用各种不同的脚法做扣、拨、拉的动作,做曲线变速变方向带球练习。

④运球绕过插在地上的若干标志杆。

⑤两人一组,一人运球,另一人进行抢堵,做运球过人练习。

4. 抢截球

抢截球是将对方控制或传出的球占为己有，或破坏对方对球的控制的技术，也是比赛中由守转攻的主要手段。可分抢球和断球两种，有正面抢、侧面抢和铲球等动作方法。抢球时须善于利用合理冲撞，动作快速、凶猛、果断。正确的判断和选择是动作成功的关键。

（1）抢截球基本技术。

1）正面抢球。为增大抢球面积，应用脚内侧阻抢。支撑脚立于球的一侧，双膝微屈以降低重心和维持身体平衡，应在对手运球脚触球后即将着地或刚着地时实施抢截，抢球动作的作用力要通过球的中心，触球时上体应前倾且腿部用力。若球夹在双方的两脚之间，可顺势把球提拉过对方的脚面，或是把球拨向一侧，再就是让对手用力推球，而防守队员随机转身并贴向对手。正面抢球是比赛中运用最为频繁的抢球技术，如图 4-58 所示。

图 4-58　正面抢球

2）侧面抢球。侧面抢球是与运球对手并肩跑动或从后面追平对手时采用的抢球技术。在抢球前应尽可能地靠近球并设法使支撑脚立于球的前方，然后以支撑脚为轴转动身体，用抢球脚的脚内侧封阻球。还可以利用合理冲撞的办法实施侧面抢球行动，在对手失去平衡时趁机夺球，如图 4-59 所示。

图 4-59　侧面抢球

3）铲球。铲球多用于对手已突破防线，防守队员又无法回到正面抢球位置时。关键因素是适时倒地，随便倒地会延误下一行动，并使本方即刻失去一名有用的队员。因此，应首先以脚底、脚背或脚内侧把球铲掉，如图 4-60 所示。在铲球时应考虑能否铲到球，是否会造成犯规，还要看所处的场区和比赛局面下有无必要。

图 4-60　铲球

（2）抢截球学练方法。

1）两人一球练习。将球放在队员甲脚前，队员乙与其相距2米，并上步做正面脚内侧堵抢练习，当队员乙触球瞬间队员甲也用脚内侧触球。让抢球队员乙体会上步动作及触球部位，两人可轮换做抢球练习。

2）两人一球练习。甲、乙两队员相对站立，队员甲运球跑向乙（慢速），队员乙选择好时机实施正面脚内侧堵抢技术。

3）两人同方向慢跑，在跑的过程中两人可做适当的合理冲撞，体会冲撞的时机和冲撞的部位及冲撞时如何用力等。

4）铲球练习。一人一球将球放在前面某一位置，练习者选择适当位置站立，原地蹬出做铲球动作练习。当基本掌握铲球动作后，练习者可将球沿地面缓慢抛出，自己追球将球铲掉，以体会如何对滚动的球实施铲球动作。待较熟练地掌握铲球动作后，再用以上方法进行铲控、铲传的练习。

5）一人直线运球前进，另两人由后追赶至适当位置抓住时机进行铲球练习。要求运球者给予适当的配合，使铲球者能在对手运球过程中体会实施铲球动作。

5. 头顶球

头顶球是指运动员有目的地用额部将球击向预定目标的动作方法。头顶球技术按接顶球部位可分为前额正面顶球和前额侧面顶球。

（1）头顶球基本技术。

1）前额正面顶球。这种方法的特点是触球部位平坦，动作发力顺畅，容易控制出球方向，出球平稳有力。

原地顶球时，身体正对来球，两腿自然开立，膝微屈，两眼注视来球。随球临近，上体稍后仰，展腹挺胸，两臂自然张开，下颌收紧，身体自下而上蹬地、收腹、摆体、顶送发力，当头摆至身体垂直部位时，用前额正面顶击球的后中部，如图4-61所示。

图4-61　前额正面顶球

跳起顶球时，要选好起跳位置，掌握好起跳时机，起跳脚迅速蹬跳发力，手臂协调向上提摆，以加强起跳力量。起跳后，展腹挺胸，形成背弓，两眼始终注视来球。跳至最高点时，快速收腹摆体，下颌收紧，前额积极迎球顶送发力，顶球后屈膝缓冲落地。

2）前额侧面顶球。这种方法有特点是动作快捷、变向突然、出球线路难以预测，对球门的威胁性极大。但动作难度较大，侧摆发力不足，出球方向较难控制，适用于应急时的破坏球和接传中的球顶射，如图4-62所示。

图 4-62 前额侧面顶球

原地顶球时,身体稍侧对来球,两脚前后开立,出球侧支撑腿在前,身体侧后微屈,重心落在后腿上,两臂自然张开,眼睛注视来球。顶球时,后脚向出球方向猛力蹬伸,身体随之向出球方向转动侧摆,同时颈部侧甩发力,用前额侧部将球击出。

(2)头顶球学练方法。

1)个人头顶球练习。

①原地做各种头顶球的模仿动作练习,体会动作要领。

②利用吊球或者同伴手托举的球进行练习,体会完整的动作技术。

③利用足球墙进行练习,自抛球由墙弹回进行各种顶球练习。

2)多人头顶球练习。

①两人或两人以上在一起进行抛球—头顶球练习。

②两人一组连续对顶练习。

③顶球射门练习:顶球队员站在罚球线附近,掷球队员站在球门内或球门侧面将球抛至罚球点附近,顶球队员跑上顶球入门。

④两人一球,相距 20 米左右,甲传过顶球飞向乙,乙顶回给甲。数次后轮换传、顶球。

⑤顶球者站在罚球线附近,顶守门员抛来的球射门。

6. 掷界外球

掷界外球是队员在场地边线外把球远、准、快地掷向同伴,给本队创造良好的进攻机会。掷界外球有原地掷界外球和助跑掷界外球两种。

(1)掷界外球基本技术。

1)原地掷界外球。手指自然张开,持球的后半部,两脚前后或左右站立,膝微屈,将球举在手后,上体后仰,掷球时两脚蹬地,收腹屈体,两臂快速前摆将球掷出,如图 4-63 所示。

2)助跑掷界外球。助跑时将球持于胸前,在最后一步迈到的同时,将球举至头后,蹬地、收腹、向前快速摆臂,并用扣腕力量将球掷出。

(2)掷界外球学练方法。

1)徒手模仿练习。

2)两人一组,间隔 15～20 米,原地对掷练习。

图 4-63 原地掷界外球

3）两人一组，间隔 20~25 米，助跑对掷练习。

4）掷远或者掷准比赛。

7. 守门员技术

（1）守门员基本技术。守门员技术是守门员围绕球门安全所采用的有效防御性动作和组织发动进攻时所采用的相应动作方法的总称。守门员技术包括接球、扑球、拳击球、托球和发球等动作（图 4-64）。现就接球和托、击球进行简单讲解。

图 4-64　守门员技术动作

1）接球。接球是守门员技术的重点，是守门员必须熟练掌握的基本能力。接球从手形上可分为下手接球、上手接球两类。

①下手接球。手指张开，掌心向上，小指靠拢。适用于接地滚球、低平球、低弧度的反弹球和高弧度的落降球。下手接球的基本姿势有跪式和立式。

身体正对来球，当球接近时，两臂伸出迎球，手型相对稳定，角度合理，当手指触球刹那，曲臂夹肘抱于胸前。

②上手接球。掌心应向前稍内倾，手指向上，拇指靠拢。其适用于接胸部以上的各种高球。上手接球的基本姿势有站立接球和跳起接球。

原地接球时，身体正对来球。当球临近时，两臂举起迎球，控制好接球手型；触球刹那掌心要空，手腕手指用力接球，手臂顺势下引缓冲收球，手腕扣紧，前臂旋外夹肘，两手紧贴球体表面翻转滑动，将球牢牢环抱于胸前。

2）托、击球。托、击球是守门员停、扑球技术在应急情况下的应变运用。

①托球。托球一般用于接近球门的防守。对那些力量大、角度刁、贴近球门横梁或立柱的球，可采用托球。托球时，近球侧手臂伸出迎球；触球刹那，手腕后仰，用掌跟部顶推发力，将球向侧或向上托出。

②击球。击球一般用于出击时的防守，在争抢高球无把握的形势下，可利用单、双拳将球击出。击球时，在跳起上升阶段，击球手臂位于肩侧，屈肘握拳，体稍侧转；至高点时，身体快速回转，以肘带肩挥拳，用拳面将球击出。

（2）守门员技术学练方法。

1）封堵移动练习。按教师手势做左、右、前、后的移动练习。

2）接球练习。对墙抛球然后接反弹回的球，注意检查接球手型。

3）原地接球。接教师抛、踢不同高度的来球。

4）距墙2米，面对墙，接教师从身后抛向墙的反弹球。练习接球反应。

5）守门员接教师抛、踢向球门两侧的球或在守门员前面不到位的平球或高球。练习移动按球。

6）扑球练习。在沙坑或垫子上，呈跪姿接两侧的固定球；半蹲姿接抛向两侧的来球。注意倒地的顺序和姿势。

7）守门员在球门区内接不同角度射门的练习。

三、足球基本战术

足球战术是比赛中为了战胜对手，根据主客观的实际所采取的个人和集体配合的手段的综合表现。足球战术可分为进攻战术和防守战术两大系统。各系统又都包括个人战术、局部战术和整体战术。

1. 进攻战术

进攻战术是指在比赛中为了战胜对方所采取的个人进攻行动和集体配合的方法。进攻战术包括个人进攻战术、局部进攻战术和整体进攻战术。

（1）个人进攻战术。个人进攻战术是配合的基础，是组织进攻、变换战术和创造射门机会的重要手段，也是迅速逼近对方球门最有效的方法。

1）跑位。跑位是指比赛中队员在无球情况下，通过有意识的跑动，为自己或同伴创造进攻机会的行动。常用的跑位方法是突然起动、变速跑、突然变向跑等。

2）传球。传球是指队员在比赛中有目的地把球踢（顶）给同伴或踢（顶）向预定的方向的方法。传球是整体战术配合的基础，是组织进攻，变换战术和创造射门机会的重要手段，也是迅速逼近对方球门最有效的方法。

3）运球突破。运球突破是极有威胁性的个人战术，是突破密集防守、打乱对方防守部署、冲破紧逼盯人、创造射门机会的锐利武器。

（2）局部进攻战术。局部进攻战术是指进攻中两名或几名队员之间的配合方法。其是集体配合的基础。基本配合形式有交叉掩护配合、传切配合和二过一配合。

1）交叉掩护配合。交叉掩护配合成功的要素有以下几项。

①运球队员必须以自己的身体挡住防守队员，在交递给同伴球后，要继续向前跑动。

②接球队员必须主动迎面跑向同伴，接得球后，要快速向同伴移动，反方向运球。

2）传切配合。传切配合是指控球队员将球传给切入的进攻队员的配合方法。传切配合的形式有局部一传一切和长传切入。

3）二过一配合。二过一配合是指在局部区域两名进攻队员通过两次连续传球配合越过一名防守队员的配合方法。二过一配合的形式根据传球和跑位的路线可分为横传直插斜传二过一、横传斜插直传二过一、横传斜插斜传二过一和回传反切直传二过一等。

二过一配合的成功要素有以下几项。

①球队员第一传，必须快速准确，而且带有隐蔽性，传出球后应立即插入前面的空当。

②接应队员第二传要直接传球，并注意传球的方向和力量，使切入空当的队员便于停控球，完成下一个技术动作。

（3）整体进攻战术。整体进攻战术是指为了完成进攻战术任务而采用的全局性的进攻配合方法。依据进攻发展的场区可分为边路进攻和中路进攻。一次完整的进攻是由发动、发展和结束三个阶段组成的。

1）边路进攻。边路进攻是指在对方半场两侧地区发展的进攻。边路进攻主要目的是充分利用场地的宽度，拉开对方的防线，制造中路空隙，创造中路破门得分的有利时机。

2）中路进攻。中路进攻是指在对方半场中间区域发展与结束的进攻。中路进攻能直接威胁对方球门，因此守方必然层层布防。防守人员密集，进攻的难度大，这就要求进攻队员必须积极跑位接应和从两侧拉开，以打乱对方的防守布局；并利用中间空隙，从中路进攻突破对方防线，创造射门的机会。

2. 防守战术

（1）局部配合防守战术。

1）补位。补位是足球比赛中在局部地区队员集体进行配合的一种方法。当防守过程中，一个防守队员被对手突破时，另一个队员应立即上前进行封堵。

2）围抢。围抢是足球比赛中在某局部位置上，防守一方利用人数上的相对优势（通常是两三个队员）同时围堵对方的持球队员，以求在短暂时间内达到抢断球或破坏对方进攻（防守）的目的。

3）造越位战术。造越位战术是利用规则而设计的一种防守战术，是一种以巧制胜的省力打法，因而成为一种重要的防守手段。由于该战术配合难度较大，搞不好会适得其反，让对手钻空子，因此往往为水平较高的球队所采纳，但也不宜过多运用。

（2）整体防守战术。整体防守战术主要有盯人防守、区域防守和综合防守三种。

1）盯人防守。盯人防守是指被盯防的对手跑到哪个位置就盯防到哪里。盯人防守分为全场盯人和半场盯人。这种防守方法是对口盯人，分工明确，但体力消耗大，一旦被突破，很难补位，会使整个防线出现很大的漏洞。因此，在比赛中，单纯采用人盯人防守方法是不利的。

2）区域防守。由攻转守时，根据场上位置的分布，每个防守队员负责防守一定的区域，当对方队员跑到本区域时，就负责盯防，离开这个区域，就不再跟踪盯防。这种战术较为省力。但是，对方可以任意交叉换位，容易造成局部以少防多的被动局面。因此，目前在比赛中已很少采用这种防守方法。

3）综合防守。综合防守是指盯人防守与区域防守相结合的防守方法。综合防守是目前在比赛中普遍采用的一种防守方法，它集中了盯人防守和区域防守的优点，从而在防守中能根据场上情况进行逼抢、盯人、保护与补位，以达到防守的目的。

四、足球竞赛规则简介

视频：足球运动规则

足球竞赛规则是为了进行足球比赛而制定的统一规范和准则。为了促进足球运动的发展，该规则曾多次被修改，但其精神实质始终如一，有四个方面：一是对等的原则，即一视同仁；二是保护运动员的健康；三是促进足球技战术的发展；四是提高比赛的观赏性。

1. 比赛场地与设施

（1）比赛场地。比赛场地是用线来标明的，这些线作为场内各个区域的边界线应包括在区域之内。两条较长的边界线叫作边线，两条较长的线叫作球门线。所有线的宽度不超过12厘米，比赛场地被划分为两个半场。在场地中线的中点处做一个中心标记，以距中心标记9.15米为半径画一个圆圈。

（2）足球。足球的外壳应用皮革或其他许可的材料制成。圆周不长于70厘米、不短于68厘米。质量在比赛开始时不多于450克、不小于410克。压力在海平面上为0.6～1.1个大气压。

2. 队员人数

一场比赛应有两队参加，每队上场队员不得多于11名，其中必须有1名守门员。如果任何一队少于7人则比赛不能开始。在由国际足联、洲际联合会或国家协会主办的正式比赛中，每场比赛最多可以使用3名替补队员。被替补下场的队员不得两次参加该场比赛。替补队员只能在比赛停止时从中线处进场。

3. 比赛时间

正式比赛每场为90分钟，分上下两个半场，每半场为45分钟。除经裁判员同意外，两个半场之间的休息不得超过15分钟。如比赛须决出胜负，90分钟内战平，双方须打加时赛。加时赛共计30分钟，分为上下两个半场，每半场为15分钟，中间不休息。如加时赛后仍未分出胜负，则进行点球决胜。

4. 计胜方法

球的整体从两根门柱之间及横梁越过球门线外沿的垂直面，即胜一球。球是否进门，是由球的位置来决定的，不以守门员接住球时所站的位置为依据。

攻方用手掷入（如掷界外球直接掷入球门）、带入、故意用手或臂推入球门，不算胜一球（守门员在本方罚球区内用手掷入对方球门则为胜一球）。

球进门前，如被进场的外界人员触及，无论球是否进门，皆应暂停比赛，在触球地点用坠球方式恢复比赛。罚"点球"时，遇此情况则应重罚。

5. 越位

（1）越位位置。所谓越位位置，就是队员越位球所处的位置。规则规定，队员较球更接近于对方端线者，该队员即处于越位位置。

下列情况例外。

1）该队员在本方半场内。

2）对方队员至少有两人较其更接近于对方的端线。

构成越位位置必须是进攻队员在对方半场内，又位于球的前面，并且在进攻队员与对方端线之间的防守队员不足两人时。

（2）判罚越位。处在越位位置的队员，在同队队员触及或踢及球的刹那，裁判员认为有下列情况时，应判罚为越位。

1) 干扰比赛或干扰对方。
2) 企图从越位位置获得利益。

下列情况不应被判越位：

1) 仅仅是处在越位位置，没有干扰对方，没有企图得利。
2) 直接得球门球、角球、界外球或裁判员的坠球。

判断是否越位的关键有以下几点：

1) 位置：队员必须处于越位位置。
2) 时间：同队队员将球踢向处于越位位置的同队队员的一刹那。
3) 行为意图：处于越位位置的队员，在同队队员踢球的刹那是否干扰比赛或干扰对方，或企图从越位位置获得利益。

6. 犯规与不正当行为

（1）直接任意球和点球。队员故意踢人、绊人、跳起撞人、猛烈撞人、背后撞人、打人、拉人、推人或手触球，应判罚直接任意球。如果防守队员在本方罚球区故意违反上述规定中的任何一项，应被判罚"点球"。

（2）间接任意球。队员出现危险动作、冲撞、阻挡、冲撞守门员违规时，应判罚间接任意球。

（3）警告与罚令出场。下列情况裁判员出示黄牌警告。

1) 比赛开始后，未经裁判员允许，队员擅自进出场者。
2) 队员屡次违反规则者。
3) 队员用言语或行动对裁判员的判决表示不满者。
4) 队员有不正当行为者。如挥动两臂干扰守门员发球或掷界外球，死球时故意把球踢远，对方罚任意球时不退出 9.15 米者等。

下列情况裁判员出示红牌罚令出场。

1) 有恶劣行为或严重犯规者。如故意用力踢人、打人致使对方受伤者；守门员拿球猛砸对方队员等。
2) 使用粗言秽语或辱骂性语言。如用侮辱性语言骂裁判员或运动员。
3) 警告后，仍然坚持不正当行为者。

7. 任意球

（1）直接任意球：踢球队员可以将球直接射入对方球门而胜一球。

（2）间接任意球：踢球队员不能直接射门得分，只有在踢出的球触及场内任何队员再进入球门，才算胜一球。

（3）罚任意球时：球必须放定，对方队员都必须离球 9.15 米。但本方队员不受限制，如果守门员在距球门线不足 9.15 米处被罚任意球时，则允许守方队员站在球门线上。

（4）队员在本方罚球区内踢任意球时，对方队员应站在罚球区外，并须至少距球 9.15 米。球越出罚球区，比赛方为开始；若球未越出罚球区却触及任何一方队员，应重踢。

（5）如果攻方认为守方并不影响其踢任意球，没有要求守方必须离开 9.15 米，裁判员可不必等待对方退出规定距离后才令攻方罚球。

8. 罚"点球"

（1）队员在本方罚球区线附近犯规时，犯规动作的接触点在罚球区内，应判罚"点球"。犯规动作接触点若在罚球区外，则应在罚球区外罚直接任意球。

（2）罚"点球"时，除主罚队员和对方守门员外，其他队员均应在场内该罚球区和罚球弧外。球未被踢出时，守门员必须站在球门线上，两脚不得移动。否则，球未踢进，应重罚。主罚队员必须将球向前踢出。

（3）罚"点球"时，裁判员鸣哨后，如守门员犯规，应继续罚球。罚中有效，罚不中应重罚，并向犯规队员提出警告。

（4）罚"点球"时，裁判员鸣哨后主罚队员若有不正当行为，应继续罚球。如球罚中无效，应重罚；如未罚中，球出界成死球，并警告犯规队员。

（5）罚"点球"时，如果双方队员都有犯规，无论球罚中与否，均应重罚，并对犯规队员进行警告。

9. 角球

（1）当球由守方队员踢出本方端线，攻方队员应将球放在离球出界较近的角球区内踢角球。

（2）踢角球时，不得移动角旗杆。球的整体必须放在角球区内。

（3）角球可以直接胜一球。

（4）守门员离球不得少于 9.15 米。

（5）踢角球队员踢出球后，若在球未经其他队员触及时再次触球，则应在犯规地点由对方罚间接任意球。

第三节　排球运动

一、排球运动概况

1. 排球运动的起源与发展

排球运动是用双手做发球、垫球、传球、扣球和拦网等动作来组织进攻和防守的球类运动项目之一。排球英文"Volleyball"的原意是击空中球或"空中飞球"。排球分为室内排球和沙滩排球两种。

视频：漫谈排球

排球 19 世纪末始于美国。1895 年，美国马萨诸塞州霍利奥克市基督教男子青年会体育干事威廉·摩根认为当时流行的篮球运动过于激烈，于是创造了一种比较温和的、老少皆宜的室内游戏。1896 年，美国斯普林菲尔德市立学校的哈尔斯戴特博士把摩根游戏起名为

"Volleyball",并沿用至今。1896 年在斯普林费尔德体育专科学校举行了世界上最早的排球比赛。1897 年,摩根制定了排球比赛规则,它有力地推动了排球运动的发展。排球运动约在 1900 年传到印度,1905 年传入中国。

1947 年,排球运动世界性组织——国际排球联合会成立。1964 年排球被列为奥运会正式比赛项目。1998 年,国际排联决定增设自由人的位置,并改用蓝、黄、白三色排球进行比赛。排球比赛场地长 18 米、宽 9 米,由一条中线分为两个均等的场区。中线架有一定高度的球网。比赛双方站在两边,每队上场队员 6 人,分前后排站立。在发球队员击球时,双方队员(发球队员除外)必须在本场区内站成两排,前排三名队员的位置为 4 号位(左边)、3 号位(中间)和 2 号位(右边);后排队三名队员位置必须比其相应的前排队员离网更远,其位置为 5 号位(左边)、6 号位(中间)和 1 号位(右边)。排球的阵容配备的组织形式一般有"四二"配备、"五一"配备和"三三"配备三种。

排球比赛采取 5 局 3 胜制,在每局中一个队赢得 15 分并至少领先对方 2 个球时,该队胜 1 局;如有第 5 局的比赛,则两队每次胜 1 球均可直接得分。队员根据规则规定将球击过球网,使球落在对方场区内的地面上或使对方犯规从而得分。发球方胜 1 球时方可得分。如果发球方犯规、失误或接发球方胜 1 球则双方交换发球权。比赛中队员按顺时针方向轮转位置,在后排 1 号位的队员负责发球。

2. 排球运动的特点和作用

(1)排球运动的特点。

1)广泛的群众性。排球地设备简单,比赛规则容易掌握。既可在球场上比赛和训练,亦可以在一般空地上活动,运动量可大可小,适合于不同年龄、不同性别、不同体质、不同训练程度的人。

2)技术的全面性。比赛规则规定,每个队员都要进行位置轮转,既要到前排扣球与拦网,又要轮到后排防守与接应。要求每个队员必须全面地掌握各项技术,能在各个位置上比赛。

3)激烈的对抗性。排球比赛中,双方的攻防转换始终是在激烈的对抗中进行。高水平比赛中,对抗的焦点在网上的扣拦上。在一场比赛中,夺取一分往往需要经过六七个回合的交锋。水平越高的比赛,对抗争夺也越激烈。

4)高度的技巧性。比赛规则规定,比赛中球不能落地,不得持球、连击。击球时间的短暂,击球空间的多变,决定了排球的高度技巧性。

5)严密的集体性。排球比赛是集体比赛项目,除发球外,都是在集体配合中进行的。没有严密的集体配合,再好的个人技术也难以发挥,更无法发挥战术的作用。水平越高的队,集体配合就越严密。

(2)排球运动的作用。

1)增进健康,强健体魄。排球运动具有竞技与娱乐并存的特点,不同年龄、不同性别、不同技术水平的人都能参与,或活动,或比赛。经常参加排球运动,不仅能改善人体中枢神经系统和内脏器官的功能状况,同时又能提高人的力量、速度、弹跳、灵敏、耐力等专项身体素质和运动能力。

2）培养与锻炼良好的心理素质。经常参加排球运动的训练或比赛，会学到很多控制自己情绪和调节自身心理的手段和方法，如连续失误时，如何使自己尽快冷静下来而且不灰心，比分落后时的沉着不气馁，关键比分时进攻不手软的自信心等，都能锻炼自己形成良好的心理品质。

3）培养勤奋、助人、拼搏的优秀品质。排球比赛中，球不能落地而且击球至多3次必须过网的特有规定，使参加排球比赛的人总要随时准备弥补同伴因判断错误而无法处理的失误，或因其他原因没有接到的球，为了发挥本方的进攻力量而不惜奔跑扑球，给下一次击球的人创造方便条件。因此，经常参加排球运动，可以培养人的优良体育道德作风和团结协作的集体主义精神。

4）培养人的信息意识、提高配合及应变能力。排球运动在某种意义上是一项依靠判断的运动，尤其在现代的排球比赛中，准确的判断已成为制胜因素之一。判断的基础是眼观六路、耳听八方，通过观察对方和同伴的动作、击球的声音、场上的布局等，预测将要发生的情况而迅速做出决策。排球比赛也是一项靠集体配合取胜的球类竞赛，个人特长的发挥往往是在同伴发挥特长的前提下取得的。运动员在场上要相互协调，并不断观察同伴的意图，才能默契地与之合作。因此，经常参加排球活动的人，既锻炼了体魄、愉悦了身心，又能提高机敏、应变、协调、配合等能力。

二、排球基本技术与学练方法

排球技术是指运动员在比赛中采用的各种合理击球动作和未完成击球动作必不可少的其他配合动作的总称。排球技术可分为无球技术和有球技术，排球基本技术包括准备姿势与移动、发球、垫球、传球、扣球和拦网。

1. 准备姿势与移动

准备姿势与移动是排球运动中运用最多的两项基本技术，是完成发球、垫球、传球、扣球、拦网等各项击球技术的前提和基础，并对各项击球技术动作的运用起串联作用。

（1）准备姿势。

1）准备姿势基本技术。如图4-65所示，按照身体重心的高低，准备姿势可分为半蹲准备姿势、低蹲准备姿势和稍蹲准备姿势三种。

①半蹲准备姿势。两脚开立略比肩宽，两膝弯曲，脚跟自然提起，上体前倾，重心靠前，膝部的垂直线应在脚尖前面，两臂放松，自然弯曲置于腹前，两眼平视，注意来球，两脚始终保持微动。

②低蹲准备姿势。身体重心比半蹲准备姿势更低更靠前，两脚左右、前后的距离更宽一些，膝部弯曲的程度大于半蹲准备姿势。身体重心要更靠前，肩部垂直线过膝，膝部垂直线超过脚尖。两手臂置于胸腹之间。

③稍蹲准备姿势。两脚左右开立与肩同宽，一脚在前，两膝微屈，身体重心位于两脚之间，并稍靠近前脚，后脚跟稍提起，上体稍前倾，两臂放松，自然弯曲置于腹前。两眼注视球

并兼顾场上各种情况，两脚保持微动状态。

图 4-65　准备姿势

2）准备姿势学练方法。

①成两列横队，在教师指导下做各种准备姿势。

②两人一组，一人做准备姿势，另一人纠正其错误动作，两人交换进行。

（2）移动。移动是指运动员从起动到制动之间的位置移动和动作。它是由起动、移步、制动三个环节所组成的。移动的目的在于使身体尽快接近来球，将球最为合理地击出。

1）移动基本技术。根据来球的速度和距离，可以采取不同的脚步移动方法。

①跨步法。当来球较低、距离身体一到两步之间，可采取此法。移动时一脚蹬地，一脚向来球方向跨出一大步。上体前倾，使重心移至跨步腿上，另一腿适当伸直或随重心移动而跟着上步成击球的准备姿势。

②并步法。一脚先迈出一步，同时另一脚用力蹬地。当前脚落地时，另一脚迅速跟上，成击球前的准备姿势。连续并步即为"滑步"。

③交叉步。若向右移动，上体稍向右转，左脚从右脚前向右交叉地迈出一步，然后右脚再向右跨出一步，同时身体转向来球方向，迅速成击球前的准备姿势。

④跑步法。球的落点距离身体较远时，采用跑步法。跑步时，应迅速起动，跑动的最后阶段要逐渐降低重心，做好击球前的准备姿势。

2）移动练习方法。

①成半蹲准备姿势，向教师手指的方向做各种步法的移动。

②两人一组相对站立，一人跟随另一人做同方向的移动。

③以滑步和交叉步进行 3 米往返移动，手触及两侧线。

④两人一组，一人持球向不同方向抛出 2～3 米，另一人移动对准球，用双手在额前接住球。

⑤成纵队立于网前，依次接教师抛向场地不同方向及不同弧度的球。

2. 发球

发球是比赛的开始，有威力的发球可以直接得分或破坏对方的一传，起到先发制人、争取主动的作用，在心理上给对方以威胁。发球失误或发球后对方能很容易地组织进攻，就会直接失去发球权，给本方防守带来困难。因此，发球既要有攻击性，又要有准确性。

（1）发球基本技术。发球时队员应在发球区内，不得踏及端线和踏过发球区的短线及延长线。一只手平稳地将球向上抛起，用另一只手或手臂的任何部位将球击入对方场区，触球的一刹那即完成发球。发球技术分类如图 4-66 所示。

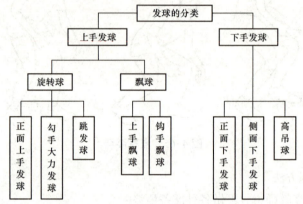

图 4-66　发球技术分类

1）下手发球。

①准备姿势：面对球网，两脚前后开立，左脚在前，两膝微曲，上体前倾，重心偏后脚，左手持球于腹前，右臂自然下垂。

②引臂：击球的同侧手臂直臂向后摆动。

③抛球：左手将球平稳地向上托送竖直抛起，抛球高度为 30 厘米左右。

④挥臂击球：右腿蹬地，身体重心随着右臂的直臂前摆而前移，在腹前用掌的坚硬部位击球的后下部。重心随击球动作前移，迅速进场比赛。

2）上手发球。上手发球如图 4-67 所示。

①准备姿势：面对球网站立，两脚自然开立，左脚在前，左手持球于体前。

②抛球：左手将球平稳地垂直抛于右肩的前上方，抛球高度为 1.5 米左右。

③引臂：屈肘后引，上体稍向右转，手停于耳旁。

④挥臂击球：收腹、振胸、挂肘，上臂带动前臂向前上方弧形挥摆，伸直手臂，在肩的上方用全掌击球的后中部。

⑤击球手法：全手掌包裹推压击球，使球呈上旋飞行。

图 4-67　正面上手发球

3)飘球。发球时以手掌根的坚硬部位,短促有力地击球,使作用力线通过球心。球不旋转,但运行中因周围空气对球的压强不同而产生上下或左右的飘晃,常使接发球队员判断失误,从而增加了发球的威力,在比赛中被广泛运用。按发球的姿势,有正面上手发飘球和钩手发飘球。发出的球有前冲飘球、下沉飘球、高飘球、平飘球等。

4)旋转球。发球时击球体中心的某一侧,使球产生旋转。旋转球转速快、力量大,可以使对方判断错误而造成接发球失误。按发球的姿势,有正面上手发旋转球、钩手大力发旋转球、侧面下手发旋转球三种。按球发出后的性能变化,有上旋球、下旋球、左旋球和右旋球。

5)高吊发球。发球队员曲肩对网站立,球抛至右肩前方,与肩同高。以虎口击球下部,前臂向上猛挥使球经高空落入对方场区。其特点是旋转性强、弧度高、下降速度快,接发球队员难以判断落点,从而破坏接发球一传的到位率。

(2)发球学练方法。

1)单手抛球练习。

2)结合抛球进行引臂和挥臂练习,抛球、引臂、击球动作要协调。

3)近距离的隔网发球练习。

4)在发球区内向对方场区发球。

5)在发球区内向指定区域发球。

3.垫球

垫球是用手臂入球的下部,利用来球的反弹力向上击球的技术动作,主要用于接发球、接扣球、接拦回球,有时也用来组织进攻。

(1)垫球基本技术。

1)正面双手垫球。正面双手垫球是双手在腹前垫击来球的一种垫球方法,是各种垫球技术的基础,是最基本的垫球方法,适合于接各种发球、扣球和拦回球,在困难时也可以用来组织进攻。如图4-68所示,正面双手垫球的基本手型有抱拳式、叠掌式和互靠式。

正面双手垫球在垫轻球、垫中等力量来球和垫重球时,其动作方法是有一定区别的。

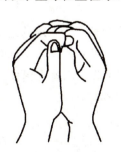

图4-68 正面双手垫球基本手型

①垫轻球。如图4-69所示,采用半蹲准备姿势,当球飞来时,双手成垫球手型,手腕下压,两臂外翻形成一个平面,当球飞到腹前一臂距离时,两臂夹紧前伸,插到球下,向前上方蹬地抬臂,迎击来球,利用腕关节以上10厘米左右处的桡骨内侧平面击球的后下部,身体重心随击球动作前移。击球点保持在腹前一臂距离。

图 4-69 垫轻球

②垫中等力量来球。动作方法与垫轻球相同，来球有一定力量，因此击球动作要小，速度要慢，手臂适当放松。

③垫重球。根据来球的高低和角度，采用半蹲或低蹲准备姿势，击球时采用含胸、收腹的动作，帮助手臂随球屈肘后撤，适当放松，以缓冲来球力量。在撤臂缓冲的同时，用小臂和手腕动作控制垫球的方向和角度。

2）体侧垫球。体侧垫球，简称侧垫，是在身体侧面垫球的一种垫球方法。其特点是控制面宽，但较难把握垫击的方向、弧度和落点。如图4-70所示，左侧垫球时，以右脚前脚掌内侧蹬地，左脚向左跨出一步，身体重心随即移至左脚，并保持左膝弯曲，两臂夹紧向侧伸出，左臂高于右臂，右肩向下倾斜，再用向右转腰和收腹的力量，配合两臂在体侧截击球的后下部。

图 4-70 左侧垫球

3）跨步垫球。队员向前或向侧跨出一步的垫球方法称为跨步垫球。当来球的速度较快，弧线低，距离身体1米左右时，可采用跨步垫球的方法。如图4-71所示，跨步垫球时，当判断来球的落点后，迅速向来球方向跨出一大步，屈膝深蹲，臀部下降，两臂夹紧伸直插入球下，用两前臂的内侧平面击球的后下部，对准垫出方向，将球平稳垫起。

图 4-71 跨步垫球

4）单手垫球。当来球较远，速度快，来不及或不便用双手垫球时，可采用单手垫球。单手垫球动作快，垫击范围大，但触球面积小，不易控制。单手垫球可采用各种步法接近球，可采用虎口、半握拳、掌根、手背及前臂内侧击球。

（2）垫球学练方法。

1）原地徒手模仿完整的垫球动作。

2）一人持球固定在小腹前高度，另一人从准备姿势开始，做垫击模仿动作。

3）自垫练习：原地连续向上垫球练习。

4）两人一组，相距3～4米，一抛一垫，要求抛垫到位。

5）两人一组，相距3米，左右抛球，另一人移动垫球。

6）两人一组，相距3～4米连续对垫。

7）一人一球，对墙自垫练习。

8）两人一组，相距9米左右，一人发球，另一人将球垫到指定位置。

4. 传球

传球是利用全身协同用力并通过手指、手腕的弹力，将球传至一定目标的击球动作。传球是用双手的配合动作来完成击球，触球的面积大，加上手指、手腕灵活且感觉灵敏，因而容易掌握和控制出球的方向、速度、弧度和落点，准确性高，变化多。

（1）传球基本技术。传球常用的基本技术可分为正面传球、背向传球、侧向传球和跳传球等。

1）正面传球。正面传球可从以下几点加以描述。

①准备姿势：看清来球，迅速移动到球的落点，对正来球，两脚左右开立，约同肩宽，左脚稍前，后脚脚跟稍提起，两膝微屈，上体稍前倾。两臂弯曲置于胸前，两肘自然下垂，两手成传球手形，眼睛注视来球方向。

②击球点：击球点在额前上方约一球距离处。

③传球手形：当手触球时，手腕稍后仰，两手自然张开，手指微屈成半球状。两拇指相对成"一"字形或"八"字形，两拇指间的距离不能过大，以防漏球，如图4-72（a）所示。

④击球用力：当来球接近额前时，开始蹬地、伸膝、伸臂，两手微张迎球，以拇指内侧、食指全部、中指的二三指节触球的后下部，无名指和小指触球两侧。手触球时，指腕保持适当紧张，以承担球的压力。用手指的弹力、手臂和身体协调的力量将球传出，如图4-72（b）所示。

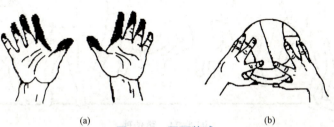

(a)　　　　　　　　　(b)

图4-72　正面传球

2）背向传球。向后上方的传球，称为背向传球。背向传球的准备姿势比正传时稍直立，身体重心在两脚之间，不要前倾，双手自然抬起，放松置于脸前。当判断一传来球之后，迅速移动到球下，双手抬起，手触球时，手腕适当后仰，掌心向上，在额上方击球的下部。传球时，用蹬地、展腹、抬臂、向后翻腕及手指的弹力把球向后上方传出，如图 4-73 所示。

图 4-73　背向传球

3）侧向传球。身体侧对传球目标，在不转动身体的情况下，主要靠双臂向体侧方向传球的动作称为侧向传球，简称侧传。侧传具有一定的隐蔽性。

侧传的准备姿势、手形及迎球动作与正面传球相同，但击球点应偏向传球方向一侧。迎球时，通过下肢蹬地使身体重心向上伸展，上体和双臂向传球方向一侧伸展。异侧手臂的动作幅度要大些，伸展的速度也要快些，以双臂和上体侧屈的协调动作将球传出。

4）跳传球。跳起在空中传球叫跳传球。跳传的起跳最好是向上垂直起跳，要掌握好起跳的时间，起跳过早或过晚都会影响传球的质量。根据一传球的高低，及时起跳，两手放在脸前，当身体上升到最高点时，靠伸臂动作和手指手腕的弹击力量将球传出。在空中无支撑点，用不上蹬地力量，只有靠伸臂动作将球传出，因此必须在身体下降前传球出手，才能控制传球力量，如图 4-74 所示。

图 4-74　跳传球

（2）传球学练方法。

1）成两列横队，随教师口令做徒手传球。

2）每人一球，向自己头顶上方抛球，然后用传球手形接住，自我检查手形。

3）连续自传，传球高度不低于 50 厘米。

4）两人一组，抛传球。

5）两人一组，对传练习。

6）两人一组，隔网对传练习。

5. 扣球

扣球在比赛中占有重要的地位，是得分的主要手段，是进攻中最积极有效的武器，也是一个队摆脱被动、争取主动的主要途径，体现一个队的进攻实力。强有力的扣球可以鼓舞士气、振奋精神、挫伤对方的锐气，给对方造成强大的心理压力。

（1）扣球基本技术。常用的扣球基本技术有正面扣球、单脚起跳扣球和勾手扣球等。

1）正面扣球。正面扣球如图 4-75 所示。

①准备姿势：两脚自然开立，两膝微屈，上体稍前倾，观察二传来球。

②助跑：左脚先向前迈出一步，接着右脚迅速跨出一大步，左脚及时并上落在右脚侧前方，两脚尖稍向右准备起跳。

③起跳：两臂自后积极向前摆动，随双腿蹬地向上起跳，两臂协调配合起跳动作，用力上摆。

④空中击球：接近最高点时用正面上手大力发球的挥臂动作在右肩前上方击球的中上部。

⑤落地：完成击球动作后，身体自然下落，应尽量用双脚的前脚掌先着地，同时顺势屈膝，缓冲身体下落的力量。

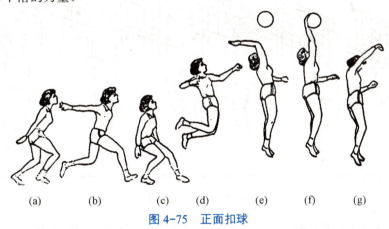

图 4-75 正面扣球

2）单脚起跳扣球。在助跑的最后一步以单脚踏地，另一只脚直接向前上方摆动帮助起跳的一种扣球方法。单脚起跳扣球可采用一步、两步或多步助跑，助跑到最后，以左脚向扣球点位置跨出一大步，身体重心稍后倾，在右脚向上摆动时，左脚用力蹬地起跳，两臂积极配合上摆，起跳后的扣球动作与正面扣球基本相似。

3）勾手扣球。勾手扣球为扣球的一种方法。利用身高和弹跳优势，将球从拦网者手的上空击入对方场区。这种扣球线路较长，落点较远。队员起跳后利用收胸动作带动手臂挥动，以手掌甩腕击球的后中部或后中下部，手腕有包击动作，球成前旋飞行。

（2）扣球学练方法。

1）学生做一步助跑起跳、两步助跑起跳练习，注意动作协调性。

2）徒手做助跑起跳练习。

3）徒手挥臂练习。

4）两人一组，一人持球高举固定球，另一人扣球练习。

5）连续对墙扣反弹球。

6）4号位扣教师抛来的球。

7）4号位扣教师的传球。

6. 拦网

拦网是防守的第一道防线。它不只是消极阻拦和被动防守，而是有一定的攻击性，也是争取得分权的一种有效手段，可以削弱对方进攻的锐气并动摇信心。

（1）拦网基本技术。常用的拦网技术有单人拦网、双人拦网和三人拦网。

1）单人拦网。如图4-76所示，其动作结构分为准备姿势、移动、起跳、空中动作和落地5个互相衔接的部分。

①准备姿势。队员面对球网，两脚左右开立，约与肩同宽，距网30~40厘米。两膝微屈，两臂屈肘置于胸前。

图4-76 单人拦网

②移动。常用步法有一步、并步、交叉步、跑步等。无论采用哪种移动步法，都要做好制动动作，以保证向上起跳，避免触网和冲撞同队队员。

③起跳。原地起跳时，两腿屈膝，重心降低，随即用力蹬地，两臂以肩发力，于体侧近身处，做画弧或前后摆动，帮助身体迅速跳起。移动后的起跳，其起跳动作与原地起跳一样，但要注意制动并使移动与起跳动作紧密衔接。

④空中动作。起跳时，两手从额前沿球网向上方伸出，两臂伸直并保持平行，两肩上提。拦网时，两臂应伸过网去接近球。两手自然张开，屈指屈腕成半球状。当手触球时，两手要突然收紧，手腕下压盖在球的前上方。

⑤落地。拦球后，要做含胸动作，以保持身体平衡。手臂要先后摆或上提，从网上收回至本方上空，再屈肘向下收臂，以保持身体平衡。与此同时屈膝缓冲，双脚落地，随即转身面向后场，准备接应来球或做下一个动作准备。

2）双人拦网。由前排两个队员互相靠近，同时起跳组成的拦网，称双人拦网。双人拦网是集体拦网的一种，是比赛中最常用的一种拦网形式，主要在对方大力扣球时采用。

双人拦网时，应以一人为主拦队员，另一人为配合队员。但主拦队员不是固定的，一般情况下距对方扣球点近的队员应为主拦队员。主拦队员必须抢先移动到对正扣球点的位置，做好起跳准备，配合队员则迅速移动靠近主拦队员准备同时起跳。两队员之间的距离一定要合适，距离太远，跳起后将出现"空门"；距离太近，起跳时互相干扰，致使双方都跳不高。双人拦网起跳时，两人的手臂应该在体前画小弧向上摆伸，都要尽量垂直向上起跳，要防止互相碰撞或干扰。手臂在空中既不能重叠，造成拦击面缩小，又不能间隔太宽，造成中间漏球。扣球靠近边线时，靠边线近的拦网队员外侧的手应适当内转，以防打手出界。

3）三人拦网。三人拦网也是集体拦网的一种形式。它是在对方扣球进攻力强，路线变化多，但很少轻扣和吊球时采用。三人拦网的动作方法与双人拦网相同，关键在于移动迅速，取位恰当，配合密切。无论对方从哪个位置进行扣球，一般都以3号位队员为主拦队员，2、4号位队员为配合队员。三人拦网对配合的要求高，加之减弱了防守、保护的力量，故要在很有必要的情况下才采用。

拦网队员要在短短的瞬间从防守转为进攻，从被动转为主动，而完成这些都要在空中进行，所以难度较大，这就要求拦网应积极主动，判断准、起动快、跳得高、下手狠。

（2）拦网学练方法。

1）原地做拦网的徒手动作练习。

2）由3号位向2、4号位移动拦网徒手练习。

3）低网扣拦练习：两人一组，原地一扣一拦。

4）结合扣球练习拦网技术。

三、排球基本战术

排球战术是指运动员在比赛中，根据排球竞赛规则、排球运动的规律、比赛双方的具体情况和临场竞赛的发展变化，合理运用个人技术及集体配合所采取的有意识、有组织的行动。排球战术可分为个人战术与集体战术两类。

1. 阵容配备

阵容配备是合理地调动本队队员的一种组织形式。其目的在于把全队的力量有效地组织起来，扬长避短，最大限度地发挥每一个队员的作用和特长。阵容配备的形式有如下几种。

（1）"三三"配备。由三名进攻队员和三名二传队员组成，站位时，一名进攻队员间隔一名二传队员。目前采用这种配备形式的比较少，一般适于初学者和水平较低的队。

（2）"四二"配备。由四名进攻队员（两名主攻队员与两名副攻队员）和两名二传队员组成，他们分别站在对角的位置上。这样每个轮次前后排都能保持有一名二传队员、两名进攻队员，便于组织和发挥本队的攻击力量。目前在水平一般的球队中，采用这种配备形式的较多，如图4-77所示。

（3）"五一"配备。由五名进攻队员和一名二传队员组成。这种阵容配备的优点是拦网和进攻力量得到加强，一个二传队员的打法，全队容易建立默契。但二传队员在前排时，只有两点攻。要充分利用两次球、吊球及后排扣球等战术突袭对方，弥补"五一"配备的不足。目前在水平较高的队中普遍采用这种配备形式，如图4-78所示。

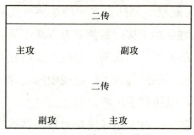

图4-77 "四二"配备

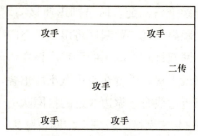

图4-78 "五一"配备

2. 个人战术

（1）发球个人战术。主要运用有变换发球方法，变换发球力量、落点和飞行幅度；对方正处于进攻较弱的轮次时，应注意发球的稳定性；"找人"发球，发给连续失误、信心不足、情绪急躁或刚上场的队员等。

（2）扣球个人战术。避强打弱，避重就轻。从对方身体矮、弹跳力差或拦网能力差的队员的拦网区域进行突破。扣球落点尽量找人、找点，向防守技术差的队员或对方空当扣球。

（3）防守个人战术。集中注意力观察对方进攻的意图和本方拦网的情况，在接球前做出正确的判断，选择有利位置，当判断出对方进行大力扣球而本方已布置好拦网时，重点防守未拦到的线路或防打手出界的球；而对方扣球变吊球时，则要快速前压防守。

3. 进攻战术

进攻战术是指接对方来球后，全队所组成的有目的、有组织的配合。进攻战术是由一传、二传、扣球三个环节组成的，主要分为进攻阵形和进攻打法两种。

（1）进攻阵形。

1）"中一二"进攻阵形。"中一二"进攻阵形是进攻战术中最简单、最基本的战术形式，是指由3号位队员做二传，将球传给4号位、2号位队员进攻的组织形式，如图4-79所示。这种进攻阵形一传向网中间3号位垫球比较容易，二传向2号位、4号位传球的距离较短，容易传准，有利于组成进攻，适合初学者采用。其缺点是战术变化少，只能两点进攻，战术意图容易被对方识破。

2）"边一二"进攻阵形。"边一二"进攻阵形是指由前排2号位队员站在2号位与3号位之间，担任二传，其他队员将球传、垫给二传队员，再由二传将球传给前排4号位队员、3号位队员或后排3名队员进攻的战术配合方法。这种阵形比较简单，容易掌握，但由于对一传、二传的要求都较高，难度较"中一二"阵形要大，配合也较为复杂，如图4-80所示。

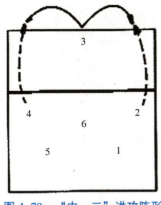 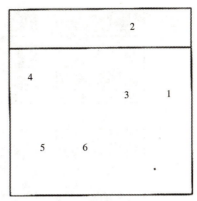

图 4-79　"中一二"进攻阵形　　　图 4-80　"边一二"进攻阵形

3)"插上"进攻阵形。如图 4-81 所示，后排二传手分别从 6 或 5 位充分利用球网全长，突破对方的防线，由后排担任二传手的队员插到前排传球，以保持前排三点进攻的战术。注意：发球时，二传必须在发出球后方可移动"插上"，否则要被判为越位犯规。同时，不要影响其他队员接球，"插上"队员传球后，应立即对进攻队员进行保护，防拦回球或后撤防守。

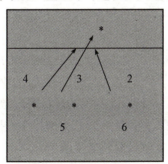

图 4-81　"插上"进攻阵形

（2）进攻打法。

1）平快掩护。2、4 号位平拉开进攻、3 号中间短平快进攻的战术形式，如图 4-82（a）所示。

2）交叉进攻。两名队员用交叉跑动路线换位进攻的形式，目的在于扰乱对方盯人拦网的布置，如图 4-82（b）所示。

3）重叠进攻。两名队员几乎在同一点上进行不同时间的进攻，呈重叠之势，使拦网人难以判断真假，如图 4-82（c）所示。

4）"夹塞"进攻与"串平"进攻。以短平快为掩护，另一进攻队员跑动"夹"在传球手与快攻手之间的进攻，称"夹塞"进攻，扣球队员在短平快掩护队员的背后打平拉开快球的进攻，称为"串平"进攻，如图 4-82（d）所示。

5）双快一跑动进攻。两名队员进行快球进攻，第三名队员进行大范围跑动进攻，如图 4-82（e）所示。

6）前后排互相掩护的进攻。也称立体进攻，优点是可以形成进攻队员人数上的优势，进攻点多，扩大了进攻的纵深范围，如图 4-82（f）所示。

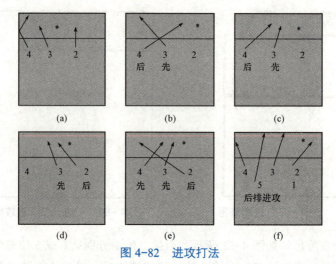

图 4-82 进攻打法

4. 防守战术

在排球比赛中,为了不使球在本方场区落地或造成本方失误而采取的一切合法手段,统称为防守战术。拦网是第一道防线,也是阻击对方最积极有效的手段,因此必须加强拦网和保护两个环节。

(1) 单人拦网防守形式。单人拦网防守形式是最基础的防守配套形式,在水平高的比赛中也时常被迫采用。一般情况下,多采用拦对方相应位置的攻手,邻近的队员则后撤保护,也可以由本队一名拦网好的队员专门拦网,不拦网的队员则后撤保护。

(2) 双人拦网防守形式。双人拦网防守形式由前排 2 人拦网,其他队员组成防守阵形。

1)"边跟进"防守阵形。防守队员取位呈半圆,"边"上 1 号位的队员重点防守心和边的吊球。这种阵形有利于防对方的大力扣杀,其弱点是在防吊球时,中心的空当太大,为此,便出现了"死跟"和"活跟"的变化,如图 4-83 所示。

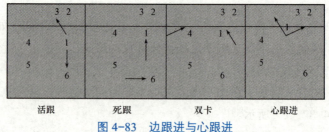

图 4-83 边跟进与心跟进

①活跟。1 号位队员根据判断来决定是"退守长线"还是"跟进防吊"的灵活布置,就是活跟。当前压跟进时,要求 6 号位队员及时补直线,4、5 号位队员积极策应,前排拦网则要拦住中区。

②死跟。对方进攻无论是扣球还是吊球,1 或 4 号位防守直线的队员皆固定跟进防吊球,6 号位固定防守直线,这就是死跟,其在对方吊球多、对方直线进攻少时运用较多。

③双卡。当对手攻击力不强、吊球多时,采取 4 或 2 号位前排队员向内后撤,1 或 5 号位

队员直线半跟,形成"双卡"防守阵式。

2)"心跟进"防守阵形。在本方拦网好,对方运用吊球多的情况下采用,除心跟进队员外,其他队员扼守各自的位置。但因后场只有两人防守,后场中央和两腰容易造成空当,如对方进攻多变,突破点多时,则不宜采用这种防守形式。

(3)集体拦网(三人拦网)形式。比赛中如对方扣球队员技术好,力量大,攻击性强,扣球线路变化多端,吊球较少,则宜采用三人拦网形式。其优点是加强了第一道防线(前排区域),弱点是后排空隙太大,不易防吊球。

四、排球竞赛规则简介

排球比赛是两队在由球网分开的场地上进行比赛的集体项目。它可以有多种比赛方法,以适应各种不同性质比赛的需求。比赛的目的,是各队遵照规则,将球击过球网,使其落在对方场区的地面上,而阻止落在本方场区的地面上。比赛由发球开始,发球队员击球使其从网上规定的过网区飞至对区。比赛由此连续进行,直至球落地、出界或某一队不能合法地将球击回。比赛采用每球得分制,当某队胜一球时,即得一分,同时获得发球权,并且队员按顺时针方向轮转一个位置。

1. 场地及设施

(1)排球比赛场地。排球比赛是在长为18米、宽为9米的长方形场地中进行。场地所有线宽均为5厘米。距中线三米处有一条进攻线,以限制后排队员在前排进行攻击性击球。

(2)球网。球网长为9.50米、宽为1米。男子网高为2.43米,女子网高为2.24米。网上两端有标志带和标志杆。标志带垂直于边线;标志杆长1.80米,设在两侧标志带的外沿,高出球网80厘米。

(3)比赛用球。球的圆周为65～67厘米,质量为260～280克,气压为0.30～0.325千克/厘米。每场正式的排球比赛在比赛场上必须有三个排球。

2. 比赛队及队员装备

每队最多有12名队员、1名教练员、1名助理教练员和1名医生。

全队队员的上衣、短裤和袜子都必须统一、整洁和颜色一致(后排自由防守队员除外)。运动鞋必须是没有后跟的柔软轻便的胶底或皮底鞋。

队员上衣必须有号码,序号为1～18号。号码必须在身前和身后的中间位置,并与上衣的颜色明显不同。

禁止佩戴可能造成伤害及有利于人为加力的物品。

3. 主要规则

(1)胜一分、胜一局和胜一场。比赛采用每球得分制,胜一球即得一分。比赛的前4局以先得25分,并同时超出对方2分的队为胜一局。决胜局以先得15分,并同时超出对方2分的队获胜。正式比赛采用五局三胜制。最多比赛5局,先胜3局的队为胜一场。

(2)队员的场上位置。在发球队员击球时,双方队员(发球队员除外)必须在本场区

内各站两排，每排 3 名队员。前排位置为 4、3、2 号位，后排位置为 5、6、1 号位。在发球队员击球瞬间，双方队员场上的站位必须与填写的上场站位表相符。球发出后，队员可以在本场区和无障碍区的任何位置。

（3）轮转。接发球队获得发球权后，该队队员必须顺时针方向轮转一个位置（2 号位队员转至 1 号位发球）。

（4）换人。规则规定，每局比赛每队可替换一人或多人。场上队员在同一局中可以退出比赛和再次上场各一次，只能回到原阵容位置上。替补队员每局只能上场一次，他/她只能由替换他/她下场的队员来替换。

（5）暂停。规则规定：第 1～4 局，每局有两次技术暂停，各为 1 分钟，每当领先队达到 8 分或 16 分时自动执行。每一个比赛队每局还有一次机会请求 30 秒的普通暂停。决胜局（第 5 局）无技术暂停，每队在该局可请求两次 30 秒的普通暂停。

（6）发球。发球队员必须在发球区内发球，第一裁判员鸣哨后 8 秒钟内将球击出。

（7）比赛中的击球。每队最多击球三次（拦网除外），队员身体任何部位都允许触球。击球的犯规有"四次击球""持球""连击""过网击球"。

（8）触网。比赛进行中，任何队员的身体的任何部位触及 9.50 米以内的球网、标志杆、标志带为触网犯规。

（9）过中线。比赛进行中，队员整个脚、整个手或身体其他任何部分越过中线并触及对方场区时，为过中线犯规。

（10）过网击球。对方进攻性击球前或击球时，在对方空间拦网或触球为过网击球犯规。

（11）"自由人"。自由人必须穿着与其他队员不同颜色（或不同式样）的上衣，且不得参与发球、拦网和试图拦网。他/她在换下任一后排队员时，不需经过换人过程，也不计在正常换人次数内。其上、下场次数不限，但在其上、下两次之间必须经过一次发球过程。

（12）后排队员进攻犯规。后排队员在前场区内，或踏及进攻线及其延长线，将高于球网的球击入对方场区，为后排队员进攻犯规。

第四节　乒乓球运动

一、乒乓球运动概况

1. 乒乓球运动的起源与发展

乒乓球起源于英国，欧洲人至今把乒乓球称为"桌上的网球"，由此可知，乒乓球是由网球发展而来。19 世纪末，欧洲盛行网球运动，但由于受到场地和天气的限制，英国有些大学生便把网球移到室内，以餐桌为球台，用书作为球网，用羊皮纸作为球拍，在餐桌上打来打去。

20 世纪初，乒乓球运动在欧洲和亚洲蓬勃开展起来。1926 年，在德国柏林举行了国际乒乓球邀请赛，后被追认为第一届世界乒乓球锦标赛，同时成立了国际乒乓球联合会。

1904 年，上海一家文具店的老板王道午从日本买回 10 套乒乓球器材。从此，乒乓球运动传入中国。

1959 年，容国团获得了第二十五届世界乒乓球锦标赛男子单打冠军后，中国运动员开始登上国际乒坛，逐渐形成了以"快、准、狠、变"为技术风格的直拍近台快攻打法。

现在，乒乓球已发展成为各国人民喜爱的运动项目之一。国际乒乓球联合会也已拥有 127 个会员协会，是世界上较大的体育组织之一。由国际乒联和各大洲乒联举办的世界锦标赛、世界杯赛、洲际比赛及各种规模和形式的国际比赛不胜枚举。1982 年，国际奥委会关于从 1988 年起把乒乓球列为奥运会正式比赛项目的决定，激起世界各国对乒乓球运动的进一步重视，推动了乒乓球运动更快地发展。

2. 乒乓球运动的特点

（1）乒乓球运动所需要的器材设备简单，室内室外都可以进行，运动量可大可小，不同年龄、性别和身体条件的人都可以参加。

（2）乒乓球速度快，变化多，要求练习者在短时间内对瞬息万变的击球有较强反应能力和应变能力，能提高人体神经系统的灵敏性、协调性。

（3）乒乓球项目有单项，双打，团体项目，团体项目通过个体来实现，所以乒乓球项目可以培养独立思考、单独作战及集体主义的精神。

3. 乒乓球运动的作用

（1）乒乓球运动集健身、竞技、娱乐性于一体。经常打乒乓球能提高视觉的敏锐性和神经系统的灵活性，使人心情舒畅，想象力丰富，利于提高学习和工作效率。

（2）能改善人的心血管、脑血管系统的机能，动作协调，四肢灵活、柔韧，形体健美；能提高控制情绪的能力及培养机智果断、勇敢顽强、勇于进取和敢于拼搏的优良品质与作风。

（3）可以起到积极的心理调节作用，提高社会的适应能力。

二、乒乓球基本技术与学练方法

1. 站位和准备姿势

（1）站位。站位是根据各种不同类型打法的技术特点、身体的高度和能照顾全台的要求来决定站位方法。

1）快攻类站位：左推右攻打法基本站位在近台 30～40 厘米，偏左站位；两面攻打法基本站位在近台 40～50 厘米，中间略偏左站位。

2）弧圈类站位：以弧圈球为主打法基本站位在中台，离台 50 厘米左右，偏左站位；两面拉打法在中间略偏左站位。

3）削球类站位：横拍攻削结合打法基本站位在中台附近；以削为主配合反攻打法基本站位在中远台附近，离台 100 厘米左右。

（2）准备姿势。准备姿势是指击球员准备击球或还击球时的身体各部位姿势（图 4-84）。合理的姿势，有利于脚、腿蹬地用力和腰、躯干各部位的协调配合与迅速起动，保持正确的击球姿势，提高击球的命中率，制造出最大的击球力。

准备姿势动作要点说明如下：

1）下肢：两脚左右开立，约与肩同宽，身体稍向右侧，面向球台，两膝自然弯曲，提踵，重心置于两脚之间。

2）躯干：含胸收腹，上体略前倾，下额微收，两眼注视来球。

3）上肢：持拍手和非持拍手均应自然弯曲置于身体前侧方，保持相对的平衡状态。

图 4-84　准备姿势

2. 握拍方法

乒乓球的握拍方法有直拍握法和横拍握法两种，可根据个人的身体条件、兴趣爱好、技术特点选择一种适合的握拍法。正确的握拍法对调整击球时的引拍位置、拍形角度、拍面方向、发力方向等有重要作用。

（1）直式握拍法。直握式法的特点是正反手都用球拍的同一面击球，一般情况下，不需两面转换，出手较快；正手攻球快速有力，攻斜、直线球时拍形变化不大，对手不易判断，便于从速度、球路和力量上取得主动；手腕动作灵活，发球可有较多变化。但反手攻球时，因受身体阻碍较难掌握，不易起重板；攻削交替时手法变化大，影响击球速度和准确性；防守时照顾面积较小。直式握拍法的手势如图 4-85 所示。

图 4-85　直式握拍法

（2）横式握拍法。横式握拍法的特点是照顾的面积比直拍大，攻球和削球时握拍的手法变化不大；反手攻球不受身体阻碍，便于发力；削球时用力方便，便于发挥手臂的力量和掌握旋转变化。但在不定期击左右两面来球时，需要转动拍面，动作大，影响摆臂速度；攻直线球时，动作明显被对方识破；台内正手攻球较难掌握。横式握拍法的手势如图 4-86 所示。

图 4-86　横式握拍法

3. 基本步法

步法是乒乓球击球环节中的重要组成部分,是指乒乓球运动员为选择合适的击球位置所采用的脚步移动方法。乒乓球的基本步法的种类包括有单步、跨步、跳步、并步、交叉步等。

(1)单步。以一脚为轴心,另一脚向前或向后、左、右移动一步,身体重心随之落到移动脚上,挥拍击球。其特点是移动简单,范围小,身体重心平稳。在来球离身体较近时采用。

(2)跨步。从来球方向的异侧脚蹬地,同侧脚向来球方向跨出一大步,身体重心随即移到同侧脚,异侧脚迅速跟上。特点是移动范围比单步大。当来球离身体较远时采用。移动速度快,多用于借力回击。

(3)跳步。以来球方向的异侧脚蹬地为主,两脚发力同时离地,异侧脚先落地,另一脚随即着地即挥拍击球。跳移过程中,身体重心起伏不宜过大,落地要稳。特点是移动范围比单步和跨步大,移动速度快,一般在来球离身体较远较急时采用。

(4)并步。由来球方向的异侧脚向同侧脚并一步,然后同侧脚再向来球方向迈一步,挥拍击球。特点是移动时脚步不腾空,身体重心平稳,移动范围不如跳步大。

(5)交叉步。来球方向的同侧脚发力,异侧脚迅速从体前做平行交叉横跨一大步,同侧脚迅速跟上落地还原,挥拍击球。特点是移动范围比其他步法大,适用于主动发力进攻,一般在来球距身体较远时采用。

4. 发球

发球是乒乓球运动中的进攻技术,是各种战术的起始。发球是乒乓球比赛时,力争主动、先发制人的第一环节。发球是以旋转、速度、落点来调动、控制对方,实现自己的战术意图。

(1)发正手平击球。

特点:速度一般,基本不旋转或略有上旋,是掌握其他复杂发球的基础技术,初学者要学会的发球首先就是这种。

1)击球前动作:

①选位:左脚稍前,身体略向右转,左手掌心托球置于身体右侧前方。

②引拍:左手将球向上抛起,同时右臂内旋,使拍面角度稍前倾,向身体右后方引拍。

③迎球:右臂从身体右后方向右前方挥动。

2)击球时:当球从高点下降至稍高于球网时,击球中上部向左前方发力。球击出后第一落点在球台中间。

3)击球后:手臂继续向左前方随势挥动,迅速还原。

4)发力部位以前臂为主,动作过程中身体重心从右脚移至左脚。

(2)发正手下旋球。

特点:球速较慢、旋转变化大。由于发球手法近似,能通过旋转变化迷惑对方,使其不易判断球的旋转强度,造成回击时下网、出界或出高球,如图4-87所示。下旋加转发球动作方法如下所述。

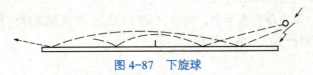

图4-87 下旋球

1）击球前动作：

①选位：左脚稍前，身体略向右偏倾，左手掌心托球置于身体右前方。

②引拍：左手将球向上抛起，同时右臂直握拍手腕作伸，横握拍手腕略向外伸展。

③迎球：右臂从身体右后上方向左前下方挥动。

2）击球时：当球从高点下降至稍高于或平于网高时，前臂加速向左前下方发力，同时直握拍手腕作屈同时内收，击球中下部向底部摩擦。球击出后第一落点接近于球网。

3）击球后：手臂继续向左前下方随势挥拍，迅速还原。

4）发力部位以前臂和手腕为主，动作过程中身体重心从右脚移至左脚。

（3）反手发球技术。

1）击球前动作：

①选位：右脚稍前或平站，身体略向左转，左手掌心，托球置于身体左侧前方。

②引拍：左手将球向上抛起，同时右臂外旋，使拍面角度稍前倾，向身体右后方引拍。

③迎球：右臂从身体后方向前方挥动。

2）击球时：当球从高点下降至稍高于球网时，击球中上部向右前方发力。球击出后第一落点在球台中央。

3）击球后：手臂和手腕继续向右前方随势挥动，迅速还原。

4）发力主要部位以前臂为主，动作过程中身体重心从左脚移至右脚。

（4）反手发下旋加转球。

1）击球前动作：

①选位：右脚稍前或平站，身体略向左偏斜，左手掌心托球置于身体左前方。

②引拍：左手将球向上抛起，同时右臂内旋，直握拍手腕作屈，横握拍手腕作外展，使拍面角度后仰，向身体左后上方引拍。

③右臂从身体左后上方向右后前下方挥动。

2）击球时：当球从高点下降至稍高于或平于网高时，前臂加速向左前下方发力，同时直握拍手腕作伸，横握拍手腕作内收，击球中下部向底部摩擦。球击出后第一落点接近球网右前下方。

3）击球后：手臂继续向右前下方随势挥动，迅速还原。

4）发力部位以前臂和手腕为主，动作过程中身体重心从左脚移至右脚。

特点：同正手发下旋加转球与不转球，多用于横拍。

5. 接发球

接发球是乒乓球技术中的关键技术，发球方可随心所欲地将球发至任何位置，并且其力量、速度和落点富于变化，因而接好发球具有较高的难度。要接好发球，就必须快速、准确判断来球的旋转、落点变化，并迅速地移动步伐，运用合理的技术将球回击到对方球台上。

（1）站位的选择与对来球的判断。

1）站位的选择：站在球台左半台，离球台端线的远近距离视来球的落点而定，便于前后移动接长球、短球，离台30～40厘米。

2）对来球的判断：判断是接好发球的前提。如何才能准确无误地判断出对方发球的旋转性质、旋转程度或缓、急、落点变化，主要应依据对方球拍在接触球的瞬间的挥动方向，掌握击球的部位与用力方向，以此来判断球的旋转性能。

（2）接发球技术的应用。下面介绍几种基本的接发球技术（以右手为例）的应用。

1）回接对方左侧下旋球。球触拍后，从自己的右侧下方弹出。接这种球一般采用推挤、搓、削为宜。搓球回接时，拍面稍后仰，并略向左偏斜以抵消来球的左侧旋；若采用攻球方法回接，宜用拉抽（拉攻），拍触球时向上、向前摩擦球。

2）回接对方左侧上旋球。球触拍后，向自己右侧上方弹出。接这种球一般采用推、攻回接为宜。回接时，拍面触球的中上部，适当下压，拍面所朝方向向左偏斜以抵消来球的左侧旋；要调节好拍面方向和用力方向。采用攻、拉球方法回接时，同样的道理，应向对方挥拍方向相反的方向回接，以抵消来球的侧旋性能；同时，也应调节拍形适当下压，防止球飞出界外。

3）回接对方右侧下旋球。球触拍后，向自己的左侧下方弹出。回接时，拍面略向右偏斜。可采用搓、拉、点、削等方法。

4）回接对方右侧上旋球。球触拍后，向自己的左侧上方弹出。拍面也应根据来球旋转程度适当向右偏斜，用推、拨、攻、拉、削等手段回接。触球时，调节拍面，使拍形前倾击球中上部。

5）回接对方低（高）抛发的急下旋球。采用推、拦、拉方法回接。若用推接，拍面应略后仰，触球瞬间前臂旋外压球；用下旋推挡直接切球中下部，用前臂和手腕力量向前上方力摩擦球。若用搓球、向后移动步法，击来球下降期，引拍比接一般下旋球稍高些，加长球在拍面上的摩擦时间。用攻球回球，应注意适当向上用力提拉，又要调节拍形前倾角度。

6.攻球

攻球是乒乓球的一项重要技术，也是得分的重要手段。它包括正手攻球、反手攻球和侧身攻球三大类。下面主要介绍几种常用的攻球技术。

（1）正手快攻。正手快攻具有站位近、动作小、速度快、攻击性强的特点。动作时左脚稍前，身体离球台40～50厘米，呈基本姿势站立。以前臂为主引拍至身体右侧方。球拍呈半横状。击球时，在上臂带动下前臂和手腕由右侧方向左前上方挥动，拇指压拍，食指放松，拍面稍前倾，在来球弹起上升期，击球的中上部。击球后，手臂随势向前挥摆，迅速还原成击球前的准备姿势。

（2）正手台内攻。正手台内攻具有站位近、动作小、速度快、突然性强等特点，动作时站位近台，右方大角度来球时右脚上步，中间或偏左方向来球时左脚上步。上步同时上臂和肘部前移，前臂伸进台内迎球。当来球跳至高点期，下旋强时，拍面稍后仰，前臂和手腕向前上方发力，击球的中下部；下旋弱时，拍面接近垂直，前臂和手腕以向前发力为主击球的中部；上旋球时，拍面稍前倾，前臂和手腕向前发力击球的中上部。

（3）正手中远台攻。正手中远台攻具有站位远、动作大、力量重的特点。动作时，左脚稍前，身体离球台1米左右。持拍手臂较大幅度向右后方引拍，拍面接近垂直。击球时，右脚蹬地、向左转体的同时，上臂带动前臂由右后方加速向左前上方发力挥动，手腕边挥边转，使拍面逐渐前倾，在来球弹起至下降前期，击球中部或中上部。

（4）正手扣杀。正手扣杀具有力量重、速度快、攻击性强的特点。动作时前臂内旋使拍面稍前倾，随着身体向右转动的同时，持拍手臂引拍于身体右后方。随着右脚蹬地，身体左转的同时，持拍手上臂带动前臂加速向左前上方发力挥动，拍面稍前倾，在来球弹起至高点期，击球的中上部。一般击球点在胸前50厘米为宜。

（5）反手快攻。左脚稍后，身体离球台40～50厘米。持拍手臂自然弯曲并外旋使拍面前倾，上臂与肘关节自然靠近身体，引拍至腹前偏左的位置。击球时，在上臂带动下前臂和手腕向右前上方挥动，同时配合外旋转腕动作，使拍面稍前倾，在来球弹起上升期，击球中上部。

（6）反手中远台攻。右脚稍前，身体离球台0.7～1米。身体左转的同时，持拍手的上臂和肘关节靠近身体，前臂向左下方移动，引拍至身体左侧下方，拍面稍前倾。击球时，身体右转的同时，手臂由左后向前挥动，前臂在上臂带动下，向前上方用力，并配合向外转腕，使拍面稍倾，在来球弹起下降期，击球中下部。

7. 推挡球

推挡球是左推右攻型运动员的一项主要技术。推挡球具有站位近、动作小、速度快、变化多的特点。在对攻中常用快速推压，结合力量、落点和旋转变化牵制对方，为正手攻和侧身攻创造有利条件。在被动时，还可以起到积极防御的作用。

（1）挡球。

特点：球速慢，力量轻，动作简单，容易掌握，它是初学者入门的技术。反复练习挡球可以熟悉球性，体会击球时的拍形变化，提高控球的能力，在对方攻击时，挡球还能作为一种防御的手段。

动作方法：两脚平行或左脚稍前，身体离球台约50厘米。击球前，前臂与台面平行伸向来球。拍触球时，前臂和手腕稍向前移动，主要是借助对方来球的反弹力将球挡回。在上升期，击球的中部，拍形与台面接近垂直。击球后，迅速收回球拍，还原成击球前的准备姿势。

（2）快推。

特点：快推动作小，回球速度快，线路活，可用落点变化控制对方，起到助攻作用。

动作方法：左脚稍前或两脚平行，自然开立，身体离台约40厘米。持拍手上臂和肘关节内收，前臂略向外旋。击球时，前臂向前推出，同时手腕外旋，食指压拍，拇指放松使球拍前倾。在来球上升期击球的中上部。击球后，手臂继续前送，手腕配合外旋使球拍下压，并迅速还原成准备姿势，如图4-88所示。

图4-88 快推

8. 搓球

搓球是近台还击下旋球的一种基本技术。其特点是站位近、动作小，回球多在台内进行。搓球分正、反手搓球，根据击球的时间以分为快搓和慢搓。搓球也是初学削球必须掌握的入门技术（以右手为例）。

（1）慢搓。慢搓的特点是动作幅度较大，回球速度稍慢，稳健性强，适用于回接旋转较强、线路稍长的来球。

1）正手慢搓的站位是左脚稍前，身体稍向右转。击球前，手臂向右上方引拍。然后前臂和手腕向左前下方用力搓球，在下降期击球中下部，如图4-89所示。

图4-89　正手慢搓

2）反手慢搓时，左脚稍前，站位近台，前臂和手腕内旋将球拍引至身体左上方，拍面后仰，前臂加速向前下方用力的同时，手腕外展配合用力，在来球的下降前期，用球拍的下半部摩擦球的中下部。击球后，注意前臂随势前送，立即放松并迅速还原，如图4-90所示。

图4-90　反手慢搓

（2）快搓。站位及击球方法与慢搓相同，击球时拍面稍横立，避免出界或回球过高。

9. 削球

削球是一项重要的乒乓球防守技术，削球技术正在向转、稳、低、攻方向发展（以右手为例）。

（1）正手远削。站位中台，左脚稍前，上体稍向右转，重心落于右脚，持拍手臂自然弯曲于腹前。顺来球方向向右上方引拍与肩同高，拍面后仰。当球从台上弹起时，持拍手上臂带动前臂由右上向左前下方加速切削，手腕向下转动用力，在右侧离身体40厘米处击准下降期球的中下部，并顺势前送。

（2）反手远削。中台站位，右脚稍前，上体左转，重心落于左脚，持拍手自然弯曲放松置于胸前。顺来球路线向左上方引拍约与肩高，拍柄向下。当球弹起时，持拍手从左上方向右前下方挥动，拍面后仰，用前臂和手腕加速用力切削，球拍在胸前偏左30厘米处击准下降期球的中下部,并顺势挥至右侧下。

10. 弧圈球

弧圈球是一种将力量、速度和旋转结合为一体的进攻技术。目前的乒乓球运动正朝弧圈结合快攻的打法方向发展。

(1) 正手加转弧圈球。正手加转弧圈球飞行弧线高、上旋很强、速度较慢,但着台后向下滑落较快,对方回击容易出高球,甚至出界,可以直接得分或为扣杀争取机会。它是对付削球、搓球和接出台发球的重要技术。

引拍时,球拍必须低于来球,但不要下沉太多。拉球时,持拍手臂由下向上发力,前臂快速收缩,触球瞬间,尽量加长摩擦球体的时间。身体重心随右脚蹬地,转腰,挥臂提高。

(2) 正手前冲弧圈球。正手前冲弧圈球飞行弧线低、速度快、前冲力强,落点后弹起不高,但急前冲并向下滑落,能起到与扣杀同样的作用。常用于对付发球、推挡球、搓球,以及中等力量的攻球。远台相持时,也可以利用它进行反攻。在实际运用中,步法移动的速度快、范围广。

引拍的幅度大,尽可能增大挥拍的动作、半径。加快挥拍速度,在球拍达到最大速度时触球。

单纯用上肢发力,前冲力不强,因此腿、髋、腰的配合不可缺少。摩擦力大于撞击力。球拍与球的吻合面要合适,防止打滑。

三、乒乓球基本战术

1. 发球抢攻战术

发球抢攻是我国乒乓球运动员的重要战术之一。近年来,世界各种类型打法的运动员都越来越重视这一战术,并有了较大的发展。

发球抢攻的战术意识首先是尽量争取发球直接得分;其次是迫使对方回球质量不高,从而赢得有力进攻机会;最后才是迫使对方接发球不具备杀伤力,从而自己进行抢攻。

常用的发球抢攻战术如下:

(1) 反手发右侧上、下旋球后抢攻。
(2) 反手发急上、下旋球后抢攻。
(3) 正手或侧身发转与不转球后抢攻。
(4) 正手发右侧上旋球后抢攻。
(5) 下蹲式正、反手发左、右侧上、下旋球后抢攻。

2. 搓攻战术

搓攻战术是进攻型打法的辅助战术之一,主要利用搓球旋转的变化和落点的变化为抢攻创造机会。这一战术在基层比赛中被普遍采用。搓攻战术也是削球型打法争取主动的主要战术之一。常用的搓攻战术如下:

(1) 慢搓与快搓结合。
(2) 转与不转结合。

（3）搓球变线。
（4）搓球控制落点。
（5）搓中突击。

3. 对攻战术

对攻是进攻型打法选手互相对垒时常采用的一项重要战术。快攻类打法主要是依靠正手攻球、反手攻球、反手推挡或快拨技术，充分发挥快速多变的特点，以达到调动对方、有效攻球的目的；弧圈类打法，主要是依靠正、反手两面弧圈球技术，充分发挥旋转的威力，以达到牵制对方、增加攻击效力的目的。

常用的战术如下：

（1）紧压反手，结合变线，伺机抢攻。
（2）调右压左，伺机抢攻。
（3）连续压中路及正手，伺机抢攻。
（4）轻重力量变化，伺机抢攻。
（5）近台打（拉）回头和远台对攻。

4. 拉攻战术

拉攻战术的特点是连续正手快拉以创造进攻机会，机会出现后，采用突击和扣杀的手段来得分。拉攻战术是快攻打法对付削球类打法的主要战术之一。

拉攻战术主要有以下几种方法：

（1）拉一角为主，伺机突击自己的特长线路追身。
（2）拉中路杀两角或拉两角杀中路。
（3）拉左杀右或拉右杀左。
（4）拉直杀斜线或拉斜杀直。
（5）拉长球配合拉将出台的球，伺机突击。
（6）变化拉球的旋转，伺机突击。
（7）拉搓、拉吊结合，伺机突击。
（8）拉、搓、攻结合，伺机突击。
（9）以稳拉为主，伺机突击。

5. 弧圈球战术

由于弧圈球战术把速度和旋转有效地结合起来，稳健性好，适应性强，许多著名选手已用它去替代攻球或扣杀。常用的弧圈球战术如下：

（1）发球抢攻。
（2）接发球果断上手。
（3）相持中的战术运用。

6. 接发球战术

接发球战术的特点是由某一单项攻（冲）球技术所形成，进攻性强，可变接发球的被动地位为主动地位，也可直接得分，是乒乓球运动各种打法特别是进攻型打法的主要战术。常用的

接发球战术主要有以下几种。

（1）用快拨、快推或拉球回击，争取形成对攻的相持局面。

（2）用快搓摆短回接，使对方难以发力抢攻或抢位。

（3）对各种侧旋、上旋或不强烈的下旋短球，可用"快点"技术回接。"快点"突然性强，回球速度快并且路线变化多，对付欧洲的弧圈型打法选手，往往效果明显。

（4）接发球抢攻或抢位。

以上4种接发球战术，在比赛中可与场上具体情况结合起来运用。采用多种回接方法，给对方制造出各种困难，使其无法适应，从而破坏其发球抢攻或抢位的站位意图。

四、乒乓球竞赛规则简介

1. 比赛场地与设施

（1）场地。比赛场地不得小于14米长，7米宽，4米高（国内比赛一般比赛可缩小为长12米，宽6米，高3.5米，基层比赛还可酌情缩小）。比赛场地须用0.75米高的深色挡板围起来，同邻近的场地及观众隔开。地板不得呈淡色或有明显的反光。台面的照明度应均匀，不得小于400勒克斯，光源不得低于4米。

（2）设施。

1）球台：球台的上层表面叫作比赛台面，应为与水平面平行的长方形，长2.74米，宽1.525米，高76厘米。

2）球网：球网应悬挂在一根绳子上，绳子两端系在高15.25厘米的直立网柱上，网柱外缘与边线外缘的距离为15.25厘米，整个球网的顶端距离比赛台面15.25厘米。

3）球：乒乓球应用赛璐珞或类似的材料制成，呈白色、黄色或橙色，且无光泽。球应为圆球体，直径为40毫米，球质量为2.7克。

4）球拍。

①球拍的大小、形状和质量不限，但底板应平整、坚硬。

②用来击球的拍面应用一层颗粒向外的普通颗粒胶覆盖，连同黏合剂厚度不超过2毫米；或用颗粒向内或向外的海绵胶覆盖，连同黏合剂，厚度不超过4毫米。

③底板、底板中的任何夹层、覆盖物及黏合层均应为厚度均匀的一个整体。

④球拍两面不论是否有覆盖物，必须无光泽，且一面为鲜红色，另一面为黑色。拍身边缘上的包边应无光泽，不得呈白色。

2. 简要竞赛规则

（1）竞赛项目。乒乓球正式比赛项目有7项，包括男子单打、女子单打、男子双打、女子双打、混合双打5项单项比赛和男子团体、女子团体2项团体比赛。

（2）合法发球。

1）发球时，球应放在不执拍手的手掌上，手掌张开并伸平。球应该是静止的，在发球方的端线之后，比赛台面的水平面之上。

2）发球员需要用手将球几乎垂直地向上抛起，不得使球旋转，并使球在离开不执拍手的手掌之后上升不少于 16 厘米，球下降到被击出前不能碰到物体。

3）当球从抛起的最高点下降时，发球员方可击球，使球首先触及本方台区，然后越过或绕过球网装置，再触及接发球员的台区。在双打中，球应先后触及发球员和接发球员的右半区。

4）从抛球前静止的最后一瞬间到击球时，球和球拍应在比赛台面的水平面之上。

5）击球时，球应在发球方的端线之后，但不能超过发球员身体（手臂、头或腿除外）离端线最远的部位。

6）运动员发球时，应让裁判员或副裁判员看清他是否按照发球的合法规定进行发球。

7）发球员发出的球，在越过球网固定装置时，触及球网固定装置，而后才能成为合法发球。

（3）重发球。

1）裁判员未报分，同时接发球员也未准备好，发球员已将球发出。

2）由于发生了运动员无法控制的干扰，使运动员未能合法发球、合法还击或遵守规则。

3）裁判员或副裁判员暂停比赛。

（4）发球轮换。

1）轮换发球法：如果一局比赛进行到 10 分钟仍未结束（双方都已获得至少 9 分时除外），或者在此之前任何时间应双方运动员要求，实行轮换发球法。换发球方一经实行，该场比赛剩余的局都必须实行轮换发球法。

2）位置错误：裁判员一旦发现发球、接发球次序错误，应立即暂停比赛，并按该场比赛开始时确立的次序，按场上比分由应该发球或接发球的运动员发球或接发球。在双打中，则按发现错误时那一局中首先有发球权的一方所确立的次序进行纠正，继续比赛。裁判员一旦发现运动员应交换方位而未交换，应立即暂停比赛，并按该场开始时确立的次序，按场上比分运动员应站的正确方位进行纠正，继续比赛。在任何情况下，发现错误之前的所有得分均有效。

（5）还击。对方发球或还击后，本方运动员必须击球，使球直接越过或绕过球网装置，或触及球网装置，或触及球网装置后，再触及对方台区。

（6）比赛次序。

1）在单打中，首先由发球员合法发球，再由接发球员合法还击，然后两者交替合法还击。

2）在双打中，首先由发球员发球，再由接发球员合法还击，然后由发球员的同伴合法还击，再由接发球员的同伴合法还击，此后，运动员按此次序轮流合法还击。

（7）得一分。出现下列情况得一分。

1）对方运动员未能合法发球。

2）对方运动员未能合法还击。

3）运动员在合法发球或合法还击后，对方运动员在击球前，球触及了除球网装置以外的任何东西。

4）对方击球后，该球没有触及本方台区而越过本方端线。

5）对方阻挡。

6）对方用不符合要求的拍面击球。

7）对方运动员或穿戴的任何东西触及球网装置。

8）对方运动员不执拍手触及比赛台面。

9）双打时，对方运动员击球次序错误。

（8）一局比赛。在一局比赛中，先得 11 分的一方为胜方；10 分平后，先多赢得 2 分的一方为胜方。

（9）一场比赛。

1）个人赛是七局四胜制，团体赛是五局三胜制。

2）一场比赛应连续进行，但在局与局之间，任何一名运动员都有权要求不超过两分钟的休息时间。

第五节　羽毛球运动

一、羽毛球运动概况

1. 羽毛球运动的起源与发展

早在两千多年前，一种类似羽毛球运动的游戏就在中国、印度等地出现。中国叫作打手毽，印度叫作浦那，西欧等国则叫作毽子板球。19 世纪 70 年代，英国军人将在印度学到的浦那游戏带回国，作为茶余饭后的消遣娱乐活动。

视频：漫谈羽毛球

14—15 世纪时的日本，球拍为木质，球是用樱桃核插上羽毛做成。据传，在 14 世纪末，日本出现了把樱桃插上美丽的羽毛当球，两人用木板来回对打的运动。这便是羽毛球的原型。

18 世纪时，印度的浦那城，出现了类似今日羽毛球活动的游戏，以绒线编织成球形，上插羽毛，人们手持木拍，隔网将球在空中来回对击。这种游戏流行的时间不长，不久便消失了。

现代羽毛球运动诞生在英国。1873 年，英国格拉斯哥郡的伯明顿镇有一位鲍弗特公爵，在他的领地开游园会，有几个从印度回来的退役军官就向大家介绍了一种隔网用拍子来回击打毽球的游戏，人们对此产生了很大的兴趣。这项活动极富趣味性，很快就在上层社会社交场上风行开来。"伯明顿"（Badminton）即成为英文羽毛球的名字。1893 年，英国 14 个羽毛球俱乐部组成了羽毛球协会。

羽毛球运动约于 1920 年传入我国，1949 年后得到迅速发展。20 世纪 70 年代，我国羽毛球队已跻身于世界强队之列。20 世纪 70 年代，国际羽毛球坛是印度尼西亚与我国平分秋色。20 世纪 80 年代，优势已转向我国，说明我国羽毛球运动已达到世界领先水平。

羽毛球在 1992 年巴塞罗那奥运会上被列为正式比赛项目，设男、女单打和男女双打及混合双打共 5 项比赛。

2. 羽毛球运动的特点

（1）娱乐性。羽毛球作为一种娱乐活动，参与者在球的对击过程中，通过不停的奔跑和身体的变化，努力地去把球击到对方的场地。

（2）观赏性。由于羽毛球技术的千变万化，羽毛球运动有很高的可观赏性。

（3）可调节运动量。羽毛球运动适合于男女老幼，运动量可根据个人年龄、体质、运动水平和场地环境的特点而定。

（4）不受场地限制。羽毛球运动受到人们的普遍欢迎的原因之一是它不受任何场地限制。

3. 羽毛球运动锻炼价值

（1）增强体质。羽毛球运动可以全面增强人的体质。

（2）培养意志。羽毛球运动有竞争性、对抗性、大强度等诸多因素的要求，意志品质在该项运动中占有非常重要的地位。

（3）陶冶心理。羽毛球活动包括对对方战术意图的揣摩，对各种战机的把握，因此经常从事该项运动可以使人思维敏捷。

二、羽毛球基本技术与学练方法

羽毛球运动的基本技术主要由手法和步法两大部分组成。其中，手法包括握拍、发球和击球；步法包括上网步法、后退步法和左右移动步法等。

1. 握拍

握拍是学习羽毛球最基本的技术环节，握拍的好坏对技术的提高有着极大的影响，击球时球的旋转及假动作的使用都是通过手对球拍的控制来完成的。

（1）握拍基本技术。最基本的握拍法有正手握拍法和反手握拍法两种，下面以右手握拍为例进行介绍。

1）正手握拍法。凡从身体右侧来球至头顶运用正手握拍法击球，如图 4-91 所示。虎口对准拍柄上方侧内沿，小指、无名指和中指并握，食指稍分开，拇指与中指靠近。

2）反手握拍法。凡从身体左侧的来球，运动员应先转身（背对网）后击球，用反手握拍法，即在正手握拍的基础上，拇指和食指将拍柄稍外转，拇指顶贴在拍柄内侧的宽面上，如图 4-92 所示。

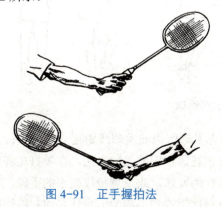

图 4-91　正手握拍法

图 4-92　反手握拍法

（2）握拍学练方法。

1）通过看技术录像，观摩优秀运动员的比赛、技术示范，进行模仿练习。

2）体会握拍的部位是否准确。正手握拍法如同与人的握手方式。常见错误是虎口不是对着拍柄窄面内侧斜棱上，而是对着拍柄宽面上；拇指掌面过于紧贴在拍柄内侧宽面上；拳式握拍，各手指相互紧靠并与拍柄棱呈垂直状态。

3）体验握拍的松紧度。握拍太紧动作必然僵硬，握拍太松击球无力，且动作可能变形。

4）反复进行正手握拍和反手握拍的练习。

2. 发球

发球是羽毛球基本的重要的技术之一。羽毛球发球虽不能像乒乓球发球那样使球产生各种旋转，但它可以通过不同的发球手法，发出不同弧度、不同落点的球来控制对方，为本方创造进攻得分的机会。因此，羽毛球的发球应引起初学者的充分重视。

（1）发球基本技术。羽毛球的发球技术，按其动作可分为正手发球和反手发球两种。按球在空中飞行的弧线可分为发高远球、平高球、平快球和网前短球四种，如图4-93所示。

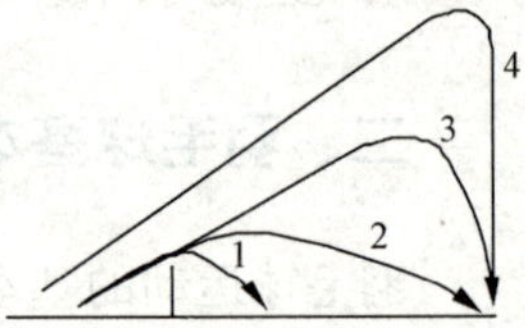

1）正手发高远球。所谓高远球，主要是把球发得又高又远，使球飞行到对方底线上空时，几乎垂直下落。

图4-93 发球技术

1—网前短球；2—平快球；
3—平高球；4—高远球

如图4-94所示，发球时，重心由后脚前移至前脚，带动转腰，同时右手持拍沿着向下而上的弧线自然地沿着身体向前上方挥摆。球拍触球前刹那，小臂带动手腕向前上方闪动发力，手紧握拍柄，利用手腕、手指爆发力以拍面的前半部击球。击球瞬间，拍面正对出球方向，击球点在发球员的右前下方。出球飞行弧度与地面仰角一般大于45°。

图4-94 正手发高远球

2）正手发网前球。发网前短球是把球发至对方发球区内前发球线附近。球的飞行速度较慢，飞行弧度较低，使球"贴网"而过。它是双打比赛最常用的发球方法，在单打比赛中，用于对付接网前球较差的对手，有时也可以作为过渡性的发球，或发球抢攻战术的手段。在发球时，挥拍幅度较小，击球瞬间不需紧握拍柄，而是利用手腕和手指的力量从右向左横切推送，将球轻轻发出，使球贴网而过，如图4-95所示。

图 4-95　正手发网前球

3）正手发平快球。又称发平球,是把球发得又平又快,使球快速落在对方场内端线附近。平快球突袭性强,往往能使对手措手不及而造成被动或失误。准备姿势同发高远球,站位稍靠后些。击球瞬间紧握球拍柄,利用小臂挥动力量带动手腕、手指力量快速向前击球,球的飞行路线与地面形成的仰角小于30°。

4）反手发网前球。如图 4-96 所示,准备击球时手腕内屈,击球瞬间利用小臂带动手腕、手指力量向前横切推送,将球击出。发球时,挥拍较慢,力量较轻,球的落点近网,当球"贴"网而过后即往下坠落在对方发球区内前发球线附近。

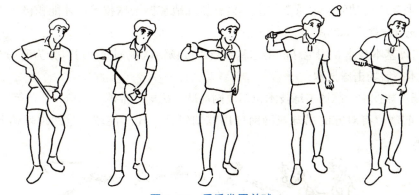

图 4-96　反手发网前球

（2）发球学练方法。

1）原地挥拍做模仿练习。

2）对墙发球练习。

3）定点定位,多球发球练习。

4）发球、接发球对抗性练习。

3. 接发球

（1）接发球基本技术。

1）接发球的站位姿势。单打站位一般在距前发球线 1.5 米处。站在右发球区靠近中线的位置,在左发球区则站在中间的位置,这样站的主要目的是防备对方直接进攻反手部位。一般左脚在前,右脚在后,双脚微屈,收腹含胸,身体重心放在前脚上,后脚脚跟稍抬起。身体半侧向球网，球拍举在身前，双眼注视对方，如图 4-97 所示。

双打发球区比单打发球区短 0.76 米，发高远球易被对方扣杀，所以双打发球多以发网前球为主，接发球时要站在靠近前发球线的地方。双打接发球准备姿势和单打姿势基本相同。只是身体前倾较大，身体重心可前可后，球拍举得高些，在球飞行到网上最高点时击球，争取主动，但是要注意对方在右场区发平快球突袭反手部位。

2）接发各种来球。对方发高远球或平高球时，可用平高球、吊球或扣杀球还击；对方发网前球时，可用放网前球、平高球、高远球、平推还击；如对方发球质量不好，也可用扣杀球或扑球还击。

接发球一定要冷静沉着，以快制快。亦可以高远球还击，以逸待劳。不能仓促还击网前球，因为击球质量稍差，就有可能遭受对方的进攻。

图 4-97　接发球

（2）接发球学练方法。

1）依照先分解后连贯、从简单到复杂的顺序，按照技术动作要领进行挥拍练习。

2）进行各种辅助练习，体会技术要领。

3）在场上进行两人多球对练接发球。

4. 击球

击球是羽毛球运动的一项重要技术，只有熟练地掌握击球技术，才能积极主动地控制球速和落点，充分发挥击球的威力。

（1）击球基本技术。羽毛球的击球基本技术按场地区域划分，可以分为前场击球技术、中场击球技术、后场击球技术。

1）前场击球技术。前场击球技术包括放网前球、搓球、推球、勾球、扑球等。

①放网前球。将对方的吊球或网前球用球拍轻轻一托，使球一过网顶就朝下坠落，如图 4-98 所示。

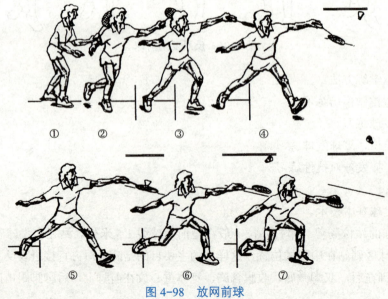

图 4-98　放网前球

②搓球。搓球是放网前球技术的一种发展。它动作细腻，击球点较高，利用搓、切、挑的动作，摩擦球托底部，使球改变在空中的正常运行轨道，产生沿横轴翻转或纵轴旋转越过网顶，给对方回击造成困难，因而为自己创造进攻的机会，如图4-99所示。

图 4-99　搓球

③推球。推球与网前的假动作相配合，在引诱对手上网时，突然将球快速推到后场底角，如图4-100所示。利用这种进攻技术，常能直接得分。

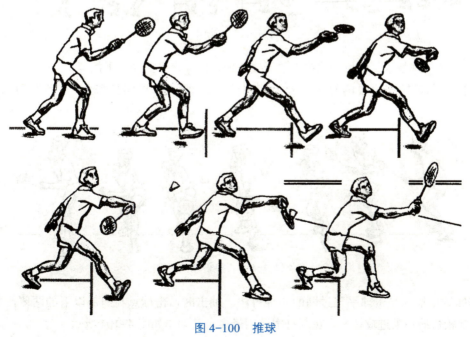

图 4-100　推球

④勾球。在网前回击对角线球叫勾球。它和搓球、推球结合起来运用，常能达到声东击西的作用，其动作如图 4-101 所示。

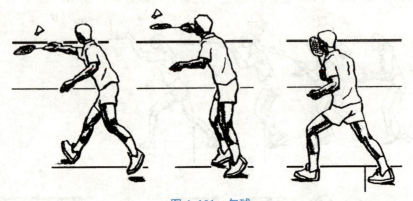

图 4-101　勾球

⑤扑球。当对方发网前球或回击网前球、球越过网顶时，球的弧度较高，运动员迅速上步在网前举拍扑杀，谓之扑球。扑球用力有轻有重，飞行的弧线较短，落地较快，常使对方挽救不及，它是双打中常用的一种进攻技术。扑球的动作如图 4-102 所示。

图 4-102　扑球

2）中场击球技术。中场击球技术包括接杀球、抽球、平推球、平挡等。

①接杀球是转守为攻的打法，分为挡网前球、抽后场球和挑高球，其动作如图 4-103 所示。

图 4-103　接杀球

②抽球。抽球是击球平飞过网的一种打法。抽击时，击球点在肩部以下的两侧，是下手击球速度较快的一项进攻技术，在双打中运用最多，其动作如图 4-104 所示。

图 4-104 抽球

3）后场击球技术。后场击高远球、平高球、吊球、杀球。

①高远球。击出高弧线飞行的、几乎垂直落到对方端线附近场区内的球，称为高远球。一般在自己处于被动的情况下，为了争取时间，调整上场位置，争取变被动为主动时就打出高远球，以使对方远离中心位置而退到端线附近去回击球。

a. 正手高远球（图4-105）。身体侧面对着球网，左脚在前，重心在后脚的前脚掌上，屈肘将拍举到肩上，拍面对网。当球下落时，引拍至头后，在右腿蹬地和腰腹协调用力下，大臂带动前臂向上。肘关节上升，前臂向前"甩"，触球时手臂伸直，"闪"动手腕，将球击出。击球后，顺势向前下挥拍，重心移左脚。

图 4-105 高远球

b. 头顶高远球（图4-106、图4-107）。准备击球时，应右脚在后，上体向左后仰，击球点选择在头顶前上方（或左前上方）。挥拍的路线是右臂的肘关节高举过肩，稍靠近头部，使球拍绕过头后再向前挥摆。在挥拍过程中，前臂稍微内旋带动手腕，后伸，经内旋向前屈腕；同时，肘关节急速制动，以鞭打状产生爆发力，将球击出（击球托的后下底部，成直线球；击球托的左后下底部，成对角线球）。击完球之后，球拍顺势经体前收至右胸前。

图4-106　头顶高远球（一）

图4-107　头顶高远球（二）

c. 反手高远球（图4-108）。准备击球时，改成反手握拍，右脚前交叉跨到左侧，背向网，重心在右脚，球拍举起，拍面向上。击球时，利用腿和腰腹的协调用力，以上臂带动前臂挥拍，在肘部上抬至与肩平行时，转为前臂带动腕部的"闪"动，在右侧上方伸直手臂向后击球，并有蹬地力量配合。击球后，迅速转体面对网，向中心位置回动。

图4-108　反手高远球

②吊球。把对方击来的球从后场轻巧地还击到对方的网前地区，叫吊球。它是调动对方、打乱对方阵脚、配合战术的一种击球技术。在后场进攻中，常和高远球、杀球结合运用。如能做到这三种击球的前期动作一致，就能造成对方判断上的失误，以巧取胜。击吊球的动作如图 4-109 所示。

图 4-109　吊球

③杀球。把高球在尽量高的击球点上用力扣压下去，这种球力量大、弧线直、下落快，是一种主要进攻技术。杀球动作如图 4-110 所示。杀球技术有正手、反手和绕头顶杀球三种。

图 4-110　杀球

（2）击球学练方法。

1）利用各种辅助手段反复进行挥拍练习。

2）移动步伐，调整重心进行固定击球技术单线路多球练习。

3）进行固定击球技术复线路多球练习，进行定位变向、定向变位练习。

5. 步法

羽毛球步法是在本方场区进行快速移动的方法。步法在实战中具有十分重要的作用，也是学习和掌握击球技术的基础。

（1）步法基本技术。快速、灵活、正确的步法是技术的基础。羽毛球的步法包括起动、移动、到位击球和回动四个环节。

1）起动。对来球有反应判断，即从中心位置上的准备接球姿势转为向击球的位置上出发，称为起动。

2）移动。移动主要是指从中心位置起动后到击球位置的移动方法。影响移动速度的因素有步数的多少、步频的快慢和步幅的大小。移动的方法通常采用垫步、交叉步、小碎步、并步、蹬转步、蹬跨步、腾跳步等。运用这些步法，构成从中心位置到场区不同方位击球的组合步法：上网步法、两侧移动步法和后退步法。

①上网步法。无论正手还是反手，根据来球的远近，均可采用一步、两步、三步上网。一步上网，来球距离较近时，右脚跨出一大步即可，正反手相同，如图4-111所示。两步上网，来球距离稍远时，以左脚先向来球方向迈一小步，然后右脚跨出一大步，如图4-112所示。三步上网，来球距离稍远时，右脚向前一小步，左脚向右迈一步，右脚再跨一大步。

图4-111　一步上网　　　　图4-112　两步上网

②两侧移动步法。

向右移动：左脚蹬地，右脚向右跨一大步。来球较远时，可用左脚先向右垫一小步，右脚再向右跨一大步。

向左移动：右脚蹬地，左脚向左跨一大步。来球稍远时，左脚先向左移半步，右脚再向左跨一大步。

③后退步法。

a.正手后退。有侧身并步后退和交叉步后退两种。

侧身并步后退：右脚向右手撤一小步，转身侧对网，左脚并步靠近右脚，右脚再向后移至来球位置。

交叉步后退：右脚撤后一小步，左脚从体后交叉后退一步，右脚再后移至来球位置（图4-113）。

b.反手后退。右脚先后撤一步（或垫一步），身体左转，左脚向左后退一步，右脚再跨出一步。如站位较靠后，可左脚向左后撤一步，上体左后转，右脚再向左后跨一大步。

3）到位击球。移动本身不是目的，是为击球服务的。所谓"步法到位"，就是指根据不同的击球方式，运动员应站到最适合这种击球的、最有利的位置上。

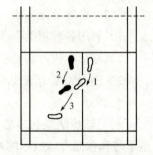

图4-113　交叉步后退步法

4）回动（回中心位置）。击球后，应尽力保持（或尽快恢复）身体平衡，并即刻向中心位置移动，以便在中心位置上做好迎击下一个来球的准备，称为回动。所谓"中心位置"一般是指场区的中心略靠后的位置（单打）。因为这个位置最有利于平衡兼顾，向场区各个方向去迎击球。

（2）步法学练方法。

1）做好准备姿势，看手势信号做起动练习。

2）按不同的步法逐个进行练习。

3）多球练习。

4）一对一比赛。

三、羽毛球基本战术

羽毛球战术是根据对手的技术、打法、体力等实际情况，从发挥自己的长处、弥补自己的短处出发，为争取比赛胜利而采取的各种对策。羽毛球基本战术包括单打战术和双打战术。

1. 单打战术

（1）发球抢攻战术。发球不受对方干扰，发球者可以根据规则，随心所欲地以任何方式将球发到对方接球区的任意一点。善于利用多变的发球术，能先发制人，取得主动。以发平快球和网前球配合，争取创造第三拍的主动进攻机会，组成发球抢攻战术。

（2）吊、杀上网战术。先在后场以轻杀配合吊球把球下压，落点要选择在场地两边，使对方被动回球。若对方还击网前球，便迅速上网搓球或钩对角快速平推球；若对方在网前挑高球，可在其后退途中把球直接杀到对方身上。

（3）逼反手战术。后场反手击球用来对后场反手较差的对手加以攻击。先拉开对方位置，使对方反手区露出空当，然后把球打到反手区，迫使对方使用反拍击球。例如，先吊对方正手网前，对方挑高球，吊方便以平高球攻击对方反手区。在重复攻击对方反手区迫使其远离中心位置时，突然吊对角网前。

（4）打四点球突击战术。以快速的平高球、吊球准确地打到对方场区的四个角落，迫使对方前后左右奔跑，当对方来不及回中心位置或失去重心时，抓住空当和弱点进行突击。

2. 双打战术

（1）攻人战术。攻人战术是双打比赛中常用的一种战术。在对方两名队员技术水平不平衡时，一般都采用这种战术，即使对付两名技术水平相差不大的对手时也可灵活运用。先通过将球下压或控制前场取得进攻机会，然后集中力量"二打一"，避其所长，攻其所短。

（2）攻中路战术。攻中路战术是将球击到对方两名队员站位之间的空隙，从而造成对方经常出现争抢回击，或相互让球漏接等错误，尤其针对一些配合不够默契的对手，行之有效。当对方前后站位时，可将球击到对方中场两侧边线处。而在对方分边左右站位防守时，则可利用扣杀球、吊球等技术攻击对方的中路。

（3）攻后场战术。采用重复打高远球或平高球的技术，压对方后场两角，迫使对方处于被动状态，一旦其回球质量不高，便伺机杀、吊对方的空当。

（4）后攻前封。后场队员积极大力扣杀创造机会，在对方接杀放网、挑高球或企图反击抽球时，前场队员以扑、搓、钩、推控制网前，或拦截吊、点封住前半场，使整个进攻连贯而又有节奏变化，使对方防不胜防。

四、羽毛球竞赛规则简介

1. 竞赛项目

羽毛球竞赛项目可分为单项赛和团体赛两大类。在一次比赛中，还可按年龄分组，以专业或业余分项目竞赛。

（1）单项赛项目。单项赛包括男子单打、女子单打、男子双打、女子双打、混合双打五个项目。

（2）团体赛项目。团体赛有男子团体、女子团体和男女混合团体三个项目。一场羽毛球团体赛由数场比赛组成，常用的比赛赛制有三场制、五场制、多场对抗赛制。

2. 比赛场地

羽毛球场为一长方形场地，长为13.40米，双打场地宽为6.10米，单打场地宽为5.18米。球场上各条线宽均为4厘米，丈量时要从线的外沿算起。球场界限最好用白色、黄色或其他易识别的颜色画出。羽毛球场地横向被中线平分为左右两个半区；纵向被分为前场、中场、后场。球场外面两条边线是双打场地边线，里面的两条线是单打场地边线。双打边线与单打边线相距0.46米，靠近球网1.98米与网平行的两条线为前发球线，离端线0.76米与端线相平行的线为双打后发球线。

羽毛球网全长为610厘米，宽为76厘米。球网的最上端用7.5厘米的白布对折缝合，用细钢丝绳从中穿过，并悬挂在两端的网柱上（球网中心距离地面高度为1.524米，在网柱上的两端距地面1.55米）。球网一般用深绿色或深褐色的优质绳子，以2厘米左右的小方孔编织而成。男女羽毛球的网高都一样。

3. 简要竞赛规则

（1）计分。除非另有商定，一场比赛以三局两胜定胜负；21分制，直接得分。

（2）交换场区。以下情况运动员应交换场区：第一局结束；第三局开始前；决胜局一方获得11分后。

（3）发球。

1）发球时任何一方都不允许违规延误发球。

2）发球员和接发球员都必须站在斜对角发球区内发球和接发球，脚不能触及发球区的界线；两脚必须都有一部分与地面接触，不得移动，直至球发出。

3）发球员的球拍必须先击中球托，与此同时整个球要低于发球员的腰部。

4）击球瞬间，球拍杆应指向下方，从而使整个拍头明显低于发球员的整个握拍手部。

5）发球开始后，发球员的球拍必须连续向前挥动，直至将球发出。

6）发出的球必须向上飞行过网，如果不受拦截，应落入接发球员的发球区内。

7）一旦双方运动员站好位置，发球员的球拍头第一次向前挥动即发球开始。

8）发球员须在接发球员准备好后才能发球。如果接发球员已试图接发球，则被认为已做好准备。

9）一旦发球开始，球被发球员的球拍触及或落地即发球结束。

双打比赛，发球员的同伴或接发球员的同伴站位不限；但不得阻挡对方发球员或接发球员的视线。

（4）违例。

1）发球不合规。

2）球员发球时未击中球。

3）发球时，球过网后挂在网上或停在网顶。

4）比赛时，球落在球场界线外；球从网孔或网下穿过；球不过网；球碰屋顶、天花板或四周墙壁；球触及运动员的身体或衣服；球触及场外其他人或物体。

5）比赛时，球拍与球的最初接触点不在击球者网的这一方（击球者击球后，球拍可以随球过网）。

6）比赛进行中，运动员球拍、身体或衣服触及网或网的支撑物；运动员的球拍或身体从网下侵入对方场区，妨碍对方或使对方分散注意力；妨碍对方，如阻挡对方紧靠球网的合法击球。

7）比赛时，运动员故意分散对方注意力的任何举动，如喊叫、故作姿态等。

8）比赛时，球夹在或停滞在拍上，紧接着又被拖带；同一运动员两次挥拍连续击中球两次；同方两名运动员连续各击中球一次；球触及运动员球拍后继续向其后场飞行。

（5）重发球。

1）由裁判员宣判"重发球"，用于中断比赛。

2）遇不能预见或意外的情况，应重发球。

3）除发球外，球过网后挂在网上或停在网顶，应重发球。

4）发球时，发球员和接发球员同时违例，应重发球。

5）发球员在接发球员未做好准备时发球，应重发球。

6）比赛进行中，球托与球的其他部分完全分离，应重发球。

7）司线员未看清楚，裁判员也不能做出决定时，应重发球。

8）"重发球"时，最后一次发球无效，原发球员重新发球（发球错误的除外）。

（6）死球。下列情况为死球。

1）球撞网并挂在网上，或停在网顶。

2）球撞网或网柱后，开始在击球者这一方落向地面。

3）球触及地面。

4）"违例"或"重发球"已被宣报。

第六节　网球运动

一、网球运动概况

1. 网球运动的起源与发展

网球作为世界上最流行的体育项目之一，一向被称为"贵族运动""高雅运动""文明运动"。同时，网球运动是最时尚的运动之一。网球运动的由来和发展可以用四句话来概括：孕育在法国，诞生在英国，开始普及和形成高潮在美国，现在盛行全世界，被称为世界第二大球类运动。

在12—13世纪的法国，在传教士中流传着一种用手掌击球的游戏，方法是在教堂的回廊里，两人隔一条绳子，用手掌将用布包着头发制成的球打来打去。

视频：漫谈网球

后来此种游戏逐步发展成了现在这样的网球运动。英语网球"Tennis"是从法语"Tenez"（运动员发球时提醒对方注意的感叹词）演变而来的。14世纪中叶，这种供贵族消遣的室内活动从法国传入英国。16—17世纪，是法国和英国宫廷从事网球活动的兴盛时期，平民百姓无缘涉足，网球运动被称为"贵族运动"。

1873年，英国人M.温菲尔德改进早期的网球打法，变成夏天在草坪上娱乐，名为草地网球。1875年，英国的板球俱乐部制定了网球比赛规则。1877年7月，在温布尔顿由全英板球俱乐部举办了第一次草地网球冠军赛。后来这个组织把网球场地改为长方形（23.77米×8.23米），每局采用15、30、40等记分法，球网中央的高度为99厘米。1884年，由英国伦敦玛丽勒本板球俱乐部把球网中央高度改定为91.40厘米。从此，网球运动走向民间。

1912年3月1日，澳大利亚、英国、法国等12国的网协代表，在巴黎召开会议，成立了国际网球联合会，总部设在伦敦。1980年，中国网球协会被接纳为该会正式会员。

2. 网球运动的特点和作用

网球运动是一项深受人们喜爱、富有乐趣的体育活动，具有很高的锻炼价值，它既是一种自我娱乐和增进健康的手段，又是一种艺术追求和享受，同时还是一个观赏性很强的体育竞赛项目。

（1）网球运动的特点。

1）对身体要求低。网球是一项男女老少、高矮胖瘦均可玩，节奏可控的运动，运动寿命长。

2）有充足的快感。打网球的动作大、力量足、击球时的声音清脆悦耳，可以释放压力，宣泄不良情绪。

3）有很高的观赏性。网球场地大，球飞行的距离远，但节奏却很快。网球是一项追求力和美的运动，每一次挥拍都具备十足的观赏性。

（2）网球运动的作用。

1）增强体质，促进健康。网球运动是一项男女老少皆宜的运动，运动量可大可小，可以自行调节。练习网球，可以使人们动作敏捷、判断准确、反应迅速，提高速度、力量、柔韧、灵敏等身体素质，对改善人体运动系统、循环系统、呼吸系统、神经系统及抵抗各种疾病、适应外界的能力都有重要的作用，从而有效地增强人们的体质和健康。

2）强化人的心理品质。网球是一项需要全身各部位肌肉参与的运动，若是单打比赛，场上只有对手和自己，所有的难题只有依靠自己去面对和解决，因此，网球也可以说是一种智力对抗活动，需要参与者精力高度集中。

3）团结协作，增进友谊。习练网球需要一个对手或球友，通过网球运动可以交流球艺，增进友谊。特别是参加双打比赛，可以培养人们相互信赖、团结协作、密切配合的合作意识。它还是一项新的社交活动，可以促进彼此的沟通和理解。

4）改善心理、净化心灵。网球运动没有粗暴的身体接触，更多的是从容优雅，带有技巧感和控制，需要兼其力量和智慧，需要身体各部分协调发力。网球运动有文明、高雅的文化底蕴，有谦虚、自信的文化氛围，也有良好的球风、球德，有利于改善心理、净化心灵。

二、网球基本技术与学练方法

1. 握拍的方法

目前，网球基本的握拍方法可分为东方式握拍法、西方式握拍法、大陆式握拍法三种。

（1）东方式握拍法。东方式握拍法分为正手握拍法和反手握拍法。

1）正手握拍法。如图4-114所示，握拍手的虎口对正拍柄右上侧棱，手掌根与拍柄右上斜面紧贴，拇指垫握住拍柄的左垂直面，食指稍离中指，食指下关节压住拍柄右垂直面，五指紧握拍柄。拍面与地面垂直，手握拍柄好像与人握手一样，也称"握手式"握拍法。

2）反手握拍法。在正手握拍法的基础上把手向左转动1/4（即转动90°）或拍柄向右转动1/4（即转动90°），虎口对正拍柄左侧棱面。即用手掌根压住拍柄的左上斜面，拇指直贴在拍柄的左垂直面上，食指下关节压住右上斜面。

（2）西方式握拍法。如图4-115所示，握拍时，球拍面与地面平行，拇指与食指几乎成直角，拇指直伸压住拍上平面，食指下关节握住右上斜面，与拍底平面对齐，手掌从上面握住拍柄。这是底线上旋攻击型打法的首选握拍方法。这种握拍法的优点在于能击出强有力的上旋球，且稳定性强。但是其技术难度相对较大，初学者在开始学习时较难掌握。

图4-114　东方式握拍法　　　　　　图4-115　西方式握拍法

（3）大陆式握拍法。如图4-116所示，其形状像握着锤子的样子，所以又称为握锤式握拍法。由拇指与食指形成的"V"形虎口放在拍柄的上平面与左上斜面的交界线上，手掌根部贴住上平面，与拍柄底部平齐，拇指与食指不分开，食指与其余三个手指稍分开，食指下关节紧贴在右上斜面上。这种握拍法的优点在于无论是正、反手击球时都不需要转换握拍，简单灵活。但是底线击球时不容易发力，因此是底线的攻击性打法所不适宜采用的握拍方法。

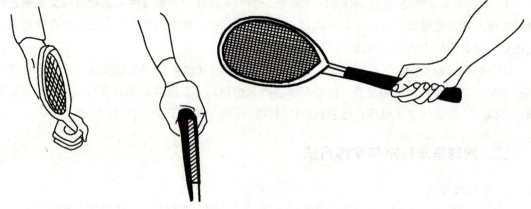

图 4-116　大陆式握拍法

2. 步法移动方式

（1）步法移动基本技术。

1）两侧蹬跨步法。通常在对方来球速度较快、落点比较偏内时运用较多。向右侧蹬跨步时，身体重心先移至左脚上，随即左腿迅速用力蹬伸，在右腿向右侧跨出的同时，髋关节旋外，落地后成侧弓箭步状。击球后，右腿随即旋内蹬伸回动。向左侧蹬跨步则相反而行。

2）并步右侧移动步法。从起动开始，身体侧向右侧，身体重心移向右脚，左脚向右脚并步靠拢，并以前脚掌着地向右侧蹬伸，右脚在左脚并步未落地时，髋关节旋外后向右侧跨出一大步，落地时脚尖朝向右侧方向。击球后，右腿随即再旋内蹬伸回动。这种步法通常在对方来球距边线较近时运用。

3）左侧前交叉移动步法。起动时，左脚先向左侧迈一小步，随即以左脚为轴，身体左转，右脚向左侧跨一大步，呈背对球网姿势击球。击球后，右腿迅速蹬伸，右转体，还原成面对球网姿势，并利用左脚并步调整身体重心和回动。这种步法与并步一样，通常在对方来球距边线较近时运用。

（2）步法移动学练方法。

1）持拍练习时，应着重练习脚步动作。

2）持拍练习时，应结合挥拍动作。

3）适时进行综合性练习。

3. 击球

（1）击球基本技术。

1）正手击球。从准备姿势开始（右手持拍为例），以右脚为轴，向右转肩转髋，同时左脚前跨一步使两脚与肩同宽。身体左侧对球网，重心移到右脚上，转体同时带动球拍直接后引，将拍面引到与身体平行。球拍高度齐膝，拍头略高于手腕，左臂微前伸保持身体平衡。挥拍击球时身体重心移至左脚，并以左脚为轴向左转髋转肩，带动右手臂向前迎击球的中部，击球点在左脚侧前方。球离弦后，球拍随惯性挥至左肩上方，并迅速还原到准备姿势，如图 4-117 所示。

图 4-117　正手击球

2）反手击球。从准备姿势开始，以左脚为轴，向左转肩转髋，同时右脚跨出一步，使两脚与肩同宽，身体右侧对球网，重心移至左脚上。转肩同时左手转动拍颈使右手成东方式反手握拍，并带动球拍后引与身体平行，击球肘贴近身体，左手轻持拍颈，拍头略低于来球。击球时身体重心移至右脚，左手放开拍颈，以右脚为轴向右转髋转肩，带动右手臂由下向前上挥拍击球中部偏下，击球点在右脚侧前方。击球后球拍随惯性继续挥至右肩上方，并迅速恢复成准备姿势，随时回击下一次来球，如图 4-118 所示。

图 4-118　反手击球

3）双手反手击球。当判断准来球是飞向反手方向时，在移动到位的最后一步应保持右脚在前，身体右侧朝向来球方向。双手握球拍向左后挥摆，右臂伸展较大，左臂弯曲。在迎球过程中，挥臂与转体动作配合，使球拍由低向高挥动，击球点在右脚侧前方，拍面垂直，触球的中部。击球后双手随势挥至右侧头部高度，身体重心移向右脚。动作完成后，迅速恢复成准备姿势。

（2）击球学练方法。

1）熟悉球性练习。

①用球拍向上颠球。可先用球拍一面颠球，熟悉后用球拍正、反两面交替颠球。

②用球拍向下拍球。先原地拍球，再移动拍球、转圈拍球。

③抛接球练习。将球抛起，用球拍接球，尽可能让球不要在球拍上弹起，多次反复练习。

2）单人的练习方法。徒手挥拍模仿练习。巩固、熟练正确的正、反手挥拍击球技术，体会挥拍时向后拉拍、转肩及腰部扭转和重心交换等动作要领。

原地对着挡网站立，自抛球，用正手打不落地球。一定次数后，再打落地反弹下降至腰高的球；原地对着挡网站立，进行反手的自抛球落地击球练习。

站在底线后，用多个球练习。分别练习正手击打不落地球过网，然后击打落地球过网。

对墙稍远站立，正手击打落地球上墙，反弹落地两次后，再正手击打，反复练习，然后交换练习反手击球。

与墙保持一定距离，进行正手连续击球，争取最多的回合而不失误，再进行反手练习。

3）两人（多人）练习方法。一人面对挡网3米左右站立，另一个人背靠挡网正面抛球，让同伴进行正手击球练习。视掌握熟练程度，再逐渐拉长距离击球，反复练习，然后进行同样的反手击球练习。

一人站在底线中间，另一人站在网前用球拍喂送多球，让同伴依次正手多球练习，然后进行反手多球练习。在练习的过程中，喂送球的落点逐渐向两侧移动，加大难度。要求每次击球结束后，迅速回到底线中间，准备下一次击球。

两人分别在底线练习多回合正手击球和多回合反手击球。先固定线路，逐渐加大难度到不定点线路。

网前两人截击，底线一人正、反拍定点或不定点破网练习，以缩短回击球时间，增加练习的密度和难度。

4. 发球

（1）发球基本技术。

1）准备姿势：采用大陆式或东方式反手握拍法。侧身站立在端线外中场标记旁，左肩对着左边网柱，面向右边网柱，两脚分开约同肩宽，左脚与端线约成45°角，与端线平行，重心在左脚上。左手持球轻托球拍在腰部，拍头指向前方。

2）抛球与后摆：抛球与后摆拉拍动作是同步开始的，持球手拇指、食指和中指三指轻轻托住球，掌心向上。当球拍从身后向头上方做大弧度摆动，身体做转体、屈膝、展肩时，持球手柔和地在身前左脚前上举，直至伸直高及头顶。此时右肘向后外展约同肩高，拍头指向天空，左侧腰、胯成弓形，身体重心随着抛球开始先移向右脚，然后平稳地开始前移。此刻，肩与球网成直角。

3）击球动作：当左手抛出球时，球拍继续向上摆起，这时候持拍手的肘关节放松，可以使向前转动的身体和右肩自动地让手臂和身体充分伸展。当身体向前上方伸展击球时，肩、手臂已经回转，双肩与球网平行。挥拍击球时，持拍手腕带动小臂有一个旋内的"鞭打"动作。

4）随挥动作：球发出后，身体向体内倾斜，保持连续的向前上方伸展的随挥动作。球拍挥至身体的左侧（美式旋转发球球拍随挥至身体的右侧），重心移向前方，做到完美自然地跟进并保持身体平衡。

（2）发球学练方法。

1）掌握正确的发球握拍法。

2）抛球练习，好的发球都有一个准确而又稳定的抛球，因此要反复练习抛球。

3）徒手做发球前的准备姿势，模仿抛球及发球的完整动作，多体会放松、准确、协调、完整、舒展的发球动作。

4)在场地上用多球进行抛球与击球相结合的练习(抛打结合),边模仿,边练习,边体会。

5)先练习发不定点球,后练习发定点球,逐步提高难度,即在发球区内不同的落点设立目标,将球发向规定的目标。

6)在安排练发球时,可在规定的时间内发一定的命中数量或在规定的数量内要求一定的命中率,以此来提高发球的命中率和准确性。

7)练习发各种不同性能的球,并熟练掌握。

5. 接发球

接发球是网球基本技术之一,也是最难掌握的技术。由于发球千变万化,接发球方往往处于被动地位,随着发球技术的不断提高,接发球的重要性越来越受到重视。

(1)接发球基本技术。

1)准备姿势及站位。接发球的准备姿势只要能以最快的速度还击球就行。当对方发球前,可以两膝弯曲,两腿叉开;当对方抛球准备击球时,可以重心升起两脚快速交替跳动,并判断来球准备回击。接第一发球时站位稍靠后些,接第二发球时站位稍靠前些。

2)击球动作。接发球的关键在于快速灵敏的判断、反应和充分的准备。当击球点在身体前面时,在判明来球的方向后,即向后转动双肩,马上向前迎击来球。迎上去顶击球时,要握紧球拍,手腕保持固定,使拍面正对着来球。

(2)接发球学练方法。

1)多球接发球练习。练习者站于中场,接发球者发来的球,应注意发球的落点、力量、旋转、速度等因素,尽量与实际发球相似。可规定接发球者用正手或是用反手回球。

2)提高接发球准确性的练习。多人轮流发球,要求练习者把球回击到指定的区域内。

6. 截击球

截击球是指凌空击对方来球的技术动作,即在球在落地之前将来球击回对方场区,可以在网前截击,也可以在场内任何地方截击空中球。截击球以网前截击为主。截击球的特点是缩短击球距离,扩大击球的角度,加快回球速度,在网球比赛中成为一种主要打法和进攻手段。

(1)截击球基本技术。

1)正手截击球。如图 4-119 所示,后摆引拍时,左脚立即向右前方跨出,同时转肩,带动球拍向后引,拍头要高于握拍手,绷紧手腕,握紧球拍。截击球的动作有点像挡击或撞击,在拍面短促向前撞击的同时微微向下做切削球的动作,击球时保持拍头上翘,拍面稍向后仰。击球后有一个小幅度向前的随挥动作,随挥过程仍紧握球拍。

图 4-119　正手截击球

2）反手截击球。对大多数人来说，反手截击比正手截击更容易，因为它更符合人体解剖学肌肉用力结构特点。其技术要点是：如图4-120所示，后摆引拍时，右脚立即向左前方跨出，左手扶拍手向后拉拍，同时转肩，做短距离后摆引拍动作，拍头高于握拍手，眼睛注视来球。挥拍击球时，左手松开稍后伸，右手握紧球拍前挥并在身体前方切削来球。向前挥拍时，两只手的动作好像在拉长一根橡皮筋，以保持身体平衡。

图4-120　反手截击球

（2）截击球学练方法。

1）对墙距离2米左右，用球拍颠球5次，然后正手将球推送上墙，再用球拍接住球颠5次。连续10个回合后，改颠球4次，再连续10个回合，改颠球3次，依此类推，直到直接与墙进行不颠球连续正手截击球练习为止。

2）分别进行正反手依次对墙截击球练习。随着对墙练习的熟练程度的提高，逐渐与墙拉开距离，进行正反手截击球练习。

3）网前正、反手截击球练习。一人送球，练习者在网前连续截击正手球或反手球，随着技术的熟练，提高控制球的线路和落点。

4）两人在网前相距3米左右，进行直线的连续正手截击球练习，然后再进行反拍直线截击球练习，可适当拉开距离。

5）在网前中场或近网对底线进行截击球练习。先单线定点，后可加大难度，进行左右移动截击或不定点截击。

7. 高压球

（1）高压球基本技术。高压球（图4-121）动作与发球的动作相似，握拍也和发球握拍相同；准备击球时，非持拍手上举，指向来球的方向；击球和发球时的击球一样，击球点在右眼前上方，近网高压球的击球点可偏前，便于下扣动作的完成，远网后场的击球点可稍后些；击球动作向前下方挥击以防下网，击球后跟进动作应尽量像发球动作那样完整，起跳高压时要保持身体的平衡。

图4-121　高压球

（2）高压球学练方法。

1）原地持拍做模仿练习，结合步法做挥拍练习。

2）用多球进行各种高压球练习，从网前过渡到中场、后场，逐渐加大难度。先用手抛，后用拍送抛球；先定点，后不定点。

3）一人底线挑高球，一人在网前高压球。

8. 挑高球

挑高球是指一方上网截击，占据有利位置，另一方打出弧度很高的球，将球挑过上网方的头顶，并落在界内，如图4-122所示。挑高球不仅是被迫使用的一项防御技术，而且它可以破坏对方的进攻节奏，改变对方回球的速度，能削弱对方的网前优势，使自己从被动转变为主动。

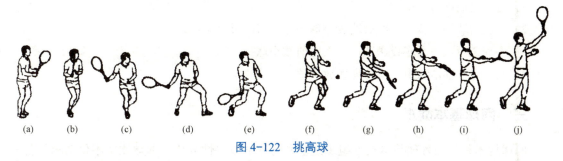

图4-122 挑高球

（1）挑高球基本技术。

1）防守性挑高球。击球时拍面朝上，触球是在球的中下部，由后下方向前上方平缓挥拍击球。似"舀送"动作的击球法，是为了更好地控制球的高度和深度，尽量使球在球拍上停留时间长一些，动作要柔和。随挥动作与底线正、反拍击下旋球一样，跟进动作应充分，结束动作高于上旋高球结束动作，面对球网，重心稍后。

2）进攻性挑高球。挑高球动作要尽可能和底线正、反拍上旋抽击球动作一样。完成拉拍动作时，要使手腕保持后屈。在挥拍击球时，拍面垂直，拍头低于手腕的位置，采用手腕与前臂的滚翻动作，由后下向前上挥拍，做弧线鞭击球动作，使球拍在击球瞬间进行擦击，以产生强力上旋，击球点在身体侧前方，重心落在后脚。击球后，球拍必须朝着自己设想的出球方向充分跟进，随挥动作要放松并在身体左侧结束。

（2）挑高球学练方法。

1）利用多球进行练习。练习者在端线后，反复向对方端线挑高球，先定点练，然后再在跑动中不定点练习，逐渐加大难度。

2）网前一人进行高压，一人在底线练习挑高球。

9. 放小球

放小球和挑高球一样，是为了战略的需要。掌握放小球这样细腻的球感，需要长时间的练习和经验。

（1）放小球基本技术。小球击球的准备动作与正、反拍击球动作相同，球拍后引，侧身对网,拍头高于设想的击球点;击球时拍面稍开,动作柔和,触球点在球的下部,使球产生下旋,并以适当的前推或上托动作把球击出,使球以适当的弧线落在对方球场近网处。击球后身体重心向击球方向跟进,自然地完成随挥动作,如图4-123所示。

图4-123 放小球

(2)放小球学练方法。

1)连续对墙练习放小球。

2)一次对墙抽击球,一次对墙放小球练习,依次反复练习。

3)多球练习。一人底线送球,一人网前放小球。

4)两人底线抽击球中,练习突然放小球。

三、网球基本战术

网球战术是运用各种基本技术组织进攻和防守的策略性方法。网球比赛不仅要求具备一定的技术水平,还要灵活运用战术,以便充分发挥优势。根据网球运动的规则和基本特点,网球战术可分为单打战术和双打战术。

1. 单打战术

(1)发球上网。发球时发出质量较高的球,使对方的回球不至于力量太凶猛或落点刁钻。自己应果断上网,移动到发球线与网之间,这样有利于发球速度和角度,造成对方失误。

(2)底线打法。底线打法首先要将球打深,球落在端线前面,而不是发球线附近。同时利用落点调动对方,或者抓住对方的弱点作为突破。在有机会的情况下也可上网截击。

(3)综合打法。根据对手的情况,采用不同的打法。如对方频频上网,可采用挑高球迫使对手退回去;如对方底线技术很好,可适当放一些小球诱使对手上前,再用力将球打深来调动对手。综合打法就是将底线和上网两种打法结合起来,根据场上情况,随机应变。

2. 双人战术

(1)协作配合战术。双打要求两个队员配合得像一个人;能做到瞬间的默契配合,是双打战术成功与取胜的关键。双打中两个人相互间的距离不能拉开3.5米以上,可以想象为两个人被一根松弛的绳子相连接,这根绳子使两人一块儿向前、向后、向左和向右移动。

(2)协同防守。当自己的同伴回到端线去救高球时,自己不应当继续留在网前,因为这样会使两人之间出现漏洞,让对方打出落点很好的"破网"球来。所以,当同伴退回去时,自己也要跟着退,使自己一方处于最佳的防守位置。退回端线后虽然被动了,但一旦出现浅球时,两人还可立即一块儿向前,回到网前。

四、网球竞赛规则简介

1. 比赛场地与设施

网球赛场的占地面积为长 23.77 米，宽 10.97 米。端线以后至少应有 6.4 米的空地，边线以外至少要有 3.66 米的空地。球网用尼龙线编织而成，网孔大小以不让球通过为标准，球网顶端距离地面 0.914 米。

球为白色或黄色，外表毛质均匀。球的直径为 6.35～6.67 厘米，质量为 56.7～58.5 克。

网球球拍的材质有木质球拍、铝合金球拍、钢质球拍和复合物（尼龙、碳素）球拍。球拍由弦线上下交织编制或连接而成，每条弦线必须与拍框连接，拍框和拍柄的总长不超过 73.66 厘米，拍框的总宽度不超过 31.75 厘米。

2. 比赛计分方法

（1）胜 1 局。

1）每胜 1 球得 1 分，先胜 4 分者胜 1 局。

2）双方各得 3 分时为"平分"，平分后，净胜两分为胜 1 局。

（2）胜 1 盘。

1）一方先胜 6 局为胜 1 盘。

2）双方各胜 5 局时，一方净胜两局为胜 1 盘。

（3）决胜局计分制。在每盘的局数为 6 平时，有以下两种计分制。

1）长盘制：一方净胜两局为胜 1 盘。

2）短盘制：决胜盘除外，除非赛前另有规定，一般应按以下办法执行。

①先得 7 分者为胜该局及该盘（若分数为 6 平时，一方需净胜两分）。

②首先发球队员发第 1 分球，对方发第 2、3 分球，然后轮流发 2 分球，直到比赛结束。

③第 1 分球在右区发，第 2 分球在左区发，第 3 分球在右区发。

④每 6 分球和决胜局结束都要交换场地。

（4）短盘制的计分。

1）第 1 个球（0∶0），发球员 A 发 1 分球，1 分球之后换发球。

2）第 2、3 个球（报 1∶0 或 0∶1，不报 15∶0 或 0∶15），由发球员 B 发球，B 连发两分球后换发球，先从左区发球。

3）第 4、5 个球（报 3∶0 或 1∶2，2∶1，不报 40∶0 或 15∶30，30∶15），由 A 发球，A 连发两球后换发球，先从左区发球。

4）第 6、7 个球（报 3∶3 或 2∶4，4∶2 或 1∶5，5∶1 或 6∶0，0∶6），由 B 发 1 分球之后交换场地，若比赛未结束，B 继续发第 7 个球。

5）比分打到 5∶5，6∶6，7∶7，8∶8……时，需连胜两分才能决定谁为胜方，但在记分表上则统一写为 7∶6。

6）决胜局打完之后，双方队员交换场地。

3. 发球规则

（1）发球前的规定。发球员在发球前，应先站在底线后中点和边线的假定延长线之间的

区域里,然后用手将球向空中任何方向抛起,在球接触地面以前用球拍击球。只要球拍与球接触,就算完成了球的发送。

发球时,发球员不得向上抛起两个或两个以上的球,否则判重发。如果是故意的,应判失分。

(2) 发球时间。发球员须待接球员准备后,才能发球。接球员做还击姿势就算已做准备。如接球员在发球员做出击球动作后又表示尚未准备好,这时即使发球员所发的球没有落到发球区内,也不判发球失误。

(3) 发球位置。每局比赛开始发球时,发球员应先从右区端线后发球。得或失一分后,应换到左区发球。如果发球位置出现错误而未被察觉,比分仍然有效。一旦察觉,应立即纠正。

(4) 发球失误。发球时如果出现发球脚误、未击中球、发出的球在落地前触及固定物等现象时,均判失误。

1) 脚误。发球员在发球动作中,两脚只准站在端线后中点和边线的假定延长线之间,不能触及其他区域,不得通过行走或跑动改变原站的位置(发球员发球时如两脚轻微移动而未变更原位,不算行走或跑动)。否则,就会被判为脚误。

2) 击球未中。发球员在发球时由于用力过猛、动作不协调等原因而未击中抛出的球称为击球未中。

如果发球员在向上抛球准备发球时,又决定不击球而将球接住,这不算失误,判重发。

3) 固定物。单打比赛在双打场地上进行时,使用了单打支柱。发出的球如果触及单打支柱后落入了规定的发球区内,应判失误。因为单打支柱、双打支柱,以及其间的球网、网边白布均系固定物。

(5) 发球无效。当合法的发球触及球网、中心带、网边白布后,仍落到对方发球区内时,或当合法的发球触及球网、中心带、网边白布后,在落地前又触及接球员的身体或其正在做准备时,无论发出的球成功还是失败,均判发球无效。重发球时,前次发球不予计算,但原先的第一次发球失误不予取消。

(6) 发球次序。第一局比赛终了,接球员成为发球员,发球员成为接球员。以后每局终了,均依次互相交换直到比赛结束。

如发球顺序发生错误时,发觉后应立即纠正,由此轮发球的球员发球,发觉错误前双方所得的分数都有效。如果发觉前已有一次发球失误,则不予计算。如一局终了才发觉次序错误,则以后的发球顺序就以该局为始,按规定轮换。

4. 通则

(1) 失分。在网球规则中,如果出现以下情况均判失分:在球第二次着地前未能还击过网;还击的球触及对方场区界线以外的地面、固定物或其他物件;还击空中球失败;在比赛进行中,运动员故意用球拍拖带或接住球,或故意用球拍触球超过一次;"活球"期;运动员的身体、球拍(不论是否握在手中)或穿戴的其他物件触及球网、网柱、单打支柱、绳或银丝绳、中心带、网边白布或对方场区以内的地面;来球尚未过网即在空中还击,算过网击球;除握在手中的球拍外，运动员的身体或穿戴的物件触球；抛出手中的拍子击球；比赛进行中，运动员故意改变其球拍形状。

1)"活球"期。自球发出时起（除失误或重发外），至该分胜负判定时止，为"活球"期。

2)触网。在双打比赛中，甲、乙一队，丙、丁一队，甲发球给丁，丙在球着地前触网，而后球落在发球区外。这时应判丙与丁失分，因为球落在发球区外之前丙先触网了。

在比赛中造成失分的情况还很多：发球时，球拍从发球员手中飞出，在球触地面前触网，应判发球员失分（因为在"活球"期间球拍触网）；发球时，球拍从发球员手中飞出，在球接触发球区以外地面后触网，应判发球失误（因为当球拍触网时，已成"死球"）；运动员在"活球"期间跳过球网到对方场地，应判该运动员失分；站在发球区外的运动员，在对方发来的球落地前被击中，应判他失分；运动员站在场区外还击界外的空中球或用手接住球（除非他还击空中球为有效还击，比赛继续进行）判他失分。

(2) 交换场地。双方应在每盘的第一、三、五等单数局结束后，以及每盘结束双方局数之和为单数时，交换场地（如果一盘结束时，双方局数之和为双数则不交换场地，须等下一盘第一局结束后再进行交换）。

如果发生未按正常顺序交换场地的错误，一经发现应立即纠正，按原来顺序进行比赛。

(3) 压线球。压线球是指落在比赛线上的球，算界内球。

5. 双打

单打规则均适用于双打，但双打规则也有自己的特殊的规定。

(1) 发球次序。应在每盘开始之前决定发球次序。即每盘第一局开始时，由发球方决定由何人首先发球；对方则同样在第二局开始时决定由何人首先发球；第三局时由第一局发球方未发球的球员发球；第四局由第二局发球方未发球的球员发球。以下各局均按此次序轮换发球。

(2) 接球次序。与发球次序一样，在每盘开始之前要决定接球次序。即先接球的一方应在第一局开始时，决定何人先接发球，并在这盘单数局继续先接发球；对方同样应在第二局开始时决定何人先接发球，并在这盘双数局继续先接发球。他们的同伴应在每局中轮流接发球。

(3) 发球次序错误与接球次序错误。发球次序错误应在发觉时立即纠正，但已得的分数或已成的失误都有效。如发觉时全局已经终了，此后发球次序就以该局为准轮流发球。

接球次序错误发觉后仍按已错误的次序进行，等到下一接球局再行纠正。

第五章　形体运动

第一节　健美操

一、健美操概述

1. 健美操的起源与发展

"健美操"一词源于英文"Aerobics"，意为"有氧运动""有氧健美操"，最早是美国太空总署为宇航员设计的室内体能训练内容。健美操的魅力在于将音乐融进了当时流行的迪斯科，动作融合了时尚的霹雳舞等现代舞蹈，鲜明强烈的节奏催人奋进，激情奔放的身体动作很具感染力，使人们在轻松、愉悦的气氛与心态中达到锻炼的目的。

20世纪80年代初，当世界性的健美操热刚刚踏进国门的时候，最先接受它的是高校，得到普及的是高校，开始向社会推广的也是高校。一时间各种类型的健美操中的流行旋律、时尚动作占据了校园文化阵地，开创了高校健美操蓬勃发展的新局面。无数大学生开始认识健美操、参与健美操，并受益于健美操。

高校健美操热促进了学校体育教学的改革，健美操已被列入学校体育教学大纲，这为健美操在学校的普及奠定了良好的基础。不仅如此，随着健美操运动的迅速推广，高校之间的健美操竞赛活动也日渐频繁，使健美操运动的发展形成了良性循环。高校的健美操热也促进了全民健身热潮的兴起，其以新颖的锻炼方式、良好的锻炼效果很快被向往健美的人群所接受，越来越多的以健美操为主要健身方式的健身中心、健身俱乐部应运而生，成为健身市场一道靓丽的风景线。

2. 健美操的分类

健美操运动可分为健身健美操、表演性健美操和竞技健美操三大类。

（1）健身健美操。健身健美操的目的在于增进健康，可为社会不同年龄层次的人所采用。它根据练习对象的需求进行创编，动作简单易学，节奏稍慢，时间长短不等，可编排5分钟到1小时。例如，美国著名健美操明星简·方达所编的初级健美操，一套有27分钟；在日本，一般的健美操约1小时。目前，我国健身健美操运动开展非常广泛，各种成套健美操动作的练习时间、场地、人数、内容、动作名称、节奏快慢等没有统一的标准，可以根据练习者的需要进行编排。

（2）表演性健美操。表演性健美操是我国在健美操运动历史发展过程中出现的一种特殊形式，在国外是没有的。表演性健美操的主要练习目的是"表演"，它是事先编排好的、专为表演而设计的成套健美操，时间一般为2～5分钟。表演性健美操的动作较健身健美操动作复杂，音乐速度可快可慢，并为了保证一定的表演效果，动作较少重复，也不一定是对称性的。

在参与的人数上可是单人,也可是多人,并可在成套中加入队形变化和集体配合的动作,表演者可以利用轻器械,如花环、旗子等,还可采用一些风格化的舞蹈动作,如爵士舞等,以达到烘托气氛,感染观众,增加表演效果的目的。

(3)竞技健美操。竞技健美操目前大致分三种比赛。

1)全国健美操比赛。

2)全国职工健美操比赛。

3)全国大学生健美操比赛。

竞技健美操在练习场地的大小、练习人数的多少、特定动作、动作节奏快慢等方面有严格统一的标准,必须按规则进行,不得擅自更改。

二、健美操的基本动作

健美操的基本动作是练习者进行健美操练习必不可少的重要内容。常见基本动作是根据身体的各部位而确定的,包括头颈部、上肢部位、肩部、胸部、腰部、腹部、髋部和下肢等部位的动作。

1. 头颈部动作

(1)头颈屈。做练习时,上体保持不动和探颈(图5-1)。

(2)头颈转。做动作时,头要正,不能抬下颌(图5-2)。

(3)头颈绕和绕环。颈部肌肉及韧带要相对放松(图5-2)。

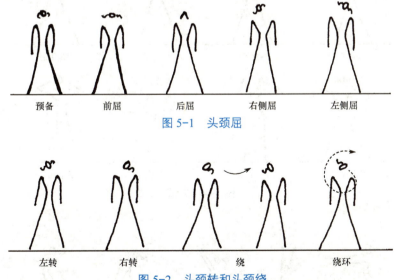

图5-1 头颈屈

图5-2 头颈转和头颈绕

2. 上肢部位动作

(1)基本手形。常用的手形如图5-3所示。

(2)屈臂。屈臂是指肘关节产生一定的弯曲角度(图5-4)。

(3)举臂。以肩为轴,臂的活动范围不超过180°,停止在某一部位的动作(图5-5)。

（4）绕环。臂以肩为轴，向不同方向做圆形运动（图5-6）。

（5）振臂。以肩为轴做臂的加速度摆至最大幅度（图5-7）。

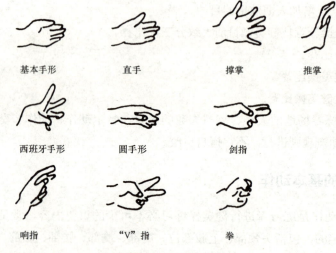

图 5-3　基本手形

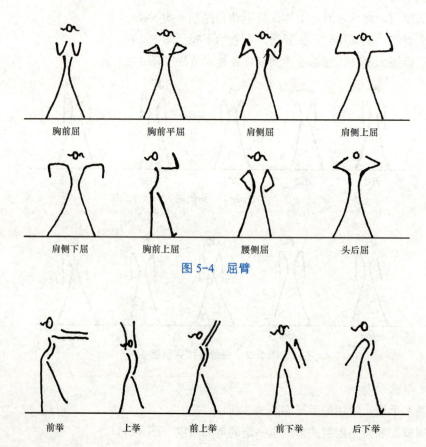

图 5-4　屈臂

图 5-5　举臂

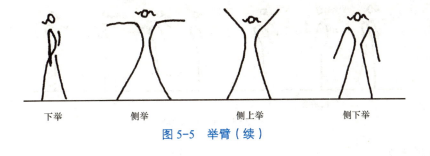

图 5-5　举臂（续）

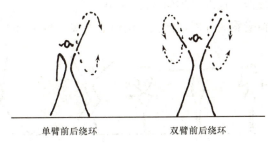

图 5-6　绕环

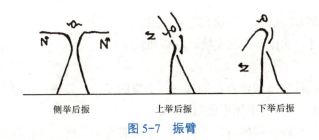

图 5-7　振臂

3. 肩部动作

（1）提肩和沉肩。颈与头不能向前探，上体不摆动（图 5-8）。

（2）肩绕和绕环。肩绕和绕环是指以肩关节为轴做小于或大于 360°的弧形或圆形运动。注意肩部肌群放松，大幅度绕环（图 5-9）。

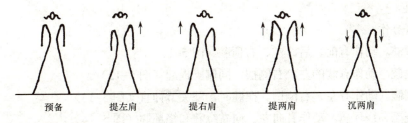

图 5-8　提肩与沉肩

145

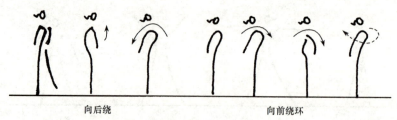

图 5-9 肩绕和绕环

4. 胸部动作

（1）含胸。动作要缓慢，速度要均匀（图 5-10）。

（2）展胸。展胸是指挺胸肩外展，向上展胸时下塌腰（图 5-10）。

图 5-10 胸部动作

5. 腰部动作

（1）腰屈。动作有腰前屈、后屈和左右侧屈。

（2）腰绕、绕环。动作有腰的左绕、右绕和绕环。

6. 腹部动作

（1）下腹练习。仰卧，腿伸直，绷脚面；下腹肌发力，将腿向上举起；随后将腿放下，腿与地面约成 15°角。手臂与上体不能离地。

（2）上腹练习。仰卧，腿伸直，绷脚面；上腹肌发力，将上体拉起成坐势；随后使上体从下至上逐步着地。练习时脚不能离地。

（3）全腹练习。仰卧，脚伸直，绷脚面；整个腹肌发力，将上体和腿拉起，双手抱膝；上体和腿同时着地成仰卧。

（4）综合练习。仰卧、抱颈、屈膝、两腿分开；腹肌发力头离地；上体离地，两手臂插于两腿中间；上体完全立起；随后脊柱及腹肌相对放松，顺势躺下。要用腹肌发力，将上体一节一节地拉起。

7. 髋部动作

（1）顶髋。动作有前、后、左、右顶髋（图 5-11）。

（2）提髋。动作有髋的左、右侧摆，同侧脚提起（图 5-12）。

（3）摆髋。动作有左、右侧摆。摆髋时，膝关节伸直（图 5-13）。

（4）绕髋和绕环髋。动作有向左、向右绕髋和绕环髋（图 5-14）。

（5）行进间正（反）髋走。行进间正（反）髋走是指顶髋方向与身体行进方向一致（相反）的移动动作。

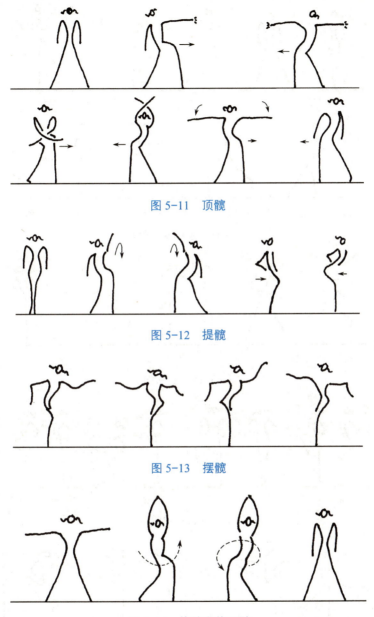

图 5-11　顶髋

图 5-12　提髋

图 5-13　摆髋

图 5-14　绕髋和绕环髋

8. 下肢部位动作

（1）腿的基本位置。包括直立、开立、点地立、提踵立、弓步、蹲、跪等（图 5-15）。

（2）腿屈伸。膝关节由直成屈，再由屈伸直的动作。做原地屈伸动作时，身体重心不能前后移动（图 5-16）。

（3）抬腿。一腿支撑，一腿屈膝高抬（图 5-17）。

（4）踢腿。腿要伸直，绷脚面；身体不可晃动（图 5-18）。

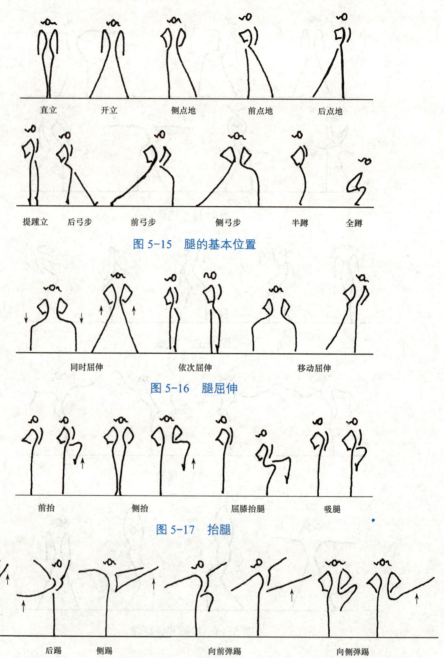

图 5-15　腿的基本位置

图 5-16　腿屈伸

图 5-17　抬腿

图 5-18　踢腿

9. 基本步伐、跳步、跑步、转体、波浪动作

（1）基本步伐。基本步伐有柔软步、提踵步（足尖步）、并步、垫步、弹簧步、滚动步、十字步等。

（2）跳步。跳步有开合跳、并步跳、提膝跳、钟摆跳、射燕跳、翻身跳、挺身跳、转体跳、弹踢跳、跨跳、交换腿跳、弓步跳等。

（3）跑步。跑步有摇臂、摆臂、屈伸臂等各种姿势不同方向、不同形式的跑，如跑十字、跑圆弧等。

（4）转体。有平转和单足转。

（5）波浪。波浪是指身体各环节依次而连贯的屈伸动作，有手臂的波浪（单、双臂）、躯干波浪（前、后、侧）、全身波浪等。

三、健美操基本动作练习注意事项

（1）动作的规范性。动作的规范建立在动作的准确性上，因此练习基本动作时肢体的位置、方向及运动的路线一定要准确。此外，注意动作速度、动作幅度和肌肉力度，这样才能取得理想的效果。

（2）动作的弹性。动作富有弹性是健美操的特点之一。动作的弹性所涉及身体部位有踝关节、膝关节、髋关节、肘关节、肩关节、脊柱。在练习基本动作时，应注意肌肉的收缩与放松要有控制，避免动作过分僵硬和关节的过度伸展。

（3）动作的节奏感。掌握好动作节奏对练习健美操非常重要。因此，练习者在开始练习时，要重视开发、训练自身的动作节奏感，在听懂音乐节奏的基础上慢慢掌握动作的节奏感。

第二节　啦啦操

一、啦啦操概述

1. 啦啦操的起源与发展

啦啦操是一项新兴的体育运动项目，最早源于为美式足球呐喊助威的活动，并借助美国职业篮球赛（NBA）逐渐在全球范围内广泛传播，至今已有一百多年的历史。啦啦操原名"Cheerleading"，其中Cheer一词有振奋精神、提振士气的意思。啦啦操源于早期部落社会的仪式，族人为激励外出打仗或打猎的战士而举行的一种仪式，以欢呼、手舞足蹈的表演来鼓励战士，并寄予他们凯旋的期望。

在古希腊的第一届奥运会上，观众为参加比赛的运动员呐喊助威，其形式类似于啦啦操的原始形态。进入19世纪60年代，英国的学生开始在比赛场地旁为运动员加油助威，随后第一个啦啦队俱乐部在美国普林斯顿大学成立。1898年，美国明尼苏达州立大学一年级医学生约翰尼·坎贝尔（Johnny Campbel）带领六名男生组成了世界上第一支啦啦队，为明尼苏达州立大学橄榄球队加油助威，约翰尼·坎贝尔成为历史上第一位啦啦队队长，这也标志着啦啦操活动的正式诞生。

世界啦啦操锦标赛，是全球啦啦队界的一项重要赛事，每年的4月份，在美国奥兰多迪士尼乐园赛场里，都将迎接全球60多个组织，20多个国家的上万名顶尖的啦啦操高手，其中包括了代表中国出征的队伍。

随着人民生活水平的不断提高，啦啦操所特有的保健、医疗、健身、健美、娱乐的实用价值受到越来越多的人的重视。吸引了不同年龄的爱好者参与，形成了一定规模的消费群体。各级电视台纷纷制作以竞赛、普及为内容的专题节目，其收视频率远远超过其他节目。

由于啦啦操比赛可在体育馆和舞台上举行，加之啦啦操运动时场地运用集中的特点，给企业结合比赛进行广告宣传创造了机会。啦啦操项目受到越来越多的企业的青睐。

2. 啦啦操的种类

啦啦操是一项深受广大群众喜爱的、普及性极强，集体操、舞蹈、音乐、健身、娱乐于一体的体育项目。啦啦操可分为舞蹈啦啦操和技巧啦啦操。

（1）舞蹈啦啦操。舞蹈啦啦操是一项在音乐的伴奏下，运用多种舞蹈元素的动作组合，结合转体、跳步、平衡与柔韧等难度动作以及舞蹈的过渡连接技巧，通过空间、方向与队形的变化表现出不同的舞蹈风格特点，强调速度、力度与运动负荷，展示运动舞蹈技能以及团队风采的体育项目。舞蹈啦啦操主要有街舞啦啦操和爵士舞啦啦操。

1）街舞啦啦操。街舞啦啦操对协调性、节奏感等要求甚高，是一个快节奏的舞蹈，它以街舞的舞蹈元素为基础，同时又结合了啦啦操的项目特征。

2）爵士舞啦啦操。成套动作由爵士舞风格的舞蹈动作、难度动作以及过渡连接动作等内容组成，是通过队形、空间、方向的变换而形成的啦啦操。动作技术特征主要体现为肢体动作由内向外的延伸感，通过延伸制动实现爵士舞蹈啦啦操特有力度感，通过动作的松弛有度的强度突出动作舞蹈的动感等。

（2）技巧啦啦操。技巧啦啦操是指在音乐的伴奏下，以跳跃、托举、叠罗汉、筋斗、抛接和跳跃等技巧性难度动作为主要内容，配合口号、啦啦操基本手位、舞蹈动作及过渡连接等，充分展示运动员高超的技能技巧的团队竞赛项目，包含有翻腾、托举、抛接、金字塔等难度动作。

3. 啦啦操的特点和功能

（1）啦啦操的特点。啦啦操有活力、时尚、团队三大特点。

1）啦啦操：体现青春活力、积极向上的团队精神，并努力追求最高团队荣誉感的一项体育运动。

2）强调通力合作，集体至上的团队精神。团队精神简单来说是大局意识、协作意识和服务精神的集中体现。

（2）啦啦操的功能。啦啦操运动是一项集体操、艺术体操、技巧与舞蹈为一体的体育项目，通过锻炼不仅可以提高身体的协调性、柔韧性，还能有效增强肌肉和关节的力量。对呼吸系统的机能有良好的影响，它能提高呼吸深度，提高呼吸系统的功能储备，增强耐力。另外，还能改善肾脏的血液供应，促进其新陈代谢，增强体质。经常进行啦啦操练习，还可以改善身体形态、提高气质，消除体内多余脂肪，塑造令人羡慕的优美体型，使身体向着匀称、和谐、健美的方向发展。

二、啦啦操的技术特征

（1）啦啦操上肢的发力点在前臂，手臂的 32 个基本手位均在肩关节前制动，发力速度快，制动时间短，制动之后没有延伸，身体控制精确，位置准确。

（2）啦啦操动作内容丰富，所有的手臂动作都必须严格按照32个基本手位的标准来完成，没有固定的基本步伐。

（3）啦啦操动作重心较低，在做动作的过程中膝关节不完全伸直，保持微微弯曲的状态，重心稳定，移动平稳。

（4）啦啦操动作完成干净利落，具有清晰的开始和结束，肢体运动中直线动作曲直分明，弧线动作蜿蜒流畅，具有更高的欣赏价值和艺术价值。

（5）啦啦操三维空间高低起伏突出，队形变化多样，能够充分利用场地空间。

（6）啦啦操音乐风格多样，旋律优美，气氛热烈，节奏快慢有致，强弱有别。

（7）啦啦操服装款式各异，绚丽多姿。

三、啦啦操的基本动作

1. 常用手型

啦啦操中的手型有多种，是从芭蕾舞、现代舞、迪斯科、武术中吸收和发展的。手型是手臂动作的延伸和表现，运用得好，会使啦啦操动作更加丰富多彩，生动活泼，更具有感染力。啦啦操经常需要用到以下六种手型。

（1）并拢式［图5-19（a）］：五指伸直，相互并拢；拇指微屈，指关节贴于食指旁。

（2）分开式［图5-19（b）］：五指用力伸直，充分张开。

（3）芭蕾舞手式［图5-19（c）］：五指微屈，后三指并拢、稍内收，拇指内扣。

（4）拳式［图5-19（d）］：握拳，拇指在外，指关节弯曲，紧贴于食指和中指。

（5）立掌式［图5-19（e）］：五指伸直，手掌用力上翘。

（6）西班牙舞手式［图5-19（f）］：五指用力，小指、无名指、中指自掌指关节处依次屈，拇指稍内扣。

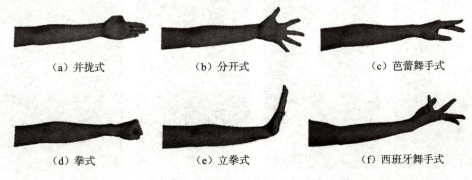

图 5-19　啦啦操常用手型

2. 啦啦操的32种手位

（1）上A：双臂斜上举，分别与脊柱形成30°夹角，拳心紧贴相对（图5-20）。

（2）下A：双臂斜下举，分别与脊柱形成30°夹角，拳心紧贴相对（图5-21）。

（3）上 H：双臂前上举与肩同宽，分别与脊柱形成 30°夹角，拳心相对（图 5-22）。

（4）下 H：双臂前下举与肩同宽，分别与脊柱形成 30°夹角，拳心相对（图 5-23）。

图 5-20　上 A　　　图 5-21　下 A　　　图 5-22　上 H　　　图 5-23　下 H

（5）小 H：一臂前上举，与脊柱形成 30°夹角，拳心朝内；另一臂胸前平屈，肘关节朝下，拳心朝内（图 5-24）。

（6）K：一臂前上举，与脊柱形成 45°夹角，拳心朝内；另一臂前下举，与脊柱形成 45°夹角，拳心朝内，两拳拳眼相对（图 5-25）。

（7）侧 K：双腿弓步开立，后脚脚跟起，重心在后脚。手臂一臂前上举，与脊柱形成 45°夹角，拳心朝内；另一臂前下举，与脊柱形成 45°夹角，拳心朝内，两拳拳眼相对（图 5-26）。

（8）L：一臂前上举，与脊柱形成 30°夹角，拳心朝内；另一臂侧平举，与肩形成 30°夹角，拳心朝下（图 5-27）。

图 5-24　小 H　　　图 5-25　K　　　图 5-26　侧 K　　　图 5-27　L

（9）倒 L：一臂前平举，略低于肩，拳心朝下；另一臂侧平举，与肩形成 30°夹角，拳心朝下（图 5-28）。

（10）上 M：双臂侧上举，肩上平屈，肘关节朝外，手腕向下屈，指尖触肩（图 5-29）。

（11）下 M：双手握拳叉腰于髋部，双臂与肩形成30°夹角，拳心朝后（图5-30）。

（12）R：一臂斜下举，与脊柱形成30°夹角，拳心朝下；另一臂侧上举，头后屈时，肘关节朝外，拳心紧贴后脑勺（图5-31）。

图5-28　倒L　　　图5-29　上M　　　图5-30　下M　　　图5-31　R

（13）T：双臂侧平举，但没有完全张开，分别与肩形成30°夹角，拳心朝下（图5-32）。

（14）短T：双臂侧平举，胸前平屈，小臂略低于肩，两拳相对，拳心朝下（图5-33）。

（15）高X：双臂交叉斜上举于额头前上方，分别与脊柱形成30°夹角，拳心朝前（图5-34）。

（16）X：双臂侧上举，头后平屈，肘关节朝外，两拳相对，拳心紧贴后脑勺（图5-35）。

图5-32　T　　　图5-33　短T　　　图5-34　高X　　　图5-35　X

（17）屈臂X：双臂屈时交叉于胸前，拳心朝内（图5-36）。

（18）前X：双臂交叉前平举，略低于肩，拳心朝下（图5-37）。

（19）低X：双臂交叉斜下举，分别与脊柱形成30°夹角，拳心朝下（图5-38）。

（20）高V：双臂侧上举，分别与脊柱形成45°夹角，但不能完全张开，应置于双耳斜前方45°，拳心朝外（图5-39）。

图 5-36　屈臂 X　　图 5-37　前 X　　图 5-38　低 X　　图 5-39　高 V

（21）倒 V：双臂侧下举，分别与脊柱形成 45°夹角，且与肩形成 45°夹角，拳心朝下（图 5-40）。

（22）W：双臂侧上举，肩上平屈，大小臂成 90°夹角，拳心相对（图 5-41）。

（23）加油：双手握拳式胸前击掌，肘关节朝下，双拳略低于下颚（图 5-42）。

（24）斜线：一臂侧上举，与脊柱形成 45°夹角，拳心朝外；另一臂侧下举，与脊柱形成 45°夹角，拳心朝下，但双臂不能完全打开，略小于肩（图 5-43）。

图 5-40　倒 V　　图 5-41　W　　图 5-42　加油　　图 5-43　斜线

（25）弓箭：一臂胸前平屈，肘关节朝外，小臂略低于肩；另一臂侧平举，与肩形成 30°夹角，拳心朝下（图 5-44）。

（26）小弓箭：一臂侧平举，与肩形成 30°夹角，拳心朝下；另一臂胸前屈，肘关节朝下，拳心朝内（图 5-45）。

（27）短剑：一手握拳叉腰，手臂与肩形成 30°夹角，拳心朝后；另一臂胸前屈，肘关节朝下，拳心朝内（图 5-46）。

（28）高冲拳：一臂前上举，与脊柱形成 30°夹角，拳心朝内；另一手握拳叉腰，手臂与肩形成 30°夹角，拳心朝后（图 5-47）。

图 5-44　弓箭　　图 5-45　小弓箭　　图 5-46　短剑　　图 5-47　高冲拳

（29）侧上冲拳：一手握拳叉腰，手臂与肩形成 30°夹角，拳心朝后；另一臂侧上举，与脊柱形成 45°夹角，拳心朝前（图 5-48）。

（30）侧下冲拳：一手握拳叉腰，手臂与肩形成 30°夹角，拳心朝后；另一臂侧下举，与脊柱形成 45°夹角，拳心朝下（图 5-49）。

（31）斜上冲拳：一手握拳叉腰，手臂与肩形成 30°夹角，拳心朝后；另一臂斜上冲拳，与脊柱形成 30°夹角，拳心朝外（图 5-50）。

（32）斜下冲拳：一手握拳叉腰，手臂与肩形成 30°夹角，拳心朝后；另一臂斜下举，与脊柱形成 30°夹角，拳心朝下（图 5-51）。

图 5-48　侧上冲拳　　图 5-49　侧下冲拳　　图 5-50　斜上冲拳　　图 5-51　斜下冲拳

第三节　体育舞蹈

一、体育舞蹈概述

1. 体育舞蹈的起源与发展

体育舞蹈也称国际标准舞，简称"国标"，它的前身是交谊舞。它源于欧美传统宫廷舞、交谊舞和各种风土舞，经整理规范成为现在的体育舞蹈。

交谊舞的起源可以追溯到 10 世纪以前，它从古老的民间舞发展演变而成，部落成员最初跳集体舞，且同性别的合在一起跳舞，以后逐渐发展为男女圈舞，即男跳外圈、女跳内圈的转圈集体舞，在男女求偶、婚礼喜庆等活动中，逐渐发展为男女拍手舞、异性对舞。

经历一百多年的发展，"社交舞"从"社交"发展为"竞技"，将单一的舞种发展为摩登舞、拉丁舞两大系列的十个舞种，并在 1904 年成立了"英国皇家舞蹈教师协会"。这个组织将当时欧美流行的舞姿、舞步、方向等整理成统一标准，制定了有关舞蹈理论、技巧、音乐、服装等竞技的标准，公布为"国际标准交谊舞舞厅舞"（简称"国标舞"），为世界各国所遵循，英国的黑池甚至成了"国标舞"的圣地。世界各国将国际标准舞易名为"体育舞蹈"，欲将舞蹈运动纳入体育运动项目。拥有 74 个会员国的"国际舞蹈运动总会"（International Dance

Sport Federation）于 1997 年 9 月 4 日正式成为国际奥林匹克委员会会员，2000 年成为悉尼奥运会表演项目，2008 年由于其并非起源中国，在北京奥运会上仍然是表演项目。

20 世纪 80 年代中期，我国正式引入了体育舞蹈，体育舞蹈体现不断发展、不断更新的强烈的时代信息，所以得到了我国政府的高度重视，受到了人民群众的称赞和追求。

2. 体育舞蹈的分类

体育舞蹈包括摩登舞和拉丁舞两大系列共十个舞种。

（1）摩登舞（Modern Dance）包括华尔兹、维也纳华尔兹、探戈、狐步和快步舞。

（2）拉丁舞（Latin Dance）包括伦巴、恰恰、桑巴、捷舞和斗牛舞。

每个舞种均有各自的舞曲、舞步及风格。根据各舞种的乐曲和动作要求，组编成各自的成套动作。

3. 体育舞蹈的特点和功能价值

（1）体育舞蹈的特点。体育舞蹈是由属于文艺范畴的舞蹈演变而来的体育项目，它兼有文艺和体育的特点，是介于文艺和体育之间的边缘项目，是以竞赛为目的，具有自娱性和表演观赏性的竞技舞蹈。它具有以下三个特点。

1) 严格的规范性。规范性首先表现在体育舞蹈是一个完整的舞蹈系统，如同中国古典舞和西方芭蕾舞一样，它是经过数百年历史的锤炼，几代人的加工而成的；其次表现在技术的规范性上，它严格到多一分嫌过，少一点欠火。

2) 表演观赏性。体育舞蹈融音乐、舞蹈、服装、风度、体态美于一体，既有观赏的价值，又有参与的可能，被认为是一种"真正的艺术"。

3) 体育性。体育性一方面体现在竞技性，即比成绩，拿冠军，为国争光；另一方面表现在锻炼价值上，体育舞蹈引起人的生理变化是明显的，它是陶冶情操，锻炼体魄的一种极好形式。

（2）体育舞蹈的功能价值。

1) 体育舞蹈的健身价值。在跳舞时人体的骨骼、肌肉、关节、韧带等都参与活动。经常跳体育舞蹈不仅能促进人体的灵活性、协调性，还可以促进肌肉、呼吸和消化系统的功能，有效地促进身心健康，因此体育舞蹈是一项很好的有氧运动。

在体育舞蹈的跳舞过程中，动作优美、舒展，同时有节奏欢快的音乐相伴，练习者在跳舞过程中会得到美的享受，有利于调节练习者的身心，使练习者身心得到舒缓。

2) 体育舞蹈的审美价值。体育舞蹈创造了异常美妙的审美情趣，不同的乐曲、不同的舞步，表现不同的特色，不同的风格，洋溢着青春活力，使人产生强烈的感受，情绪激奋，使人在舞中获得美的享受。体育舞蹈独具的审美特性在学校教育中也有着特殊的美育功能。

3) 体育舞蹈的教育价值。社交舞蹈是西方贵族们在宫廷沙龙中举行的一种社交礼仪活动，也是贵族青年们接受礼仪教育的一项内容。这种活动的价值取向主要侧重礼仪性，而不是单纯地追求舞蹈技术和技巧。在整个活动中男女舞伴处处表现出不俗的仪表、得体的举止、高雅的风度和谈吐。这些礼仪规范很大程度上被现代体育舞蹈所继承。练习体育舞蹈可以培养人规范的礼仪、高雅的气质和优雅的谈吐，全面提升人的人文素质，在以后的社交活动和职业生涯中占得先机。

二、体育舞蹈的基本技术

在学跳体育舞蹈时,掌握一些动作和花步是比较容易的,重要的是掌握好每个动作或每一种舞蹈的技艺方法,一旦掌握了动作的客观规律,并且做到融会贯通,能举一反三地运用,那就会觉得奇妙无穷,艺无止境了。体育舞蹈的基本技术包括足部动作、重心移动、力量平衡、姿势和谐、升降、摇荡、倾斜等基本技术。

(1)足部动作:包括足跟、足掌、足尖、足外侧的准确运用。

(2)重心移动:在现代舞中,除探戈舞在移动时重心在后脚,前脚先迈出,其他四种舞蹈在重心移动时,都是由身体移动带动腿部移动。用全部身体去才能显示出舒展挺拔,优雅大方的姿态。可见重心移动是最重要的基本技术。

(3)力量平衡:在现代舞中,男女舞伴在同步同位中运动,所以特别要求两者在运动中保持力量平衡。在转动或超过180°的旋转运动中,这种平衡力量就显得非常重要。在旋转中会产生一种离心力,这种离心力要用男女舞伴的平衡感觉加以控制,这样才能稳定。

(4)姿势和谐:要做到男女舞伴的姿势和谐有美感,相互动作自如流畅,男女舞伴首先应当各自按每个动作的技术要求去做,这样交手跳起来才能轻松自如。在交手练习中,胯、腰、肩部都要放松,重心放在脚上,而颈和头部却要向上引,挺拔起来,这样优雅风度才能显露出来。转动时,这四个部位要向同一方向转动。在做造型姿势(如各种弓步、截步等)时,上身的转动也是整体向同一方向运动。在探戈舞中更是如此,必须做到上身姿势的放松,在放松中出现顿挫,阳刚之美才能对比出来。

(5)升降动作:在现代舞中,除探戈舞没有升降动作之外,其他四种都有升降动作。升降动作是在膝、踝、趾关节的屈和伸的转换动作中完成的。正确的升降动作,可以保持身体重心的稳定和步法滑动。为了能达到这种技艺水平,必须很好地加强升降动作的练习,直至能够自由地控制住自己的身体,使升降动作像一条连绵起伏的波浪线,不间断地飘荡着。

(6)摇荡:像摇船和荡秋千一样,把身体摇荡起来。这是很重要的一个技法,只有掌握和运用好这个技法才能称为舞动,否则为走舞或是跑舞,而不是跳舞。摇荡时应以胯部为中心点,在身体的升降中,把整体摇荡起来时,美感才会出现,尤其在跳华尔兹舞时,摇荡的技术尤为重要,只有熟练地掌握好摇荡技术,才能跳出华尔兹舞的特性。

(7)倾斜:倾斜是指舞者的身体平衡与地面水平线相比,舞者的身体成倾斜角度。这种倾斜姿态,在现代舞中是一种美的线条和姿势,它是在升降动作和摇荡及反身动作中自然产生的身体倾斜。重心移动是以胯部为中心,当身体向上摇荡时,腰和胯先向前移动,而肩和头部在后,当终止重心移动的瞬间,由于肩的后拖力,就形成了身体的倾斜角度。练习时不能有意地做出不自然的倾斜,只有在掌握好其他技法的基础上,才能自然地做好这种倾斜技法。

三、体育舞蹈的基本动作及其组合

1. 持握姿势

标准舞的持握姿势为:男伴双脚并拢,全足着地,双膝放松,要感觉自己很高,尽量把身体拉高到极限,还要感觉自己身体很宽,双臂平抬,双手肘尖与心窝成为一条直线,左小臂向斜前上方上举与左上臂成略大于90°角,右小臂向斜前下方平伸。

女伴同样要把身体拉高,双手肘尖成为一条直线,轻轻搭在男伴的手臂上,女伴要感觉到身体成两条弧线,一条是由胸腰到头部向后仰的弧线,另一条是由胸腰到头部向左倾的弧线。

四个接触点如下:

(1)男伴左手轻握女伴的右手,男伴的左手拇指与中指稍用力,女伴用中指稍用力。

(2)男女双方身体的垂直中心线与身体右边线之间的垂直中间线的腰部部分相重叠接触。

(3)男伴右手掌轻托女伴的左肩胛骨下,手掌平伸。

(4)女伴左手虎口张开,放在男伴右上臂三角肌下部,拇指在内侧,其他四指在外侧,腕部和小臂放平,不得突起。

2.基本舞步组合

下面简单介绍一下体育舞蹈中华尔兹、探戈和恰恰的基本舞步及其组合。

(1)华尔兹。华尔兹又称圆舞曲,起源于德国,是一种自娱舞蹈形式,是舞厅舞中最早的,也是生命力非常强的自娱舞形式。华尔兹具有优美、柔和的特质,舞曲旋律优美抒情,节奏为3/4的中慢板,每分钟28到30小节左右。每小节三拍为一组舞步,每拍一步,第一拍为重拍,三步一起伏循环,但也有一小节跳两步或四步的特定舞步。通过膝、踝、足底、跟掌趾的动作,结合身体的升降、倾斜、摆荡,带动舞步移动,使舞步起伏连绵,舞姿华丽典雅。

华尔兹的基本舞步共有六个,分别是前进方步、后退方步、前进左转90°、后退左转90°、后退右转90°、前进右转90°。

1)前进方步和后退方步。

第一拍:男进左,女退右。有侧身动作。

第二拍:男右脚刷过左脚旁,横移一步,向左倾斜。注意不可斜向直接跨出。女左脚刷过右脚旁,横移一步,向右倾斜。注意不可斜向后。

第三拍:男女同时收脚并拢。留意倾斜和上升运动的保持,以之交替重心和下降的转化。

第四拍:男退右,女进左。有侧身动作。

第五拍:男左脚刷过右脚旁,横移一步,向右倾斜。不可斜向直接后退。女右脚刷过左脚旁,横移一步,向左倾斜。不可斜向直接跨出。

第六拍:男女同时收脚并拢。注意倾斜和上升运动的保持,以上交替重心和下降的转化。至此,我们就回到了最初的起步点。又可以无限循环地练习下去了。

2)后退右转90°和前进右转90°。

第一拍:男退左,女进右。

第二拍:男横右,女横左。

第三拍:双方并脚。

第四拍:男进右,女退左。

第五拍:男横左,女横右。

第六拍：双方并脚。

再从第一拍至第六拍反复一遍，回到原起步点。再从头反复，循环练习。

（2）探戈。探戈是双人舞蹈，起源于美洲中西部。探戈最早期属于拉丁舞项目，后来演变成世界舞五种舞项目，探戈是国际标准舞大赛的正式项目。

探戈舞伴奏音乐为2/4拍，但是节奏感非常强烈的断奏式演奏，因此在实际演奏时，将每个四分音符化为两个八分音符，使每一小节有四个八分音符。

在跳探戈舞的过程当中，和其他舞蹈不一样的地方就是握持这个动作，一般女性的位置是在男性右侧，一些男性的手也需要放在女性背部靠里一点的地方，需要超过脊椎骨，一般男性的身体是需要在女性身体左侧前方的，这样的姿势就是向前走步的一个特点，女性应该把左边的手放在男性上面手臂的后方，在握持的时候，男性左边的前臂及女性右边的前臂都应该稍稍地向里弯曲，当然角度应该小于90°。

前进走步，这个走步和我们日常生活中的走步其实是差不多的，应该要一个自然的长度为准，脚后跟先着地，然后整个脚面全部都踩在地上，每一个舞步都应该非常精准且大胆，在跳探戈舞的过程当中有不一样的表现形态，左边的脚前进，开始走步的时候应该稍微地横越过身体，然后在右边脚的前面进行交叉，用右边的脚进行走步的时候，应该向左边有一个弧度进行前进，左边脚移动的时候在经过右边脚的时候，左边的膝盖需要轻轻地触碰到右边膝盖，在右边的脚在向前面走动的时候，同样也是如此，一定要保持在一条线上，重复走步的时候路线可以稍微向左倾斜。

（3）恰恰。恰恰，是拉丁舞蹈曼波的衍生舞蹈，在20世纪50年代拉丁舞蹈——恰恰风靡全美国。恰恰舞的重点是内部扬脚部，舞结构不可有过多长距离的移动，并在组合舞中包含与现场观众直接面对面的舞蹈，每个动作节拍的配合相当重要。

恰恰舞的音乐为4/4拍，每小节4拍，动作的切分表现突出。舞步基本节奏是2慢3快，即慢慢、快快快；2个慢步占2拍，3个快步占2拍。舞步的基本舞步为四种，每种舞步分成前段舞步和后段舞步（男女舞步相同）。

1）并步。

①前段舞步：1拍，右脚后退一步，髋向右后侧顶送；2拍，左脚前踏一步，髋向左前顶送；恰，右脚前进至右脚并步时向右横出一步，髋向右侧顶送；恰，左脚稍向右踏步，髋向左侧顶送；恰右脚向前进一小步，髋向右侧顶送，左腿稍屈膝，脚尖点地。

②后段舞步：1拍，左脚前进一步，髋稍向左前顶送；2拍，右脚后踏一步，髋向右后侧顶送；恰，左脚后退至右脚并步时向左横出一步，髋向左侧顶送；恰，右脚稍向右踏步，髋向右侧顶送。恰，左脚向后稍退一小步，髋向左侧顶送，右腿稍屈膝，脚点地。

2）磋步。

①前段舞步：1拍，右脚后退一步，髋向右后侧顶送；2拍，左脚前踏一步，髋向左侧前顶送；恰，右脚向前方进一步，髋向前侧顶送；恰，左脚向右后前进交叉磋步，前脚掌着地；恰，右脚再向前移一小步，髋向右侧顶送。

②后段舞步：1拍，左脚前进一步，髋向左前侧顶送；2拍，右脚后踏一步，髋向右后侧顶送；恰，左脚后退一步，前脚掌着地，髋向左后侧顶送；恰，右脚向左前后退交叉磋步，前脚掌着地；恰，左脚再后移一小步，髋向左侧顶送。

3）绕腿扭步。

①前段舞步：1拍，右脚后退一步，髋向右后侧顶送；2拍，左脚前踏一步，髋向左前侧顶送；恰，右腿屈膝向左脚外侧绕摆，脚尖着地，同时左腿屈膝上体向左转90°，髋向右转动；恰，左腿屈膝，向右转动，脚尖着地，同时右腿屈膝上体向右转90°，髋向左转摆；恰，右脚原地踏一步，保持双腿屈膝姿势。

②后段舞步：1拍，左脚前进一步，髋向左前侧顶送；2拍，右脚后踏一步，髋向右后侧顶送，恰，左脚后退一步，髋向左后侧顶送，重心不定；恰，右脚前踏一步，髋向右侧顶送，重心不定；恰，左脚后踏一步，髋向左侧顶送，重心不定。

4）双腿扭步。

①前段舞步：1拍，右脚后退一步，髋向右后侧顶送；2拍，左脚在前踏一步，髋向左前侧顶送；恰，右腿屈膝向左外侧绕摆，脚尖着地，同时左腿屈膝上体向左转90°，髋向右摆；恰，左腿屈膝脚尖着地，腿向右侧转动至右腿右前侧，腰部向右扭动带动髋左摆；恰，左腿回转至正面，右脚向左脚并步，屈膝前脚掌着地。

②后段舞步：1拍，左脚前进一步，髋向左前侧顶送；2拍，右脚后踏一步，髋向右后侧顶送，重心移至右脚，同时左腿伸直向左侧摆起；恰，左腿向右腿后交叉快摆一步，屈膝脚尖着地，髋向右侧顶送；恰，右脚在原地踏一步，髋向左摆；恰，左脚向右脚并步，屈膝前脚掌着地。

第四节 排舞

一、排舞概述

1. 排舞的起源和发展

排舞的英文叫"Line Dance。""Line"就是排和线的意思，"Dance"是舞蹈。翻译过来就是排成排跳的舞蹈。它起源于20世纪70年代美国的西部乡村舞蹈。排舞既可以集体共舞，又可以个人独享，形式多样，丰富多彩。

排舞历经30多年的发展后风靡全球，全世界的排舞协会、俱乐部、工作室多如牛毛，全球排舞爱好者数以亿计。随着时代的发展，全球化的普及，全世界各国家艺术家的加入，使排舞融合了国际上多种流行时尚舞蹈元素，越来越现代。这种不断的创新和变化，使排舞获得了持续发展的艺术生命。

排舞丰富多彩，风格多样。除了有高端舞蹈技术的比赛，排舞在国外广泛用于狂欢节、文化节、嘉年华、大型活动展示等节庆活动。整齐的队列、绚丽多彩的服装服饰、集体的欢歌共舞，充分营造出一种欢快热烈的节日氛围。

进入21世纪，排舞运动在亚洲蓬勃展开，通过学习美国和欧洲等地排舞运动的先进理论，采用"走出去、请进来"的教学方法，大大提高了排舞水平。目前，世界上共有40多个国家开展着排舞运动，每年创编的排舞多达3 000多首，各类音乐风格和节奏多达25种。

2. 排舞的分类

根据音乐曲调和舞步组合特点，可分为四类。

（1）常规型排舞。动作难度相对简单，固定舞步的组合明显。这种类型的排舞属于初级难度级别，并且这种固定的动作组合从音乐的开始到音乐的结尾重复进行。

（2）组合型排舞。它是由几个舞步组合而成的，没有排舞的规律性。它既可以不断重复的形式出现，也能够根据现代化发展进行创新。在不同的舞蹈音乐和段落中，节拍可能有所不同。这种排舞的级别可以分为中级和高级。

（3）间奏型排舞。它是指在完整舞曲的中间插入一个组合。可能是上一段的固定舞步尚未结束，然后重新开始了新的舞步。这种属于中级和高级难度级别。

（4）表演型排舞。它是指带有奇特、多样和复杂动作的排舞。它没有固定的舞步组合，没有特别稳定的舞步结合及组合，这种排舞的级别可以分为中级和高级。

3. 排舞的特点及功能

（1）流行性。排舞运动简单易学，不需要舞蹈基础，动作简单，所以大部分的人都可以参与进来，如近几年国内所流行的各种各样的广场舞。排舞运动已经成为人们生活中不可取代的一部分，被越来越多的人喜欢和参与，它赋予了舞蹈一种新型的运动理念和表演方式。

（2）重复性。在排舞编排和设计的过程中，不可能只有一种动作或者几种动作来表现出主题思想，因此很多时候舞蹈的编排和设计必须通过运用重复的舞蹈动作来更好地诠释舞蹈的精神和舞蹈设计者所要表达的主题思想，通过运用重复的动作和重复的音乐可以让观众更好地了解作品中所要表达的重点的内容，加深观众的印象，同时也可以让舞蹈变得更加生动和形象。

（3）健身性。排舞虽然是一项集音乐和舞蹈于一体的舞蹈项目，但同时它也包含了一种体育精神，排舞运动可以帮助舞蹈者强身健体，缓解舞者在生活和学习中所遇到的身体压力和心理压力，通过经常参加锻炼和学习排舞运动，可以提高人体的免疫力，加快身体的新陈代谢，可以让人减少疾病的困扰。排舞项目普遍都是音乐和舞蹈结合的形式表现，所以人们在舞蹈的同时，听着音乐，可以缓解人们紧张的生活步伐，同时陶冶人的情操。可以帮助舞者塑造优美的身躯，提升舞者的个人气质，也有助于大家相互沟通，培养参与者的领导能力，沟通能力，并树立终身体育锻炼的思想和培养经常参与体育锻炼的好习惯。

二、排舞的基本技术与步法

1. 基本姿势

在排舞中，正确的姿势是非常重要的。正确的姿势可以使人们在跳舞时更加舒适，更加稳定，同时也可以减少受伤的风险。正确的姿势包括以下几个方面。

（1）站直。站立时，要使身体直立，双脚并拢，脚尖向前，重心放在脚掌上。

(2) 肩部放松。肩部要放松，不要紧张。

(3) 手臂自然。手臂要自然垂放，不要过度用力。

(4) 腹部收紧。腹部要收紧，保持身体平衡。

(5) 头部放松。头部要放松，不要过度用力。

2. 基本步法

排舞的基本步法有三种，分别是单步、双步和三步。单步是最基本的步法，它是指将左脚或右脚向前或向后迈一步，然后用另一脚迈一步，如此往复。双步是指将左脚或右脚向前或向后迈两步，然后用另一只脚迈两步，如此往复。三步是指将左脚或右脚向前或向后迈三步，然后用另一只脚迈三步，如此往复。

3. 基本配合

在排舞中，配合是非常重要的，要和伙伴配合好，让舞蹈更加协调。基本配合包括以下几个方面：

(1) 身体配合。身体配合是排舞中的重要配合方式，要和伙伴身体协调好。

(2) 眼神配合。眼神配合是排舞中的重要配合方式，要和伙伴眼神交流好。

(3) 手势配合。手势配合是排舞中的重要配合方式，要和伙伴手势协调好。

第五节　健身健美

一、健身健美概述

健身健美是以发达肌肉、增强体力、改善体形、陶冶情操为主要目的的一项体育运动，是追求身心健康与身体强壮的最有效手段之一。在健身练习中，练习者利用各种轻重器械（杠铃、哑铃、弹性内拉力器和多功能力量练习器等）进行有目的、有针对性的身体练习，能使身体锻炼取得全面而有效的身体效果，达到强与健、力与美的和谐统一。

健身健美运动作为一个运动项目，除具有一般体育活动所共有的能锻炼身体、增进健康、增强体质的作用外，还能发达全身各部位的肌肉，增长体力，改善体形体态，以及陶冶美好的情操。它不仅强调"健"，而且强调"美"，把体育和美育融为一体。

二、健身健美运动锻炼的方式

健身健美运动项目，器材使用可分为徒手为主，器械为辅或器械为主，徒手为辅；锻炼方式可分为集体为主，个体为辅或个体为主，集体为辅；练习方法可分为重复次数多，负荷轻或重复次数少，负荷重；锻炼内容按不同的器官系统或按不同身体部位划分。健身健美运动是肩、胸、背、腹部肌肉的锻炼。

1. 肩部肌肉锻炼方法

(1) 前哑铃平举。

动作要领：双脚分开与肩同宽，躯干挺直，抬头挺胸。双手握住哑铃，肘部微微弯曲，角度固定。向前抬起时,感觉三角肌前束向上拉整条手臂。此时,肘部的角度是固定的,不会改变。只需举起哑铃,直到手臂与肩膀平行。下放时保持肘关节角度不变,感受肩部三角肌前束受力,恢复预备动作,哑铃的重量要尽量轻,以免受伤。

注意事项:做这个动作时不要耸肩,以免刺激过少的肩部肌肉。

(2)哑铃侧平举。

动作要领:站立,双脚分开与肩同宽,背部挺直,双手各拿一个哑铃垂在身体两侧。将哑铃从身体两侧抬起,直到与身体平行。然后慢慢回落到原来的位置。

注意事项:哑铃侧平举是锻炼肩部最常见的动作之一。动作过程中不要抬起,否则重量不会集中在肩膀上。使用哑铃侧平举锻炼肩部肌肉。避免晃动身体,会影响效果。哑铃重量不宜过重,容易造成肩部损伤。

(3)哑铃推肩。

动作要领:站立或坐在平坦的长凳上,双脚自然张开平放在地上,双腿稳定,臀部尽量靠近靠背,收紧腰部,不要粘在靠背上,腹部、胸部应该抬起。把铃放在头的两侧,双手握住哑铃的中间位置,从身体两侧抬起,保持上臂与前臂的夹角为90°,掌心朝前。深吸一口气,将哑铃从身体两侧向上推,双拳相对并在头顶正上方相交,但哑铃不要相互接触,落下时吸气,重复练习。

注意事项:在此过程中避免强烈运动,应缓慢地进行,避免下背部拱起,脊柱应直立,挺胸。

2.胸部肌肉锻炼方法

(1)卧推举杠铃。卧推举杠铃的杠径以稍粗为佳,外径35~40毫米,壁厚2.5~3.0毫米。杠杆粗些,可减少对于掌的单位压力,增大受力面积,利于手臂推起。握位至铃片的距离以短为好,大约100毫米,使重量(作用力)集中在接近胸肌的垂直面上,并可减免力偶的产生。

杠杆起落的位置必须放在被练的胸肌部位(下至横隔,上至锁骨)。练胸应由下至上、由宽到窄,即先练下胸(倒斜卧),再练中胸(平卧),后练上胸(正斜卧)。先宽握杠,再中握杠,后窄握杠。

宽握杠练胸肌宽度,窄握杠练胸肌高(厚)度。

至于卧推举,倒斜卧推(20°~30°)与平卧推用短凳,推举时仅上背接触凳面,可使胸部挺起,并增大单位压力。正斜卧推用坐式弧形凳(30°~45°)可使上胸挺起,成水平位,使杠铃垂直作用于上胸肌。

(2)上斜哑铃推举。上斜哑铃推举的运动放大是锻炼上部胸大肌比较有用的方法。和杠铃相比,哑铃的好处就在于没有横杠的限制,运用哑铃进行胸部锻炼能全面地拉伸胸大肌。斜板的角度控制在30°~45°,角度太大对三角肌前束的压力也增大,会影响到胸肌的发力。

锻炼需要注意的事项是哑铃不能下放的太低,否则容易导致拉伤胸肌。

(3)坐姿双臂夹胸。调整座位高度,使把手与肩在同一高度,双臂保持微弯状态。注意双臂不要打开过度,以免伤到肩关节,重量不要太重,内收时停顿3秒,充分挤压胸大肌。

动作过程中肘关节保持向后和外侧，而不是向下。每个动作7～12次，每次3～4组，每周2～3次。

动作过程中注意顶峰收缩与离心的控制，在每一次动作中都有意识地挤压胸大肌。

（4）俯身哑铃飞鸟。俯身哑铃飞鸟动作是锻炼胸部肌肉非常有效的一个动作，这个动作需要在长凳上完成。一开始趴在长凳上，双手各握住一只哑铃。双腿可以自然垂放在地面上，动作开始时，手臂握住哑铃打开双手，就像一只飞鸟一样，越打开越好，直到手臂向后，能够拉伸到肩部及胸部，此时手臂是形成平行状态的，再回收动作重新开始，一次需要完成15个以上。

（5）俯卧撑。俯卧撑基本不受空间限制，可以在房间大多数地方进行练习，做俯卧撑可以锻炼胸肌、背阔肌、肱三头肌、肱二头肌，且能锻炼腹肌。用不同的方式做俯卧撑能起到锻炼不同肌肉的效果。练习者可以根据自身情况进行练习，首先采用分组练习法，一组15～40个，做3～5组。练习过程中，慢速做锻炼的是相对力量，快速做练习的是绝对力量。手与胸部之间位置的远近也影响着肌肉的锻炼情况。身体条件好的朋友还可以把双脚放在物体上，高于肩部，增加锻炼的难度。总之，俯卧撑是锻炼上半身肌肉最好、最简单的锻炼方式。

3. 背部肌肉锻炼方法

（1）拉力器握杆下拉。整个运动过程中，要注意肩关节都不能向前卷动，要避免上背部拱起。身体不要过度后倾，躯干应尽量保持挺直。

坐在座位上，双腿放在护膝垫下方。正握拉力器握杆，间距比肩略宽。

挺胸，通过上臂向后下方拉动，将握杆向下拉直至触及锁骨。将握杆慢慢还原到开始位置，直至双臂完全伸展。

（2）俯身杠铃划船。保持双腿分开与肩同宽或略窄，保持腰背挺直，将杠铃正握在掌心，握的距离保持与肩同宽或略窄。

挺胸收腹，然后微微屈膝，让上半身向前倾斜，倾斜角度在60°～90°，把杠铃贴着膝盖下部位置。保持手臂自然下垂的状态，肘关节伸直但不要锁死，然后使用背阔肌发力，带动手臂将杠铃贴着膝盖沿着腿的线条向上提拉，直至小腹位置停止。

这时候保持动作顶峰收缩0.5～1秒，感受背阔肌的明显收缩感，然后让杠铃再顺着大腿的线条方向缓缓放下，放至起始位置，然后再次进行动作。

（3）引体向上。在做完杠铃划船动作后，很多人都会出现下背部不适的感觉或者紧绷感，这时候做几组引体向上能很好地拉伸背部肌肉，让背部得到更好的伸展，也对减缓下背不适感有很多帮助。

引体向上时建议采用宽握距，保持手臂伸直，同时要收紧臀部，背部保持平直，挺胸绷紧腹部，然后将身体向上拉，上拉到锁骨到单杠的位置保持0.5～1秒，然后缓缓下放。

（4）坐姿划船。运动过程中要避免上背部拱起或者身体过度后倾。进行划船动作时肩关节不能向内卷动。挺胸，肩胛骨收缩并拢。坐在座椅上，双脚用力抵住脚踏板。双手握住手柄举至胸部高度。脊柱保持中立位，手柄朝上腹部方向拉动，肘关节内收。手柄慢慢还原到开始位置。

4. 腹部肌肉锻炼方法

（1）仰卧起坐。最经典的腹肌训练动作，主要作用于上腹部。运动过程中双手置于脑后，运动过程中绝对不可以用手去掰脖子帮助身体弯曲，共需做 3 组，每组 9～12 次，每组之间允许有 30 秒的休息时间。

（2）仰卧抬腿。仰卧抬腿作用于下腹及下腰部，对于初学者或者腰部力量较弱的人来讲，可以弯曲双腿来进行这个动作，以减小难度。需要注意的是双腿下摆时不要触碰地面。共需做 3 组，每组 9～12 次，每组之间允许有 30 秒的休息时间。

（3）坐姿屈膝抬腿。坐姿，上半身向后倾斜，双臂位于臀后方，双手触地支撑身体。双腿伸直、双脚离地，然后双腿交替向前提膝。保持身体稳定，除腿部动作外，身体其他部位固定不动。

（4）俄罗斯转体。坐姿，双腿屈膝双脚离地，上半身稍微向后倾斜，下背部微弓。双手在体前握拳，转动双肩向一侧转体，双臂随着身体向一侧移动。顶点稍停后转向另一侧，动作过程中保持身体稳定，可以双脚踩地降低动作难度。

每个动作 20 次左右，根据自己能力适当调整，动作间的休息时间最好不要超过 30 秒，不累可以不休息，每次做 3～4 组，总体把握在 30 秒左右，每周 3～5 次或者隔天一次。

知识拓展：瑜伽

第六章　游泳运动

第一节　游泳运动概述

一、游泳运动的起源与发展

现代游泳运动起源于英国，早在 17 世纪 60 年代，英国不少地区的游泳活动就开展得相当活跃。随着游泳运动的日益普及，1828 年，英国在利物浦乔治码头修造了第一个室内游泳池，到 19 世纪 30 年代，这种游泳池在英国各地相继出现。

视频：漫谈游泳

第 1 届现代奥林匹克运动会时，就把游泳列为竞赛项目之一。1908 年，在英国伦敦举办第 4 届奥运会时，成立了国际业余游泳联合会（简称国际游联），审定了游泳各项目的世界纪录，并制定了国际游泳比赛规则，规定比赛距离单位统一用"米"。比赛项目自由泳设 100 米、400 米、1 500 米和 4×200 米接力；仰泳设 100 米；增设 200 米蛙泳项目。

1912 年，在瑞典斯德哥尔摩举行的第 5 届奥运会上，首次把女子游泳列入比赛项目，设女子 100 米自由泳和 4×100 米自由泳接力。

1952 年第 15 届奥运会上，国际游联决定把蛙泳和蝶泳分为两个项目比赛。从此，竞技游泳发展成四种泳式。以后，运动员为寻求快速度，蛙泳技术逐渐演变为潜水蛙泳，成绩提高很快。

我国近代游泳运动是 19 世纪中叶，由欧、美传入并逐渐流行起来的，开始在香港、广东、福建、上海、青岛等地，而后传及各地。1920 年国内游泳比赛开始增设女子项目。1924 年成立了"中国游泳研究会"。1980 年 8 月 1 日，国际游联恢复了中国合法席位，引起世界的瞩目。

二、游泳运动的特点、作用

游泳运动是凭借自身肢体动作与水的相互作用，在水上漂浮前进或在水中潜泳而进行的一种有意识的技能活动。它一直与人类生存、生产和生活相联系。游泳集水浴、空气浴、日光浴于一体，因为游泳在水中进行，消耗的热量比在陆地上大得多，这就必须尽快补充所散发的热量，从而促进人体内新陈代谢过程的加强，使体温调节机能得到改善，促进身心健康，逐步形成健美体形，并对人们的工作、生活产生深远的影响。在现代社会，游泳运动是最受大众喜爱的体育项目之一。

三、游泳运动的分类

随着游泳运动的发展,游泳被分为实用游泳和竞技游泳两大类。实用游泳又分为侧泳、潜泳、反蛙泳、踩水、救护等;竞技游泳分为蛙泳、爬泳、仰泳、蝶泳、自由式。

第二节 蛙泳

蛙泳是一种模仿青蛙游泳动作的游泳姿势。蛙泳时,游泳者可以方便观察前方是否有障碍物,避免撞上障碍物。蛙泳是竞技游泳姿势之一。人体俯卧水面,两臂在胸前对称直臂侧下屈划水,两腿对称屈伸蹬夹水,似青蛙游水。蛙泳较省力,易持久,实用价值大,常用于渔猎、泅渡、救护、水上搬运等,同时也是游泳初学者的学习项目。

一、蛙泳基本技术

1. 身体姿势

蛙泳技术比较复杂,同时技术也在不断发展。特别是近年来出现的"波浪式"蛙泳,身体位置更不稳定。在一个动作周期(一次蹬腿一次划手)结束后,有一个短暂的相对稳定的滑行瞬间,此时臂腿并拢伸直,身体较水平地俯卧于水面,头略微抬起,身体纵轴与水平面成 5°~10°角,身体保持一定的紧张度,以保持较好的流线型。当划水和抬头吸气时,头抬出水面,肩部上升,加上开始收腿,这时身体与水平面的夹角增大,约为 15°,如图 6-1 所示。初学蛙泳的人容易吸气时抬头过高而使身体下沉,这样会增大阻力。

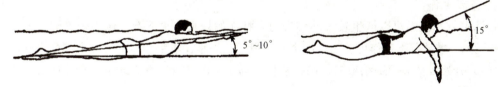

图 6-1 蛙泳

2. 腿部动作

蛙泳的腿部动作很重要,可产生较大的推进力,腿的动作可分为四部分,即收腿、翻脚、蹬腿和滑行。

(1)收腿。收腿动作不但不产生推进力,而且会给身体带来阻力,因此要考虑如何减小阻力。开始收腿时同时屈膝屈髋,两膝边慢慢分开,边向前收腿,小腿和脚应跟在大腿和臀部的后面,以较慢的速度和较小的力量使脚后跟向臀部靠拢,以减小阻力。收腿结束后,大腿与躯干之间成 130°~140°角,大腿与小腿之间成 40°~50°角。

(2)翻脚。翻脚对蛙泳蹬腿的效果起着重要的作用。但翻脚并不是一个独立的动作阶段,而是在收腿没有完全结束时就开始了。通过向外翻脚,使脚尖朝外,对水面积增大,并使脚和小腿内侧对准蹬水的方向。同时翻脚结束时，两脚之间的距离要大于两膝之间的距离，如图 6-2 所示。

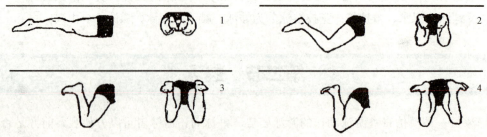

图 6-2　翻脚

（3）蹬腿。蹬腿也称"蹬夹水"或"鞭状蹬水"。先伸展髋关节，从大腿发力向后蹬水，小腿和脚掌做向下和向后的鞭水。腿在向后蹬的同时向中间夹紧，蹬腿结束时两腿应并拢伸直，踝关节伸直，如图 6-3 所示。

由于蹬夹水能够产生较大的推进力，应用较大的力量和较快的速度完成。

（4）滑行。蹬腿结束后，由于蹬腿的惯性作用两腿有一个短暂的滑行阶段。这时两腿应尽量伸直并拢，腿部肌肉和踝关节自然放松，为下一个动作周期做好准备。

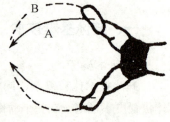

图 6-3　蹬腿

蛙泳腿常见的错误技术主要有：大腿收得幅度太大（易使身体上下起伏）或太小（易使脚和小腿露出水面而蹬空）；蹬腿过宽或过窄；收腿结束时分膝过大；蹬腿未翻脚及滑行时两腿未并拢；等等。

3. 臂部运作

蛙泳臂划水技术可以产生较大的推进力，蛙泳的划水从水下看，像一个"倒心形"，如图 6-4 所示。蛙泳臂部动作可分为开始姿势、滑下、划水、收手和移臂等几个部分。

（1）开始姿势。蹬腿结束时，两臂前伸，与水平面平行，掌心向下，身体保持流线型，如图 6-5 所示。

图 6-4　手臂技术

图 6-5　开始姿势

（2）滑下。两肩和手臂前伸，手腕向前、向外、向下方勾手，抓水结束时，两臂分开到约成 45°角，如图 6-6 所示。

图 6-6 滑下

（3）划水。划水是产生推进力的主要部分。划水开始时，两手继续外分手臂向外旋转，同时屈肘、屈腕，保持高肘划水。划水的前一部分手臂同时向外、向下和向后运动，如图 6-7 所示。

划水的整个过程应加速并始终保持高肘姿势完成，肘关节弯曲的角度随划水的进行不断减小，到划水即将结束时，肘关节屈至约 90°角，手位于肩的前下方。

图 6-7 划水

蛙泳划水常见的错误技术主要有直臂划水、沉肘、划水过宽或过长等。

（4）收手。划水结束后，手臂向外旋转，手同时向内、向上和向前快速运动，开始了收手过程。收手时，两掌心相对。收手结束时，肘的位置低于手肘关节弯曲成较小的锐角，如图 6-8 所示。

图 6-8 收手

（5）移臂。尽管目前有些运动员为了减小移臂的阻力采用从水面上移臂的方法，但这样做容易使腿下沉，所以并不流行。

移臂是在收手的基础上完成的。通过向前伸肩和伸肘，两臂前移至开始姿势。移臂时，掌心可以向下，也可以向内，在即将结束时再转为向下，如图 6-9 所示。

图6-9 移臂

移臂时不产生推进力,但要注意减小阻力。

4.呼吸及完整配合技术

蛙泳一般在一次动作周期中吸一次气。臂、腿、呼吸的配合多采用1∶1∶1配合。蛙泳呼吸利用抬头吸气,有早吸气和晚吸气两种配合形式。早吸气是在手臂刚开始划水时抬头吸气,吸气相对较长,收手和移臂时低头呼气。这种配合易于掌握,可以利用划水时的下压产生升力,有助于使上身浮起,抬头吸气;晚吸气是指划水结束收手时吸气,吸气时间较短,移臂时低头呼气。这种技术有一定难度,但抬头时间短,身体重心和浮心推动平衡的时间短,因而阻力小,被高水平运动员采用,如图6-10所示。

图6-10 呼吸及完整配合技术

蛙泳臂腿配合技术较为复杂。正确的配合技术是:手臂划水时,腿自然放松伸直;收手时腿自然屈膝;开始移臂时收腿,并快速蹬腿。

二、蛙泳学练方法

1.腿部动作练习

动作要领:收腿要慢,翻腿要充分,使脚掌、小腿和大腿内侧形成最好的对水面并向外、向内做弧形蹬夹水动作。

练习方法如下:

(1)陆上模仿练习。

1)坐撑在地上或池边,做收腿、翻腿、蹬夹水、并腿分解练习。

2)按上述动作做完整连贯动作练习。

3)俯卧在凳子或出发台上做上述动作练习。

（2）水中练习。

1）抓池边做蛙泳蹬腿练习。

2）蹬边滑行做蛙泳连续蹬腿练习。

3）扶打水板做上述练习。

2. 臂部动作练习

动作要领：划水时收手要快，移臂要慢，保持动作节奏，明确划水路线，整个臂部动作应同时对称进行。

练习方法如下：

（1）陆上模仿练习。

1）两脚原地左右开立，上体前倾，做蛙泳臂划水练习。

2）按上述动作配合呼吸进行蛙泳臂划水练习。

（2）水中练习。

1）两脚前后开立，上体前倾，做蛙泳臂划水练习。可配合呼吸动作进行练习。

2）由同伴抱住双腿，俯卧水中做上述练习。

3）双腿夹打水板进行上述练习。

3. 完整动作配合技术练习

动作要领：臂的划水动作先于腿，即先臂后腿，收手抬头吸气、伸臂低头吐气，收腿要慢，蹬夹要快，保证动作节奏。

练习方法如下：

（1）陆上模仿练习。

1）两臂伸直上举，一脚站立，另一脚抬起，做腿、臂、呼吸完整配合模仿技术练习。

2）两脚前后开立，前脚站立，后脚抬起，做蛙泳完整动作配合技术练习。

（2）水中练习。

1）蹬边滑行俯卧做蛙泳腿臂连续配合技术练习。

2）按上述动作，逐渐增加呼吸次数，最后，过渡到1∶1∶1完整动作配合技术。

3）增加练习距离，熟练和巩固蛙泳技术。

第三节　爬泳

爬泳又称为自由泳。在自由泳比赛中，规则规定可以采用任何一种姿势，因为自由泳的速度最快，所以在自由泳比赛中，一般都采用爬泳这种姿势。爬泳是身体俯卧水中，依靠两臂轮换划水，两腿上下交替打水向前游进。

一、爬泳基本技术

1. 身体姿势

游爬泳时，身体平直地俯卧在水中，身体的纵轴与水平面保持3°～5°角，微微抬起，其中平趋姿势能缩小前进时截面，有助于减少阻力，颈部自然后屈与水平面成20°～30°

角，两眼注视前下方，如图 6-11 所示。两臂轮换前伸向后划水，两腿上下交替打水。身体保持平直，既不要收腹提臀，也不要挺胸塌腰，但在游进中身体可以绕身体纵轴有节奏地转动，这种转动一般在 35°～45°角，如图 6-12 所示。

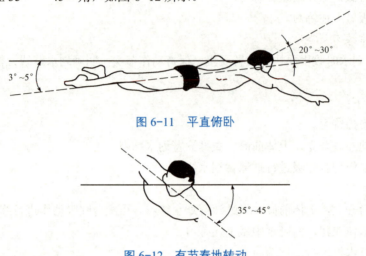

图 6-11 平直俯卧

图 6-12 有节奏地转动

2. 腿部动作

爬泳的打腿，主要使身体保持平衡，有利于划水，在整个爬泳的配合技术中有着重要的作用。爬泳的打腿是两腿不停地上下交替摆动。向下时，腿自然伸直，用髋关节发力，大腿带动小腿，打水的幅度，一般两腿间差距为 30～45 厘米。向下打水时，动作要快而有力，向上提腿时应放松一些。在向下打水时，由于惯性作用，此时小腿仍继续向上移动，而使膝关节有些弯曲，弯曲一般在 140°～160°角，如图 6-13 所示。在打水时，脚尖自然伸直，在向下打水时，两脚应自然向里转一些。

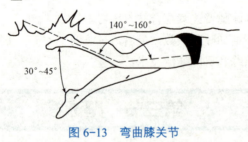

图 6-13 弯曲膝关节

打水的次数，一般是一个完整的划臂动作配合六次打水，但也有人采用四次打水和两次打水，这要根据个人的特点来决定。

3. 臂部动作

爬泳的手臂动作是产生推进力的主要动力。整个手臂动作可分为入水、抱水、划水、出水和空中移臂五个不可分割的部分。但是它们之间并没有明显的界限，而是一个完整的动作。

（1）入水：在完成空中移臂后，手应向前，自然放松地入水，入水点，一般在身体纵轴和肩关节的前方延长线之间。入水时手指自然伸直并拢，通过臂内旋使肘关节抬高，弯成

130°～150°角，使肘关节处于最高点，掌心斜向外下方。这种姿势阻力较小。

（2）抱水：臂入水后，手掌从向斜外下方转向斜内后方，并开始屈腕、屈肘，并保持高抬肘姿势。抱水时，上臂和水平面约为30°角，前臂与水平面约为60°角，手掌接近垂直对水，肘关节屈成150°角左右，整个手臂像抱个圆球似的。

（3）划水：划水是整个臂部动作产生推进力的主要环节。在抱水的基础上，划水时臂与水面成35°～45°角。开始划水时，屈肘为100°～120°角。此时前臂移动快于上臂，当划至肩下垂直面时，屈肘为90°～120°角。前臂迅速向后推水至侧腿旁，结束划水。在划水过程中，手掌微凹。

（4）出水：划水结束后，臂借助推水后的速度惯性，利用肩三角肌、肩带肌的收缩及身体沿纵轴的转动，将肘部向上方提起，并迅速将臂部提出水面，这时臂部和手腕应柔和放松。

（5）空中移臂：是臂部在一个划水周期中的休息放松阶段。移臂时，肘稍屈，保持比肩和手部都要高的位置，不要直臂侧向挥摆，也不要以手来带动臂完成屈肘移臂，这样动作紧张，而且也不正确，还达不到放松的目的。

（6）两臂配合：爬泳两臂是否协调配合，是前进速度均匀性的重要条件。

4. 呼吸与臂部动作的配合

爬泳的呼吸是利用头向左侧或右侧的转动，用嘴进行呼吸的。如以向右呼吸为例：右手入水以后，嘴和鼻开始慢慢地呼气，划至肩下向右侧转头，呼气量开始增加，当右臂推水即将结束，呼气量进一步加大。右臂出水时，马上张嘴吸气。移臂到一半时，吸气就结束，并开始转头复原。此时，又闭气，继续转头和移臂，脸部转向前下方。头部姿势稳定时，右臂又入水开始下一次划水。如此反复循环进行呼吸。

5. 呼吸和完整动作的配合

爬泳腿、臂、呼吸的配合动作，一般采用两手各划水一次，呼吸一次和两腿打水六次的配合方法。为了充分发挥手臂的作用，提高游进速度，也有采用两臂各划一次水，呼吸一次和打腿四次的配合方法。

二、爬泳学练方法

1. 腿部动作练习

陆上练习方法如下：

（1）坐姿打水：坐在岸边或桌椅边上，两手后撑，两腿伸直，脚尖相对，脚跟分开成八字形。以髋关节为轴，大腿带动小腿，做上下交替打水动作。先可以做慢打水，然后可以做快打水的练习。

（2）坐池边，两脚放入水中打水，要求同上。

（3）俯卧在池边或长凳上，两臂前伸或弯曲抱住物体固定，两腿自然并拢伸直，做上下打水动作。

水中练习方法如下：

（1）扶池槽打水：俯卧水面抓住池槽，可采用快速打水或慢速打水的方法。要求打水时，脚不出水面，如图 6-14 所示。

图 6-14　扶池槽打水

也可用仰卧的方法，两手抓住池槽，身体仰卧水面，用仰泳腿部动作的练习，体会爬泳打水的方法，但必须注意膝盖不能露出水面。

（2）手扶浮板或救生圈打水。方法要领同前。

（3）脚蹬池壁滑行打水。打水方法按腿部动作要领做。

（4）练习者由同伴拉着，做原位或后退行走的打水练习。

2.臂部动作练习

陆上练习方法如下：

（1）身体站立，上体前屈，两臂伸直平举，做单臂的抱水、划水、出水、空中移臂、入水的模仿动作。

（2）双臂的配合：原地站立，上体前屈，两臂伸直前平举做左（右）臂抱水、划水、左（右）臂出水、空中移臂入水。

水上练习方法如下：

（1）站立水中，上体前倾，做手臂的划水练习。动作按臂部动作要领做，如图 6-15 所示。

（2）上体前倾入水做水中走动的动作练习。

（3）水中两腿夹板做臂的划水练习。

（4）自己蹬池壁滑行后，做手臂划水的练习。

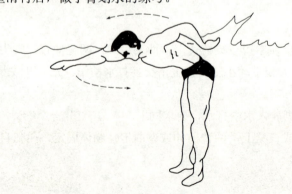

图 6-15　水中练习臂部动作

3. 呼吸动作

陆上练习方法如下：

（1）臂腿配合：体前屈站立，两臂前伸，做脚尖不离地两膝轮流前屈的踏步，并与二次划水配合。口令配合即1～3踏步，同时左臂划水一次；4～6踏步，同时右臂划水一次。

（2）单臂与呼吸配合：体前屈站立，做抱水动作，同时慢呼气，并向后划水、转头、用力呼气和吸气，然后做出水、入水动作，头转正时闭气。

（3）双臂和呼吸配合：体前屈站立，口令配合即1～3踏步，右臂划水一次，并配合呼吸、闭气、吐气、还原；4～6踏步，左臂划水一次，同时吸气、闭气、吐气、还原。

水中练习方法如下：

（1）体前屈：脸部入水，在水中做呼气动作；转头时，用力吐气；吸气时，下颌靠近肩部；闭气还原。

（2）站立水中，上体前屈成水平姿势，头部放在水里。开始时，可以练习一臂划水与呼吸的配合；再练习两臂同时划水与呼吸的配合；也可以模仿向前游泳的姿势，两脚向前走动进行练习。

（3）练习者双脚由同伴扶住，身体俯卧在水中，做呼吸与两臂配合的动作，如图6-16所示。

图6-16 水中练习呼吸动作

4. 爬泳的完整技术配合

（1）滑行打腿，一臂前伸，一臂划水。划时不要太快，但划水路线要长，以推水为主。

（2）滑行打腿，两臂分解配合。

（3）滑行打腿，两臂轮流划水，做前交叉配合。

（4）臂与呼吸配合，滑行打腿，单臂划水，向同侧转头呼吸。掌握后再做两侧呼吸。

（5）完整配合游。距离可以逐渐加长，在长游中改进和提高技术水平。

知识拓展：仰泳   知识拓展：水上救护与安全常识

第七章　户外与休闲运动

第一节　野外生存

一、野外生存概述

野外生存是指在远离居民点的山区、丛林、荒漠、高原、孤岛等野外环境中，在不完全依靠外部提供生存、生活的物质条件下，依靠个人、集体的努力保存生命、维持健康生活能力的训练。它以自身的挑战性、冒险性、趣味性和实用性等特点而引起了人们广泛的兴趣。

野外生存生活训练是促进个体身心健康，密切人与自然关系的一种新型运动方式，野外生存生活训练对培养大学生吃苦耐劳精神、适应能力、受挫能力、团队精神及环保意识等具有促进作用。

二、野外生存装备常识

1. 衣服

野外生存的衣服以实用性为主，以宽松、舒适、耐磨、随意为基本原则，选择通风性好（速干系列服饰）、保温性强（冲锋衣裤、抓绒系列）、适用性广的服装。

2. 野外生存用鞋

野外生存用鞋主要应该穿登山鞋。登山鞋有专为户外设计的鞋底，很厚实而且防滑，鞋身大多是采用全皮革的材质，可以避免在野外被锋利的岩石或者树枝划伤，保护性很足；也可选择专业运动鞋。

3. 背囊

背囊容量的大小与野外生存的天数有直接关系，一般不应小于50升。背囊的作用不可小觑，其他一切的工具和随身携带品多由它来收纳，能够释放双手，从而把重量交给整个身体来承担。除包内能容纳携带品外，包外也大有作为，悬挂和插兜都是重要的功能。

4. 帐篷

在野外，帐篷的主要功能是防风、御寒，避免昆虫及小动物滋扰，保证使用者能够得到良好充分的睡眠，对保持使用者的体力起着至关重要的作用，野外帐篷常见的有"人"字型、圆顶型等多种款式，使用者应按所要前往地区的季节和气候等情况选择适用的类型，并要在出发前学会怎样搭建。

5. 绳索

绳子也是野外生存必不可少的工具。在选择的时候，最好选择质量高、重量轻、品质优的绳子，这样既能节省空间，又能保证安全。建筑工人使用的安全绳和锁扣是物美价廉的代用品。一般登山绳索长 20 米左右即可。登山不同于攀岩，超过 10 米的悬崖峭壁对于普通人来说是"禁区"。

6. 手电筒

手电筒用于照明。手电筒的选用要注意以下几点：电筒要有备用灯泡，LED 灯的使用环境宽限，根据可否更换性来决定是否要备用；电池是可充电还是一次性电池，可充电的电池要考虑充电问题，可携充电器，如果是一次性的电池要准备充足；防水性能，下雨或河流等都有可能使手电筒失效，所以具备防水功能也很重要。

7. 指北针

去野外探险，建议使用专用指北针为好。其实指北针同相应的地图配合使用时作用最大，出发前应充分掌握指北针的使用方法。

8. 求生刀具

求生刀具，全龙骨，热处理合格，长度在 20～24 厘米，无背齿等多功能（功能越多性能越不可靠）的刀具。

三、野外生存基本技能

1. 判定方向

（1）利用罗盘（指北针）。把罗盘或指北针水平放置使气泡居中，磁针静止后，其标有"N"的黑一端所指的便是北方。除测出正北方向外，罗盘或指北针还可以测出某一目标的具体方位，方法是开罗盘将照准器对准目标，或将刻度盘上的 0 刻度对准目标，使目标、0 刻度和磁中点在同一直线上，罗盘水平静止后，N 端所指的刻度便是测量点至目标的方位，如磁针 N 端指向 36°，则目标在测量位置的北偏东 36°。

利用罗盘或指北针辨别方向虽然简单快捷，但需要注意：尽量保持水平；不要离磁性物质太近；勿将磁针的 S 端误作北方，造成 180°的方向误差；掌握活动地区的磁偏角进行校正。

（2）利用手表和太阳。在晴朗的白昼，根据日出、日落就可以很方便地知道东方和西方，也就可判断方向，但只能是大致的估计，较准确的测定有下列几种方法：手表测向"时数折半对太阳，12 时刻度指的是北方"，一般在 9 时至 16 时之间可以很快地辨别出方向，用时间的一半所指的方向对向太阳，12 时刻度就是北方，如 14：40 的时间，其一半为 7：20，把时针对向太阳，那么 12 时刻度指的就是北方，或者是把表平置，时针指向太阳，时针与 12 时刻度平分线的反向延伸方向就是北方；或者平置手表，将一根小棍垂直立在手表中央转动手表，使小棍的影子与时针重合，时针与 12 时刻度之间的平分线即是北方。

（3）利用北极星。北极星位于正北天空，其出露高度角相当于当地纬度，据此可以很快找到北极星。通常根据北斗七星（大熊星座）或 W 星（仙后星座）确定。北斗星为七颗较亮的星，形状像一把勺子，将勺头两颗星 β 和 α 连线并延伸约 5 倍处便是北极星。当看不到北斗星时，可根据 W 星，即仙后星座寻找北极星。仙后星座由五颗较亮的星组成，形状像字母 W，字母的开口方向约开口宽度的两倍距离处是北极星。

2. 野外徒步技能

徒步穿越是野外生存主要形式之一，在较长的路线、复杂的地形中，高超的徒步穿越技能可以更好地帮助自己节省体能，提高野外安全系数。当然，健康的体魄和良好的体能储备是徒步穿越最重要的条件之一。这些没有捷径可以走，所以我们在徒步穿越之前必须制订长期的锻炼计划，不断地提升自己的身体素质，为野外徒步穿越打下坚实的体能基础。

行进时，应根据地形来改变自身的重心。野外不是城市，人是直立行走的动物，会本能地直起身子对抗地心引力。略微弯腰到合适的角度，可以让负重传递到髋部和脚。上坡时，应将腰弯低与坡面保持平行，脚要踩实，一步一步向上行进。行进时，可以用手向上提背包带，或用手托住背包，最大限度地减小肩部压力。下坡时，双腿应略微弯曲进行缓冲，腰部挺直，重心放于髋部，让背包的重量压在肩膀上。若不慎打滑，可以向下坐在地上而不至于向前翻滚。上下坡时不要将手放进口袋，摔倒时手要灵活地帮助自己进行缓冲。

烈日下行进要注意防晒，穿着轻薄透气的衣物，避免中暑。在丛林中行进时应穿上长袖长裤，避免蛇虫侵扰。夜间行进应携带照明设备，要注意仔细反复地辨认方向，严格地遵守询问和应答条例，定时清点人数，做好路标。

3. 野外取水

在野外取水，可以凭借灵敏的听觉器官，多注意山脚、山涧、断崖、盆地、谷底等是否有山溪或瀑布的流水声，有无蛙声和水鸟的叫声等。如果能听到这些声音，说明已经离有水源的地方不远了，并可证明这儿的水源是流动的活水，可以直接饮用。但要特别注意的是，不要把风吹树叶的"哗哗"声当作流水的声音。也可用鼻子嗅，尽可能地嗅到潮湿气味，或因刮风带过来的泥土腥味及水草的味道。然后沿气味的方向寻找水源。当然这要有一定经验积累。

观察需要丰富的经验和知识。观察动物、植物、气象、气候及地理环境等也可以找到水源。根据地形地势（地理环境），判断地下水位的高低。如山脚下往往会有地下水，低洼处、雨水集中处，以及水库的下游等地下水位均高。另外，在干河床的下面、河道的转弯处外侧的最低处，往下挖掘几米左右就会有水，但泥浆较多，需净化处理后，方可饮用。

4. 野外获取食物

野外生存获取食物的途径主要有两种。一种是猎捕野生动物，另一种是采集野生植物。

（1）猎捕野生动物。猎捕野生动物首先要知道动物的栖息地，掌握动物的生活规律，然后再采取压捕、套猎、捕兽卡、射杀等方法进行猎捕。这需要在专家指导下经过较长时间的训练和实践后才能真正掌握。下面仅简单介绍可食用昆虫和可食野地生植物的种类、食用方法。

世界上人们在食用的昆虫有蜗牛、蚯蚓、蚂蚁、知了、蟋蟀、蝴蝶、蝗虫子、蚱蜢、湖蝇、蜘蛛、螳螂等。人们对吃昆虫虽然不习惯，甚至感到厌恶，但在万不得已的情况下，为维持生命，保持战斗力，继而完成任务，不妨一试。但是应注意，要煮熟或烤透，以免昆虫体内的寄生虫进入人体，导致中毒或得病。

常见的可食昆虫有：蝗虫浸酱油烤着吃，煮或炒也可以；螳螂去翅后烤或炒，煮也可以；蜻蜓干炸后可食；蝉生吃或干炸，幼虫也可食；蜈蚣干炸，但味道不佳；天牛幼虫可生食或烤；

蚂蚁炒食，味道好；蜘蛛除去脚烤食；白蚁可生食或炒食；松毛虫烤食。

（2）采集野生植物。可食野生植物包括可食的野果、野菜、藻类、地衣、蘑菇、蕨类等。我国地域广大，适合各种植物生长，其中能食用的就有 2 000 种左右。我国常见的可食野果有山葡萄、笃斯、黑瞎子果、茅莓、沙棘、火把果、桃金娘、胡颓子、乌饭树、余甘子等，特别是野栗子、椰子、木瓜更容易识别，是应急求生的上好食物。常见的野菜有苦菜、蒲公英、鱼腥草、马齿苋、刺儿草、荠菜、野苋菜、扫帚菜、菱、莲、芦苇、青苔等。野菜可生食、炒食、煮食或通过煮浸食用。

但是，一般人需要在专家指导下经过一定时间的训练才能掌握这些知识，这里介绍一种最简单的鉴别野生植物有毒无毒的方法，供紧急情况下使用。通常将采集到的植物割开一个小口子，放进一小撮盐，然后仔细观察是否改变原来的颜色，通常变色的植物不能食用。

5. 野外生火

野外生火是人们在野外生存的技能，主要用于取暖、照明、煮饭等户外场景。主要方法有火柴取火、击石取火、藤条取火等。

（1）收集需要的东西。

1）点火的工具通常是选择打火机或火柴，特殊情况下可以用放大镜、镁或者燧石生火。

2）收集引火物，可以用刀把干树枝和树皮削成粉状易燃物。易燃物包括干死的植物和草、蜡、火绒布、苔藓、木屑、纸、油松、干树叶等。

3）收集点火源，如干树枝、木块、纸块、切成小块的木头、绒毛棍等。

4）收集燃料，好燃料包括干木头、缠绕的干草、泥煤、干了的动物粪便、煤炭等。

（2）点火。把石头围成一个圈或者挖一个火坑，将引火物堆在火坑里。把易燃物堆在引火物上面，点火并逐步添加引火物。添加柴火时先添加最小的木块碎片，然后慢慢加大的木块。

（3）搭火。

1）堆成锥形。将易燃物和几根点火的小树枝堆成一个锥形，点燃它们的中心，外部的小树枝将会逐渐倒塌，让火燃得更旺。

2）金字塔形。把两个小木头或者树枝平行放在地面上，然后在与它们相垂直的方向放上一层小木头或者树枝在上面，添加 3～4 层，每次添加都交替方向，在金字塔顶部点火，火焰会往底座蔓延。

3）横沟形。在地上画一个直径 30 厘米的横线，挖成 7.5 厘米深，将易燃物放在中间，上方建一个引火物金字塔，点火。

6. 野外急救

在野外生存情况下受伤可能会变得非常严重，一个简单的伤口在野外很容易受到感染，而骨骼和关节损伤会让人动弹不得。急救作为一种生存技术不仅仅是基本的医疗需要，也是人类赖以生存的必要手段。

在野外受伤后，不要惊慌，保持冷静，做该做的事情来解救自己，最重要的是保持大脑的正常运转，这是生存的最基本的急救措施。

大学体育理论与实践

进入荒野前，应该始终携带医疗急救包（基本的医疗物品包括绷带、纱布、棉球、棉签、剪刀、酒精垫、橡胶手套、安全别针及各类药品），但如果没有使用它们的技能，它们就无济于事。

基本的心肺复苏术和创伤急救知识应该在平时学习掌握，经常参加野外急救课程的培训能够扩展急救知识量与操作技能。

第二节　登山

一、登山运动概述

登山是指在特定要求下，运动员徒手或使用专门装备，从低海拔地形向高海拔山峰进行攀登的一项体育活动。登山运动可分为登山探险（也称高山探险）、竞技攀登（包括攀岩、攀冰等）和健身性登山。登山设备要适应登山运动的环境条件，在设计、选材、用料、制作上要尽量使其轻便、坚固、高效，并能一物多用。

登山来自人们生活、生产劳动的实践。世界上许多地方都有山，地球上几乎所有国家都有山脉。俗话说"靠山吃山，靠水吃水"，长期生活在山上或靠山的地方的人通过上山砍柴、打猎、伐木及采掘野果、野菜、药材和矿藏等手段，取得各种生活和生产资料。在远古时期，洪水泛滥时，人们上山去躲避洪水。当人类社会出现部落、民族和国家后，人们又常常上山去躲避入侵的敌人或依山打击敌人。在商品交换形成之后，人们又赶上马匹，翻山越岭与外族进行商品和文化、艺术的交流。

登山运动是体育运动的一类。运动员徒手或使用专门装备攀登各种不同地形的山峰或山岭。登山运动可分为金字塔形兵站式登山、阿尔卑斯式登山和技术登山等数种。

登山始于18世纪80年代。1786年8月8日法国医生巴卡罗与石匠巴尔玛结伴第一次登上阿尔卑斯山的最高峰勃朗峰（海拔4 807米），次年，由青年科学家德·索修尔率领的十九人登山队再度登上勃朗峰，世界登山运动从此诞生。因此项运动首先从阿尔卑斯山区开始，故也称为"阿尔卑斯运动"。从1786年至1865年间，阿尔卑斯山脉海拔3 000～4 000米以上的高峰，相继为登山运动员登上，国际登山史上称此一时期为"阿尔卑斯的黄金时代"。

19世纪80年代以后，使用各种攀登工具和技术的技术登山日渐推广，其活动地区也从阿尔卑斯低山区转向喜马拉雅高山区。1950年至1964年，世界十四座8 000米以上的高峰，包括世界最高峰珠穆朗玛峰在内，相继为中、英、美、意、日等十多个国家的登山运动员所征服，国际登山史上称此一时期为"喜马拉雅的黄金时代"。1964年后许多登山"禁区"被突破，开始进入从来无人使用过的难险路线攀登7 000～8 000米以上高峰的新时期。1978年并在喜马拉雅高山区出现不用氧气登上高峰的阿尔卑斯式登山。

中国此项运动始于20世纪50年代。1955年出现第一批登山运动员，1956年建立第一支登山队。1960年和1975年先后两次从东北山脊登上珠穆朗玛峰，并于1975年将一个特制金属测绘觇标竖立在珠峰顶上，准确测出该峰的高度为8 848.13米。这是国际登山史上首次对世界最高峰高程的确切测量。1964年登上最后一座从未有过人迹的8 000米以上的希夏邦马峰。在多次登山活动中，登山运动员与科学工作者密切配合，进行了各种高山考察活动。

经常出外进行登山活动对人体有很大的好处，从医学角度来说，它对人的视力、心肺功能、四肢协调能力、体内多余脂肪的消耗、延缓人体衰老五个方面有直接的益处。

二、登山装备

登山装备是指登山活动中集体和个人所使用的专用装备、保障装备和日用装备的总称。它与登山食品、燃料一起，构成登山活动的整个物资保证。登山装备，应该充分适应登山运动的环境条件特点，在设计、选材、用料、制作上，尽量使其轻便、坚固、高效和多用。

1. 专用装备

专用装备是指直接与登山活动有关的最必需、最起码的装备，包括被服装备、技术装备和露营装备。

（1）被服装备。登山运动所需被服装备如下。

1）岩石衣裤：即竞技登山活动中穿用的衣裤。要紧身合体，袖口、裤脚采用松紧式较好，选料应用结实耐磨又富于弹性的毛制品。

2）岩石鞋：岩石作业的一种特用鞋。鞋帮最好用结实、通气的皮革类原料，鞋底用较硬的橡胶类原料。鞋底较厚并压有突起的齿纹，以利于行动中摩擦固定，防止滑脱。

3）御寒服装：用于登山活动中的保温御寒，保温层最好用优质鸭绒，面料要轻、薄、密实、防水、防风。衣面颜色尽量深色，鲜艳一些，以利吸热和便于山上山下的观察识别。除衣裤外，根据需要也可制作羽绒帽、袜、手套和帐篷内用鞋。

4）风雪衣：用防水的优质尼龙原料制成。上衣连帽，帽口、袖口、裤脚能调整松紧。其用途是防风、保暖和保护内层。

5）高山靴：攀登冰雪地形的特用鞋。用料要保暖、防水、质轻、通气。还可另配绑腿和鞋罩，进一步起保暖防水和保护的作用。在冰坡上行动时，要在靴下绑冰爪。

6）行囊：包括背包、背架和行李袋。

7）防护眼镜：用以遮挡强烈阳光和冰雪反射光，防止紫外线对眼睛的伤害，一般是茶色镜片较好。在7 000米以上高山，应配备专防紫、红外线的防风雪眼镜。

（2）技术装备。登山运动所需技术设备如下。

1）冰镐：通过冰雪坡时不可缺少的用具，既可整修道路、辅助行进，又可用于保护。

2）冰爪：在冰雪地形，特别是冰坡上行进时必需的装备，用轻硬金属制成。因装于高山靴的底部，又类似猫爪而得名。主要作用在于行进中的固定和防滑。

3）安全带：由圈套、带子和卡子组成，系在胸部，构成各种保护技术中的连接装置。

4）主绳：长35米左右，直径12毫米左右，承受力在1 500千克以上，应分别配有不同颜色，以便于使用时识别。用于渡河架"桥"和结组等各种保护技术。

5）辅助绳：直径小于主绳，承受力约800千克。与主绳配合，用于渡河架"桥"和各种保护、救护技术。

6）雪崩飘带：是遭遇雪崩时探寻被掩埋者的一种标记。用色彩鲜艳、比重小、易于飘动的丝绸制品。每根规格约为5×0.01（米）。通过雪崩区之前，将此物系于运动员身上。

7）铁锁：在技术操作中，一些装备之间需要交替不断地进行连接和解脱，为避免烦琐的结绳、解绳操作，使动作简单而迅速，就必须有铁锁的辅助。有时也可替代滑轮使用。

8）钢锥：有岩石锥和冰雪锥两类。在克服难度较大的岩石、冰雪地形的作业中，将不同长度和类型的钢锥打入岩石缝或冰层里，作为行进和保护用的支点。

9）铁锤：一般用于打入和起出钢锥。

10）雪铲：用于平整营地、构筑雪洞等铲挖作业中。

在上述一些技术装备的基础上，可根据每次任务的具体路段情况，改进、制备一些相应的增效技术装备，如上升器、下降器、走雪橇、金属梯、软梯、小挂梯、滑车等。

（3）露营装备。登山运动所需露营装备如下。

1）帐篷：是登山运动员在山上的居室。可分为低山帐篷和高山帐篷两种。低山帐篷一般用单层料即可，高山帐篷则要用双层料，使之有空气层，以增加保暖性能。一般帐篷每个约4立方米空间，居住2～4人。如队伍规模较大，基地营的帐篷可分别制成更加实用的住宿帐篷、炊事帐篷、医务帐篷等。各种帐篷的顶部形状以弧形为好，以增强结构力和实用性，此外要求防水、绝缘、通气、色彩鲜艳，出入口开闭方便。

2）睡袋：用料与羽绒服装相同，只是保温层应更厚些。为了防水防潮，要垫有毛毡。

3）灶具：用于烧水做饭，也可取暖。灶具有汽油炉和煤气炉两种。在7 000米以上空气稀薄的高山上，后者效果较好。

（4）保障装备。不是登山运动专用，而是为了应付各种意外情况及其他目的而备用的一些器材和用具。如氧气装备、通信器材、摄影器材、自卫武器、交通工具、观测仪器、医救器材和一般用品等。保障装备的种类和数量配备，要根据任务性质和队伍规模而定，有时要从简，有时则要加强。

登山运动所需较重要的保障装备如下：

1）氧气装备。氧气装备也属于保障装备。在攀登7 500米以上高峰时，为了克服高山缺氧和医疗急救，一般需有氧气装备。氧气装备一般由贮气筒、指示装置和面具3部分构成。贮气筒是贮存氧气的容器，筒壁用料要尽可能质轻而耐高压。指示装置有气压表和调节器两部分。前者指示筒内氧气贮量，后者控制和指示用氧时的流量。面具则由面罩及其下部的缓冲囊组成。面罩戴于面部，使口、鼻与氧气装备密闭成一个系统，通过缓冲囊与皮管吸用氧气。

2）通信器材。用于基地营同附近城市、基地营同山上之间的联络。前者可根据距离选用相应型号的无线电收发报设备，后者最好使用高性能的小型报话机。在基地营同山上的联络中，运动员应尽可能熟悉和掌握一些原始的、基本的、简易的联络手段，如旗语、灯语、哨语等。为此，在装备中要注意配备旗子、手电筒、信号枪、哨子、焰火等。如上述手段都无可能时，还可根据预先的约定，借助燃烧衣、物等的火光互相做些简短通报。

3）摄影器材。在一些以攀登高峰绝顶为目的的登山活动中，摄影是记录和猎取确认登顶资料的手段。因此，摄影器材是必不可少的装备。除照相机外，如条件允许，还应配备电影摄影机和录像器材。

（5）日用装备。登山运动所需日用装备是指生活用具和用品。一次登山活动，运动员在高山区活动时间较长，有时可达两个月，各种用具用品必须携带齐全。日用装备包括起居用具、卫生用品、简单工具、常备药品、辨向图仪、娱乐用品、纸张文具、缝纫用品、灯火照明、体育用品等。

三、登山运动基本步法

1. 上坡步法

在上坡起步时，一定要放慢脚步，要遵循吸一口气、踏一步，接着吐一口气，再踏出一步的法则上攀；倘若依此法上攀陡坡数步，便感到喘不过气来，则应将步伐缩短，然后继续遵照上述的呼吸步伐行进；如果一开始行走陡坡两三个小时都不必休息，就代表已经成功掌握调气步法了。当然，在爬更陡的坡，背更重的背包时，则需一吸一吐往上一小步的方式前进。另外，需要注意的是，吸气时需用力深呼吸，如此不但供气可以增加，调气也能做得更好，高山症发生的概率也会降低。

2. 休息步法

这种步法是每上一步时，后边的脚一定要伸直，只有将大小腿伸直，体重才能完全由腿来支撑，如此才可以让大小腿肌肉放松。反之，膝盖从未打直，当然肌肉容易疲劳过度，甚至发生大腿抽筋。

3. 上下碎石坡的步法

上下不太陡的碎石坡，需要将鞋底完全接触碎石坡斜面，这样才能最大地利用摩擦力，容易而省力地行走于碎石坡上。若遇较陡的碎石坡时，可借助大小腿之力，将鞋平推入碎石坡再上移。下坡则可利用脚跟下踩的力量，让碎石坡出现一踏足点后，再继续下移步伐。

第三节　轮滑

一、轮滑运动概述

轮滑又称为"溜旱冰"或"滑旱冰"，指使用各种滚轴类鞋等类似器材在各种场地进行的运动。轮滑运动是一项休闲运动，同时也是竞技项目，随着它的不断完善，目前已形成多项轮滑竞技项目，现代主流的轮滑运动分为速度轮滑、花样轮滑和轮滑球三大项，但随着轮滑运动的发展，轮滑项目也逐渐细化。

轮滑是一项全身性运动，它能促进心脑血管系统和呼吸系统机能的改善和代谢作用的加强，例如促进心脑血管系统和呼吸系统机能的改善和代谢，能增强臂、腿、腰、腹等各处肌肉的力量和身体各个关节的灵活性，特别是对人平衡能力的掌握上有很大的帮助和协调。同时，轮滑也是一项健康的有氧运动，一般来说轮滑的最大氧气消耗量（测量运动强度的基准）是跑

步的90%。轮滑属于典型的有氧运动,可以达到强化心血管和燃烧脂肪的效果。

二、轮滑基本动作

基本动作练习是学习轮滑的第一步,初学者应按照循序渐进、由易到难的原则,先扶物或扶人进行练习,待初步掌握身体平衡后再进行徒手练习。

1. 基础姿势

标准速滑基础姿势简称"静蹲姿势"。姿势要领:两脚平行且两脚尖向前,两脚打开约一拳宽;膝盖弯曲下蹲,大腿与小腿角度110°～120°,小腿与地面角度60°～70°,膝盖之间的距离与脚保持同宽;弯腰俯身抬头向前,脊椎自然弯曲不僵直,保持背与地面平行,头抬起目视前方6～10米处地面;双臂自然背后。

2. 重心转移

重心转移是轮滑练习的最重要的一项,因为轮滑运动本身其实就是重心不断转移的过程。

练习要领:静蹲姿势预备。首先在保持身体原地不动的基础上,向身体的一侧横向蹬出该侧的腿,蹬出的腿要蹬直,此时一定要保持身体的重心完全放在没有蹬出去的那条腿上,且上身的姿势仍保持静蹲姿势不变。然后上身保持静蹲姿势不变的情况下向蹬出的腿的方向平行移动(切记两脚仍在原地保持不动),上身移动至蹬出的腿的上方,刚才的支撑腿就是现在的蹬出腿,平移的过程中从头至臀的轴线要始终保持朝向正前方,以静蹲姿势平移过去。如此循环练习,要领同上。

要点:循环练习中上身要始终保持静蹲姿势,不可左右摇摆或忽高忽低。平移的过程中从头至臀的轴线要始终保持朝向正前方,每次重心转移必须将重心完全放在支撑腿上,待稳定后再做下步动作。

3. 直线滑行

(1)分解直线滑行练习。静蹲姿势准备。首先将身体重心转移至一条腿上,另一条腿用脚内侧向斜后方蹬地,蹬地后迅速收回至静蹲姿势自由滑行,此过程中上身始终保持静蹲姿势,不能变。接着重心转移另一侧,换用另一条腿蹬地,左右如此往复练习,要领同上。

要点:重心转移要到位,上身姿势要始终保持静蹲姿势。

(2)直线滑行练习。同分解直线滑行练习,只是蹬出脚收回至静蹲姿势时不必再保持静蹲姿势自由滑行,而是一条腿蹬出收回后另一条腿马上再蹬出收回,如此循环练习,重心、姿势的要领、要点同分解直线滑行练习。

(3)直道滑行的摆臂动作。滑行过程中加入摆臂的动作的目的和我们陆地上跑步、走步摆臂的原理是一样的,都是为了更好地保持平衡以达到平稳加速的目的。

1)直线滑行时的摆臂:两臂用力一前一后摆动,摆幅高度为向前摆时手的高度不超过面部,以视线以下为佳;向后摆动时,手要从身体下面过再向上摆动,手臂伸直,尽量向身体内侧收,不要太向外打,摆动高度为尽可能地向后摆的一个自由高度。

2）弯道时的摆臂：入弯时弯道内侧的手臂自然背后，外侧的手臂用力摆动以保持平衡。此时摆臂的幅度可稍减小。

4. 弯道滑行

弯道滑行要克服的难点就是自身体重造成的离心力，弯道时的离心力，所以我们的身体就要向弯道内侧倾斜，而且转弯半径越小的弯道，身体倾斜度就得越大。

（1）平行转弯。平行转弯是直线滑行的基本转弯。要领是：入弯时两脚一前一后平行错开，弯道内侧的脚向前错，弯道外侧的脚向后错，然后身体重心向弯道内侧倒，同时，身体头尾的纵轴线的朝向，也要跟着弯道转向，直至出弯后再收回两脚。

要点：重心的倾斜和身体轴线的转向要同步，两脚错开的距离根据个人身高要适当。

（2）弯道夹脚。弯道夹脚是标准速滑的转弯动作，它的特点就是利用弯道进行加速。平行转弯的过程是个减速的过程，但是弯道夹脚却是个加速的过程，所以在速滑比赛中，运动员们都是利用狭小的弯道空间进行加速超过对手。其要领是：入弯时静蹲姿势，身体重心向弯道内侧倾斜，同时弯道外侧的脚向外侧蹬出，蹬出后收回至内侧脚的前面，此时两脚呈交叉状。切记外侧腿收回至内侧腿前面的同时，内侧腿就要向外侧蹬出，这样等外侧腿收回后可直接收回内侧腿蹬出外侧腿。内侧腿收回后要放在身体重心的下方，以稳定重心，此时外侧腿已开始蹬出回收。如此往复练习，要领同上。

要点：重心的倾斜和身体轴线的转向要同步，两脚蹬出收回要紧凑，两腿的蹬出都要发力，同时上身始终保持静蹲姿势，始终要保持一腿蹬出时另一腿已经收回，一脚落地时，另一脚已离开地面，一定要紧凑。

5. 停止法

不少初学者要面对的难题不仅仅是转弯，还有更重要的刹停。所谓刹停，就是刹车停止。最基本的刹车就是 T 刹，它适用于一般的直线滑行的刹停。而急速的速滑选手则需要进行减速之后再用一种叫作"A 刹"的刹车方式停止。

要领：在向前滑行中，先将重心完全放在一条腿上，该腿膝盖弯曲，同时抬把另一只脚横放在支撑脚脚后，让两脚脚尖角度为 90°，然后后面的脚轻拖地面，减缓滑行速度，直到停止滑行。此过程中，重心始终放在前面的腿上，上身始终保持正直，后腿的膝盖朝向要和后脚脚尖的朝向一致，两膝盖不可紧挨。

三、参加轮滑运动应掌握的安全常识

在轮滑运动的教学与训练中，为防止和避免一些意外事故发生，在练习中应注意以下几个方面。

（1）初学者上场练习时，应着运动服或长裤长袖衣服，戴上护具，避免摔倒时受伤。

（2）初学者上场练习时必须采取正确的练习姿势，要注意上体的前倾和小腿的前伸，切不可在滑行中身体伸展、后仰。

（3）每次练习时应注意检查场地。如有沙石、木屑、烟头等杂物要及时清除干净，如有

裂痕要及时修补。

（4）每次上场练习前要严格检查轮滑鞋是否符合练习要求，必须戴护盔和防护手套。

（5）在练习场上严禁随意追逐、打闹等。严禁在跑道上顺时针方向滑跑。

（6）场地附近应备有常用外伤药品，一旦有外伤情况应立即处理。如有骨折、脑震荡等严重伤害出现时，应及时护送至医院治疗。

第四节　攀岩

一、攀岩运动概述

1. 攀岩运动的起源和发展

最早的攀岩者当然是远古的人类。可以想见，他们为了躲避猎食者或敌人，在某个危急的时刻纵身一跃，从此成就了攀岩这项运动。而人类最早的攀登记录，是公元 1492 年法国国王查理八世命令 Domp Juliande Beaupre、Captainof Montelimar 去攀登一座名为 Inaccessible 的石灰岩，高为 304 米。当时他们就带着简单的钩子和梯子，凭着经验和技巧登顶成功。那座山后来被命名为 Mt Aiguille，那次攀登成为历史上第一个有记录并使用装备的攀岩事件。然而之后长达几百年的时间里，历史上一直没有再留下人类新的攀登记录。

一直到了 17 世纪中期，人们攀登高山的活动开始重新被记载下来。冰河地形及雪山成为这些早期登山者主动迎接的挑战，而他们的足迹遍布阿尔卑斯山区。在 1850 年，登山者已经发展了一些简单的攀登工具，以帮助他们通过岩壁和一些冰河地形。例如，有爪的鞋子和改良过的斧头和木斧，这些都是现在冰爪和冰斧的前身。

在阿尔卑斯山区，有另外一些人尝试不过多依赖工具，而是运用他们自己的身体来攀登高山。1878 年，George Winkler 没使用任何工具，成功首攀 Vajolet Tower 西面。虽然 George Winkler 使用了钩子且鞋子也经过改良，但他仍算是开创了自由攀岩运动的先河。

进入 20 世纪 80 年代，以难度攀登而闻名的现代竞技攀登比赛开始兴起，并引起人们广泛的兴趣。1985 年在意大利举行了第一次难度攀登比赛。1988 年 6 月国际竞技攀登比赛在美国举行。1989 年首届世界杯赛分阶段在法国、英国、西班牙、意大利、保加利亚和苏联举行。运动员参加各地比赛，最后累计总成绩，进行排名。世界杯攀登比赛每年举行一次。我国于 1987 年在北京怀柔登山基地举办了第一届全国攀岩邀请赛，此后每年一届。随着攀岩运动的蓬勃发展，国际攀联在各大洲成立委员会，组织洲内地区性大赛。"亚洲攀委会" 1991 年 1 月 2 日在我国香港成立，第一届亚锦赛于 1991 年 12 月在香港举行。

2. 攀岩运动的特点

攀岩运动是一项不用攀登工具（攀登工具仅起保护作用）而仅靠手脚和身体平衡来攀登陡峭岩壁或人造岩墙的竞技性运动项目。攀岩者在各种高度及不同角度的岩壁上，连续完成转身、引体向上、腾挪甚至跳跃等惊险动作，集健身、娱乐、竞技于一身，是一项刺激而不失优美的极限运动，被全球的攀岩迷们称为"峭壁上的芭蕾"。

3. 攀岩运动的分类

攀岩的分类有很多种，主要有以下几种。

（1）按地点分类。

1）自然岩壁攀登。在野外攀爬天然生成的岩壁，一般是经人工开发和清理过的难度路线。优点：可以接近自然，充分体会攀岩的乐趣；岩壁角度、石质的多样性带来攀登路线的千变万化；由于岩壁固定，路线公开且可长期保留，自然岩壁的定级可经多人检测对比，成为攀岩定级的主要依据。缺点：野外岩场地点偏僻，交通不便，时间和金钱花费都较大；路线开发也比较费力；路线开发时间长了会老化。

2）人工岩壁攀登。在人工制造的攀岩墙上攀登，包括室内攀岩馆和室外人工岩壁。优点：对攀岩者而言安全性较高；交通方便，省时省力；不可预见因素少，可以定期训练或进行专项训练；人员密集，便于交流切磋；人工岩壁可以对路线进行保密性设置，从而成为攀岩比赛的主要形式。缺点：缺少特殊地形，创意性小，自由发挥余地小；支点的可调性使得人工岩壁路线常变，定级主观性更强，准确度偏低；相对自然岩壁，线路问题会比较尖锐，人工线路难度越大，对力量要求越高。

（2）按攀登形式分类。

1）自由攀登。不借助保护器械（主绳、快挂、铁锁等）的力量，只靠自身力量攀爬。此种攀登形式在我国占主导地位，较符合体育的含义范畴，考验人体潜能。

2）器械攀登。借助器械的力量在大岩壁攀登中较为常用，对于难度超过攀登者能力范围的路线，有时也借助器械通过。其意义存在于攀登者的项目目标和活动历程中，而不在于攻克难度动作。对器械操作的要求较高。

3）顶绳攀登。在岩壁上端预先设置好保护点，主绳通过保护点进行保护，攀登者在攀登过程中无须进行器械操作。此种攀登形式安全，脱落时无冲坠力，适合初学者；但对岩壁的要求苛刻，岩壁必须高度合适（8～20米）且路线横向跨度不大。由于需要绕到顶部进行预先操作，架设和回撤保护点的工作都比较烦琐。有时为方便初学者，可在先锋攀登的路线上架设顶绳。

4）先锋攀登。路线预先打上数个膨胀钉和挂片，在攀登过程中，将快挂扣进挂片使其成为保护点，并扣入主绳保护自己，攀登者需要边攀登边操作。先锋攀登在欧洲尤其法国最为盛行，它比传统攀登安全性高，可以降低心理恐惧对攀爬的影响，从而使攀登者全力以赴突破生理极限，挑战最高难度。另外，在角度较大或横向跨度较大的路线中，先锋攀登方式比顶绳保护有更大的便利，可以让攀登者脱落后很容易地重新回到脱落处，对难点进行反复练习。这种方式使攀岩由冒险的刺激运动变成安全的体育训练，所以先锋攀登被称为定点攀登。

（3）按比赛形式分类。

1）难度攀岩。难度攀岩是以攀岩路线的难度来区分选手成绩优劣的攀岩比赛。难度攀岩的比赛结果是以在规定时间里到达的岩壁高度来判定的。在比赛中，队员下方系绳保护，带绳向上攀登，并按照比赛规定，有次序地挂上中间保护挂索；比赛岩壁高度一般为15米，线路由定线员根据参赛选手水平设定，通常屋檐类型难度较大。

2）速度攀岩。速度攀岩如同田径比赛里的百米比赛一样，充满韵律感和跃动感。其按照指定的路线，以时间区分优劣。

3）抱石攀岩。线路短小，难度较大，需要较好的爆发力和柔韧性。比赛设置结束点和得分点，抓住得分点并做出一个有效动作得分，双手抱住结束点3秒得分。比赛一般有4～6条线路，一条线路5分钟时间判定名次。首先看结束点的多少，如果结束点同样多，就看得分点数量，最后看攀爬次数。

4）室内攀岩。室内攀岩是在一个高而大的房间内设置不同角度、不同难度的人工岩壁，岩壁上面装有许多大小不一的岩石点，供人的四肢借助岩点的位置来"手攀脚登"岩壁。室内攀岩可分为人工岩壁和天然岩壁。人工岩壁是人为设置岩点和路线的模拟墙壁，可在室内和室外进行攀岩技术的训练，难易程度可随意控制，训练时间比较机动，但高度和真实感有限。天然岩壁是大自然在地壳运动时自然形成的悬崖峭壁，给人的真实感和挑战性较强，可自行选择攀岩的岩壁和攀岩路线及攀登地点；而且天然岩壁的路线变化丰富，如凸台、凹窝、裂缝、仰角等，让攀登者体会到"山到绝处我为峰"的感受。

（4）按比赛性质分类。

1）完攀。运动员在比赛之前可以收集路线的有关资料和观察路线，在攀登过程中一旦脱落或犯规即判其失败。

2）看攀。运动员在比赛前对路线的信息一无所知，边观察边进行攀登，在攀登过程中一旦脱落或犯规即判其失败。

3）红点攀登。运动员可以对路线进行反复的观察和试攀，只要最终到达终点即可。

4）速度攀岩。上方系绳保护，运动员按指定路线进行速度攀登比赛。按运动员完成比赛路线所用的时间来决定每轮比赛的名次。

5）大圆石攀岩。岩石高度不得超过4米，每条路线不超过12个支点。攀登时运动员不系保护绳，每次比赛需要选择10条路线攀登。

二、攀岩装备

攀岩的装备器材是攀岩运动的一部分，是攀岩者的安全保证，尤其是自然岩壁的攀登。因此，平时要爱护装备并妥善保管。攀岩装备可分为个人装备和攀登装备。

1. 个人装备

个人装备指的是安全带、下降器、安全铁锁、绳套、安全头盔、攀岩鞋、镁粉和粉袋等。

（1）安全带。攀岩用安全带与登山用安全带有所不同，属于专用，并不适合登山；但登山用安全带可以在攀岩时使用。我国大部分攀岩者多使用登山安全带，这是因为国内没有攀岩用安全带生产厂家，而攀岩爱好者又往往是登山人，于是两种安全带也就混用了。

（2）下降器。8字环下降器是最普遍使用的下降器。

（3）安全铁锁和绳套。安全铁锁和绳套供攀登过程中休息或进行其他操作时自我保护之用。

（4）安全头盔。一块小小的石子落下来，砸在头上就可能造成极大的生命危险。因此，头盔是攀岩的必备装备。

（5）攀岩鞋。攀岩鞋是一种摩擦力很大的专用鞋，穿起来可以节省很多体力。

（6）镁粉和粉袋。手出汗时，抹一点粉袋中装着的镁粉，手就不滑了。

2. 攀登装备

攀登装备是指绳子、铁锁、绳套、岩石锥、岩石锤、岩石楔，有时还要准备悬挂式帐篷。

（1）绳子。攀岩一般使用 $\phi 9 \sim \phi 11$ 毫米的主绳，最好是 $\phi 11$ 毫米的主绳。

（2）铁锁和绳套。铁锁和绳套是连接保护点下方保护攀登者的必备器械。

（3）岩石锥。岩石锥是由固定于岩壁上的各种锥状、钉状、板状金属材料做成的保护器械。可根据裂缝的不同，而使用不同形状的岩石锥。

（4）岩石锤。岩石锤是钉岩石锥时使用的工具。轻巧、易掌握，是可以有效节省时间的攀岩装备。

（5）岩石楔。岩石楔与岩石锥的作用相同，但它是可以随时放取的固定保护工具。

（6）悬挂式帐篷。悬挂式帐篷是准备在岩壁上过夜时所使用的夜间休息帐篷，须通过固定点用绳子将其固定保护起来，悬挂于岩壁。

3. 其他装备

其他装备包括背包、睡具、炊具、炉具、小刀、打火机等用具，视活动规模、时间长短和个人需要来携带。

三、攀岩基本技术

攀岩的基本方法是三点固定法。

1. 身体姿势

攀登岩石峭壁时身体要自然放松，以三个支点稳定身体重心，而重心要随攀登动作转换移动，这是攀岩能否稳定、平衡、省力的关键。要想身体放松，就要根据岩壁陡缓程度，使身体和岩壁保持一定距离，若靠得太近，会影响观察攀岩路线和选择支点；但在攀登人工岩壁时要贴得很近。在自然岩壁攀登时，上、下肢要协调舒展，攀岩要有节奏，上拉、下蹬要同时用力，身体重心一定要落在脚上，保持面向岩壁、三点固定支撑、直立于岩壁上的攀登姿势。至于手臂的动作，手在攀登中是抓住支点、维持身体平衡的关键，手臂力量的大小直接影响攀登的质量和效果。因此，一个优秀的攀岩运动员，必须有足够的指力、腕力和臂力。对初学者来说，在不善于充分利用下肢力量的情况下，手臂的动作就显得更为重要。手臂如何用力，在人工岩壁攀登和自然岩壁攀登时情况不同：前者要求第一指关节在用力抠紧支点的同时，手腕要紧张，手掌要贴在岩壁上，小臂也要随手掌紧贴岩壁而下垂；在引体时，手指（握点）有下压抬臂动作，其动作规律是重心活动轨迹变化不大、节奏更为明显。但攀登自然岩壁时，其动作就变化很大，要根据支点不同采用各种用力方法，如抓、握、挂、抠、扒、捏、拉、推、压、撑等。

2. 脚的动作

一个优秀攀岩运动员的攀登技术发挥的好坏，关键在于是否能充分利用两腿的力量。只

靠手臂力量攀登不可能持久。脚的动作要领是：两腿外旋，大脚趾内侧贴近岩面，两腿微屈，用脚踩支点以维持身体重心，在自然岩壁支点大小不一和方向不同的情况下，要灵活运用。但要切记，膝部不要接触岩石面，否则会影响到脚的支撑和身体平衡，甚至会造成滑脱而使膝部受伤。另外，在用脚踩支点时，切忌用力过猛，并要掌握用力的方向。

3. 手脚配合

凡优秀的攀岩运动员，上、下肢力量定是协调运用的。对初学者或技术还不熟练的运动员来说，上肢力量显得更为重要，攀登时往往是上肢引体，下肢蹬压抬腿而移动身体。如果上肢力量差，攀登时就容易疲劳，表现为手臂无力、酸疼麻木，逐渐失去抓握能力。失去抓握能力后，即使有好的下肢力量，也难以继续维持身体平衡。所以，学习攀岩，首先要练好上肢力量，上肢又要以手指和手腕、手臂力量为主，再配合脚腕、脚趾及腿部的力量，使身体重心随着用力方向的不同而协调地移动，手脚动作的配合也就自如了。

第五节　定向越野

一、定向越野概述

1. 定向越野的起源与发展

定向越野既是一种户外休闲、娱乐运动，又是一种竞技运动。军队是定向越野运动的先驱，最初的定向越野比赛于 1895 年在瑞典斯德哥尔摩和挪威奥斯陆的军营举行，距今已有 120 余年历史。1919 年，第一次正式的定向越野比赛在斯堪的纳维亚举行，由于这个项目组织方法简便，器材装备简单，在北欧得到迅速的发展并很快普及到世界各地。1961 年 5 月在丹麦首都哥本哈根成立了国际定向越野联合会（简称国际定联，IOF），定向越野成为正式的比赛项目之一。定向越野在世界各地正吸引着越来越多的人参与并为之狂热。参加定向越野除需要指北针和地图外，不需要特殊的设备，是一种较为经济的运动项目。

定向越野在我国发展起步较晚，20 世纪 70 年代末期，我国的体育报刊上陆续刊登了一些介绍国外定向越野运动情况的文章，国际定向越野特有的锻炼价值和实用性，逐渐地引起了国内的体育和军事部门的关注。中国定向运动协会成立于 1995 年，简称"中国定协"，英文名称为"Orienteering Association of China"，英文缩写为"OAC"。中国定协是在民政部注册，由国家体育总局主管的国家级单项体育协会。该协会是具有独立法人资格的全国性群众体育组织，是由定向越野爱好者、定向越野专业人士、从事定向越野活动的单位或团体自愿结成的专业性、全国性、非营利性社会组织，是中华全国体育总会的团体会员，是代表中国加入 IOF 的唯一合法组织。

2. 定向越野的特点

定向越野的概念就是参加者借助地图和指北针，以徒步越野赛跑的形式，按顺序到达地图上所标示的各个点标（也称检查点），以最短的时间完成规定赛程的运动项目。定向越野是一项集体力与智力、竞技与娱乐、探险与刺激于一体的运动，有其独特的魅力和价值。

3. 定向越野的价值

（1）健身价值。作为一项运动，其对人体最突出、最直接的影响就是能使人强身健体、增强体质。定向越野运动对提高人的肌肉耐力有显著的效果。教育部对大学生体质健康的测试结果显示：大学生的体质连续 20 年呈下滑趋势，特别是学生的耐力素质越来越差。对经过定向越野课程培训的部分学生的调查发现，有不少原来自认为不能完成 800 米的女生在不知不觉中也能跑完直线距离为 3 000 米的定向越野路线。这是因为定向越野运动是一种有氧运动，在风景优美、空气清新的森林或复杂的校园中奔跑，给人带来一种新鲜感和神秘感，在运动的过程中需要读懂地图、判断方向、选择线路，在一定程度上转移了运动中承担的生理和心理负荷，使人在不知不觉中锻炼身体，提高机体运动能力。

（2）益智价值。定向越野不仅是一种身体的活动，还是一种智力的活动，它具有积极的益智价值。通过定向越野的学习、锻炼和比赛，可以使人们增长相关学科的基本知识和在实践中运用这些知识的能力，学会在运动中使用指北针的技能，发展空间思维能力和快速应变能力。

（3）德育价值。定向越野由于在环境、条件和比赛方法上的特殊性，在培养道德品质方面具有独到的作用。在锻炼和比赛中，能够更好地培养坚定的信念、拼搏的精神、坚强的意志，以及互帮互助的团队合作精神。另外，还能培养人在新的、陌生的环境下的竞争意识和适应能力，培养人对新事物的追求、对事业的进取心、坚韧不拔的毅力、绝不放弃和永不言败的精神。

（4）娱乐价值。定向越野的竞赛性、游戏性、情趣性和神秘性，能给人带来愉悦身心的良好效果。在体验过程中，虽然会遇到诸多困难，但通过自己的努力与智慧，找到设在无论如何也无法相信的地点标时，那种激动和喜悦的心情是极其美妙的。在校园开展定向越野能拓宽体育课程的内容和空间，促进学生身心发展，丰富校园体育文化生活。

4. 定向越野的分类

定向越野按运动工具的不同可分为以下两种。

（1）徒步定向：如传统定向越野跑（标准距离、长距离、短距离）、公园定向、接力定向、夜间定向。

（2）工具定向：如滑雪定向、山地自行车定向、摩托车定向。在有些国家，人们还尝试使用不同交通工具的定向越野比赛，如乘坐摩托车、自行车、独木舟或骑马等。

定向越野的其他分类如下：

（1）按性别的不同可分为男子组和女子组。

（2）按年龄的不同可分为青年组、老年组和少年组。

（3）按技术水平的不同可分为初级组（体验组和家庭组）、高级组和精英组。

（4）按参加人数的不同可分为个人单项、个人双项和集体项。

二、定向越野的工具和装备

1. 指北针

指北针是定向越野中运动员必备的工具之一，是一种利用地磁作用指示方向的多用途袖珍仪器，也称指南针。其主体由一根可绕立轴转动的磁针和方位刻度盘构成。在水平测量情况下，磁针指向地磁场的南北极。方位刻度盘采用密位或角度两种分划制。定向越野使用的指北针一般可分为基板式（图7-1）和拇指式（图7-2）两类。

图7-1 基板式指北针

图7-2 拇指式指北针

2. 定向越野地图

国际定向越野地图的最基本的要求如下：

（1）幅面的大小：根据比赛区域的大小确定，赛区以外的情况不必表示。

（2）比例尺：通常为1：1.5万或1：2万，当需要时也可采用1：1万或1：2.5万。

（3）等高距：通常为5米，当需要时也可采用2～10米，但在一幅图上不得使用两种等高距。

（4）精度：正常速度奔跑的运动员没有任何不准确的感觉；内容表示出重点，详细表示与定向越野跑直接相关的地物、地貌，要利用颜色、符号等，详细区分通行的难易程度。

3. 点标旗

点标旗简称点标，主要用于检验运动员是否按规定跑完全程，也是运动员寻找和辨别检查点的主要依据。国际定联对点标的尺寸、颜色、设置方法等都做了较为详细的规定。点标旗是由三面标志旗连接成的三菱体。每面点标旗为30厘米×30厘米的正方形，由对角线一分为二，左上部为白色，右下部位为橙黄色，夜间定向检查点应有光源（图7-3）。

悬挂点标旗的方法分为有桩式和无桩式两种。悬挂高度一般从标志旗上端计算，距离地面为80～120厘米。

图7-3 点标旗

4. 打卡器

打卡器包括针孔打卡器和电子打卡系统。

（1）针孔打卡器。针孔打卡器用弹性较佳的塑料制成，一端装有钢针，每个针孔打卡器的钢针的组合图案都不相同（图7-4）。运动员可在记录卡上打孔，也可直接将孔打在地图上的记录卡上。此种打卡器价格便宜、使用方便，适用于日常教学与训练及一些小型比赛。

（2）电子打卡系统。电子打卡系统由指卡、打卡器和终

图7-4 针孔打卡器

端打印系统组成。

随着定向越野的不断发展，定向器材的研制和开发也十分迅速，目前在国内外的大型定向越野赛事中都采用先进的电子打卡计时系统。使用电子打卡计时系统不仅使运动员容易操作，还使组织者工作变得更加简单，同时也使比赛更公平公正。Sportident 和 Emint 及国内的 China health 电子打卡计时系统都是当前知名的定向越野电子打卡计时系统，如图 7-5 所示。

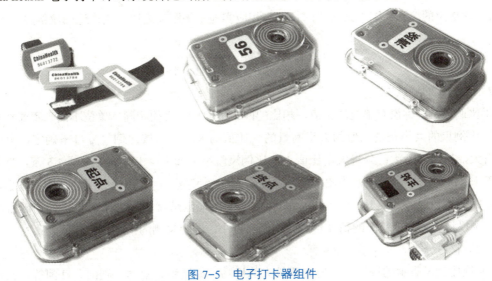

图 7-5　电子打卡器组件

5. 号码布

定向越野竞赛地图号码布一般不超过 24 厘米 ×20 厘米，号码数字的高不小于 12 厘米，字迹要清晰，字体要端止。正规的比赛还要求将号码布佩戴于前胸及后背两处。

三、定向越野的基本技术

1. 辨别方向

（1）使用指北针辨别方向。

1）辨别方向。当指北针的磁针静止后，其 N 端所指的方向为北方。

2）标定地图。先使指北针定向箭头朝地图上方，使箭头两侧的平行线与越野地图上的磁北线重合或平行；然后转动地图，使磁针北端对正磁北方向。

3）确定站立点。选择图上和现场都有的两个明显地形点，并用指北针分别测出这两个地形点的磁方位角；将所测磁方位角图解在地图上。图解磁方位角时，要先转动指北针的分度盘，让指标分别对已测的方位角值；再将指北针的直长边分别切于图上被照准的两个地形点符号，并转动指北针；待磁针与定向箭头重合后，分别沿直长边描方向线。两方向线的交点，就是站立点在图上的位置。

（2）引用地物判别方向。

1）房屋一般门朝南开，在我国北方尤其如此。

2）庙宇通常也向南设门，尤其庙宇群的主要殿堂。

3）树木朝南的一侧通常枝叶茂盛、色泽鲜艳、树皮光滑；北侧则相反。

4）凸出地物，如墙、地埂、石块的北侧基部较潮湿，可能生长苔类植物。

5）凹入地物，如河流、水塘、坑的北侧边缘（岸、边），存在与凸出地物相同的现象。

2. 越野地图

（1）越野地图的比例尺。

1）比例尺的概念。图上某线段的长度与相应实地水平距离之比，叫作地图比例尺。即

$$地图比例尺 = \frac{图上长度}{相应实地水平距离}$$

2）比例尺的特点。

①比例尺是一种没有单位的比值，相比的两个量的单位必须相同，单位不同则不能相比。

②比例尺的大小是按比值的大小衡量的。比值的大小，可按比例尺分母来确定，分母小则比值大，比例尺就大；分母大则比值小，比例尺就小。如1：1万大于1：1.5万，1：25万小于1：1万；一幅地图，当图幅面积一定时，比例尺越大，其包括的实地范围就越小，图上显示的内容就越详细；比例尺越小，图幅包括的实地范围就越大，图上显示的内容就越简略；比例尺越大，图上量测的精度越高；比例尺越小，图上量测的精度也就越低。

（2）符号分类。

1）依比例尺表示的符号。实地面积较大的地物，如城镇、森林、湖泊、江河等，其符号图形的外部轮廓是按比例尺缩绘的，可供运动途中确定方向和站立点。

2）半依比例尺表示的符号。实地的线状地物，如道路、沟渠、电线、围墙等，这类地物符号的长度是按比例尺缩绘的，但其宽度不是。也可供确定运动方向和站立点使用。

3）不依比例尺表示的符号。实际面积小但对运动有影响或有方位意义的独立地物，如窖、独立坟、独立树等。在越野地图上，它们的长与宽都不能依比例尺表示，只能用规定的符号表示。

4）定向越野地图采用不同颜色来表示不同地形，清晰易读。一般是蓝色表示水系，棕色表示地面起伏，绿色表示植被；其他内容用黑色表示。

3. 体育课中开展的小型定向越野

（1）路线与设点。

1）路线设计。当起点、终点同设一处时，路线可设计成闭合形；起点、终点各设一处时，路线可设计成"一"字形或"弓"字形。设计时，应本着既适合学生运动技能的发挥，又具有路线可选择性的原则。

2）设置检查点。在体育课中设置检查点的原则是根据路段需要确定检查点，必须将其设置在图上有明显地物（地貌）符号的地方；前一名参加者在该点作业时，不被后续向该点运动的参加者发现。

（2）起点与终点。

1）起点。起点应设置在地形平坦、面积较大、地势较低之处，应使之与第一检查点之间

有足够的遮蔽物，保证参与者在离开出发位置之后很快消失。

2）终点。终点与起点可设置在同一场地内，也可单独设置。最后一个检查点至终点之间的路段应比较简单，以便让所有参加者从同一方向跑回终点。

（3）出发与比赛。

1）出发。IOF 规定出发时间间隔为 3 分钟。小型的低级别的定向越野活动，可适当缩短时间间隔，但原则上是要保证前一名参加者出发消失后，后一名参加者方可出发。

2）比赛。可按考核性、娱乐性和竞赛性定向越野三种形式进行比赛。

4. 校园定向越野

校园定向越野，是利用校园的地形条件开展的定向越野，是徒步定向越野的一个新兴的运动项目，也是一种偏重于娱乐的群众性体育活动。

（1）路线的选择。校园定向越野的地形条件，只要有一定的地貌起伏，有一定的植被覆盖，有一定数量的明显地物即可。器材准备要坚持因陋就简的原则。

（2）练习。校园定向越野的练习主要包括识别越野地图、使用越野地图、比赛方法等。在练习时要突出重点，重在实用，要注意以下问题。

1）在识别越野地图练习中，主要针对越野地图突出讲清楚地物，利用地物定向是校园定向越野的特点。

2）使用越野地图的练习要注意尽量不用指北针，先抓准站立点，着重利用地物标定地图的方法。

（3）比赛。

1）比赛的规模应根据校园面积大小、可利用路线长短、路线的条数及可设检查点的个数来决定，每次参加者应控制在合理的数量内。

2）路线长短要根据各组参赛人员多少来决定。

3）比赛起点与终点应设在同一处，通常选择在球场或操场。

4）在进行具体路线设计时，检查点（包括起点、终点）之间应有多条道路可供参赛者选择，以增加比赛的难度。

第六节　飞盘运动

一、飞盘运动概述

1. 飞盘运动的起源与发展

飞盘是一种投掷盘形器具的运动，20 世纪 60 年代首先在美国出现，现流行于世界各地。盘呈圆形，用手指和手腕发力，使之旋转，在空中飘飞。主要比赛方法有十余种之多，如掷远，掷准，自由花式（在乐曲声中进行扔、接，配以体操和舞蹈动作），团队飞盘赛（类似美式足球，每队依不同规格的赛场，分别为 5～7 人），双飞盘（类似网球同时使用两枚飞盘的竞赛）和掷准飞盘。1973 年起由美国每年举行一次飞盘锦标赛。

国际组织有 WFDF 及 WDSF（IY-DSF），WFDF 已于 2013 年为 IOC（国际奥委会）正式认可为飞盘运动在国际上的单项运动总会之一，预计在不久的未来，飞盘项目也可能列入奥运会、青奥会、大运会等赛会中的正式项目。

飞盘运动是一种老少皆宜的健身项目，只要有一片空旷的场地就能锻炼与玩耍，由于其投接的手法千变万化，能吸引爱好健身及喜爱户外运动的朋友。

2. 飞盘运动的特点

飞盘运动看似是很简单的运动方式，实际上包含了许多应该具备的基本身体素质。首先是力量，如果没有足够的臂力，不可能把一块飞盘反复抛出几十米远。其次是准确性，要能把飞盘抛到基本准确的位置，这是训练人的眼、脑、手相结合的极好的方法。再次就是灵活性，要求接盘人或跑、或跳、或扑、或卧，将飞盘抓住。最后是对抗性，如果将 10 名运动员分成人数对等的两组，像玩英式橄榄球那样去争夺一块飞盘，没有充足的体力去进行拼抢，是绝对不会达到锻炼身体的目的。所以，玩飞盘的确是一种全面健身的好形式。对那些整天坐在办公室内伏案工作的脑力劳动者而言，更是一种极好的恢复体力、消除疲劳、锻炼大脑的运动形式。

二、飞盘基本技术动作

飞盘运动的基本技术动作主要是掷飞盘和接飞盘。

1. 掷飞盘

掷飞盘最常用的有反手掷飞盘和正手掷飞盘，两者都是利用腰腹核心发力至上肢，肩与手臂相互配合产生鞭打动作，最终将飞盘掷出，其最主要的动作要领是核心发力、送手和抖腕。

（1）反手掷飞盘。

1）握盘法（拇指上）：拇指置于盘面，四指置于盘内呈扇形分开，食指第一个关节轻扣住盘缘底部，又称为扇形握盘，如图 7-6 所示。

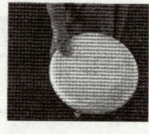

(a)　　　　　　　　(b)　　　　　　　　(c)

图 7-6　反手握盘

2）投掷法：右手投者以右肩正对目标，与目标呈 90°角站立，手臂在身前挥动，运用手臂挥动带动手腕投掷出盘，如图 7-7 所示。

第七章 户外与休闲运动

图 7-7 反手掷飞盘

（2）正手掷飞盘。

1）握盘法（拇指上）：拇指置于盘面，盘缘贴紧手掌虎口，食指中指置于盘内并以中指抵住盘内缘，无名指小指贴靠盘外缘，如图 7-8 所示。

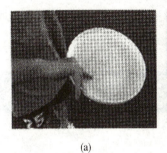  

(a)　　　　　　　　　　(b)　　　　　　　　　　(c)

图 7-8 正手握盘

2）投掷法：挥动手臂震动手腕发力投出飞盘，如图 7-9 所示。

图 7-9 正手投掷飞盘

2. 接飞盘

接飞盘的主要技术动作为薄饼式接盘（双手夹盘）。这一方式最为稳妥，是初学者最先掌握的接盘方式，一般当飞盘在腰部以上、肩膀以下位置时使用。如果防守人和接盘人的距离比较近，接盘人要采用蟹钳式接盘，以保证在防守人之前接到飞盘。这种方式一般在飞盘高于肩膀或者低于腰部时使用，包括单手接盘和双手接盘。

三、飞盘运动注意事项

（1）练习投法与接法，都必须先学习基本的反手投法再学习正手投法，接法要先学习左右双手的单手接盘，再继而学习花式接法，需要参与争夺赛的玩家，使用的是175克或其他密度较高的盘，需要学习三明治接盘法。

（2）需要学习花式投或花式接，应由轻盘入门（90～110克），否则学习者不易体会投掷时是由手臂＋手腕两股力投掷而出；接盘时花式接宜由左右单手学起，待两手具能灵敏反应感应接盘时，再升级学习各种花招。

（3）花式的传接与传统争夺赛或极限飞盘十分不同，切莫以140克甚至更重的盘学习花式传接。

（4）学习变化的花式传接，宜加入各俱乐部，能获得较正确的辅导与教练指示，对学习可收事半功倍之效。

第七节　花样跳绳

一、花样跳绳概述

花样跳绳运动是伴随着时代发展而逐步发展完善起来的一项集健身、娱乐、竞技、表演于一体的新型运动项目，是以我国优秀民间传统体育运动项目的跳绳作为基础的。

该项目既保留了传统跳绳的运动特点，又摒弃了传统跳绳的枯燥乏味，融入了中国传统武术、体操、健美操和街舞等其他时尚运动元素，而且还增添了舞蹈和音乐等艺术元素，目前呈现出一种多运动形式和多艺术元素融合发展的趋势。

同时，花样跳绳又吸收了一些西方国家的文化精华，像美国的嘻哈文化，从而在文化层面上又表现出古今融合、中西合璧，因而具有极大的文化魅力和精神内涵。花样跳绳总体而言由摇绳和跳绳两部分组成，每一部分都表现出千变万化的运动特征，而且随着绳子数量的变化，摇跳的变数也会相应增加。

花样跳绳内容丰富多彩、运动形式多变、运动方法各种各样，而且运动操作简便易行、场地器材要求不高以及突出的强心健身功效，因而深受广大青少年和人民群众的喜爱，在我国大众健身中有着举足轻重的作用，拥有广泛的群众基础。

由于花样跳绳运动内容的丰富性，其分类方式并不是固定的，而是根据不同的标准进行不同的分类。第一，根据绳子的长短可将花样跳绳分为短绳、中长绳和长绳三类。第二，根据参与跳绳的人数可以将花样跳绳分为个人跳绳、双人跳绳、三人跳绳、四人跳绳和多人跳绳等。第三，根据使用的绳子数量还可以将花样跳绳分为单绳、双绳和多绳三类。第四，根据跳绳的动作结构和技术特点，又可将花样跳绳分为个人绳花样、朋友跳、交互绳、车轮跳和长绳类五类。

二、花样跳绳基本动作

1. 左右甩绳

动作要领：两手臂向前摇绳至一边体侧甩绳，绳子不过脚；接着甩绳至另外一边体侧，一拍一动，左右边各四次，完成左右甩绳。

2. 并脚跳

动作要领：两手持绳向前摇绳，双脚并拢跳跃过绳，绳子绕过身体一周，一摇一跳，连续完成并脚跳（即为并脚单摇跳）。

3. 双脚交换跳

动作要领：两手持绳向前摇绳，双脚分先后依次向前抬起跳跃过绳；一摇一跳，左右各四次，连续完成双脚交换跳。

4. 开合跳

动作要领：两手持绳向前摇，当绳子过脚置于空中时，两脚跳跃成开，膝盖微弯曲状态，当绳子快打地时，两脚成合并跳绳过绳，一拍一动，完成开合跳。

5. 弓步跳

动作要领：两手持绳向前摇，当绳子过脚置于空中时，两脚分开成前后弓步动作，当绳子打地快过脚时，双脚并拢跳过绳。一拍一动，左右边各四次，完成弓步跳。

6. 并脚左右跳

动作要领：两手持绳向前摇，当绳子过脚置于空中时，双脚并拢向右、左边跳，一拍一动，左右边各四次，完成并脚左右跳。

7. 基本交叉跳

动作要领：两手持绳摇，此动作分成两拍完成，第一拍两手为直摇绳，第二拍两手为交叉摇绳，一拍一动，开与合各四次，完成基本交叉跳。

8. 勾脚点地跳

动作要领：两手臂向前摇绳，其中一只脚勾脚同时向前点地，另外一只脚直立跳跃过绳，接着交换另外一只脚做同样动作，一拍一动，左右各四次，完成勾脚点地跳。

三、花样跳绳运动注意事项

（1）在跳绳子前先做暖身运动，活动一下手臂膝盖、脚趾的关节，然后才开始跳。跳绳前不可大量饮水，这和其他有氧活动的注意事项是一样的。身体挺直但不要僵硬，两眼直视前方，以脚掌着地（非脚跟），挥动绳子时，手臂不要晃动得太厉害。

（2）要培养学生的间距感、空间感。在训练时往往有许多小绳长绳互相混在一起，完成一个动作时，要知道自己的道具放在哪个位置最合适，和同伴之间保持多少间距才可以使动作连贯又不互相干扰。

（3）强调纪律和安全，练习时注意力高度集中，因为场上的变化是随时随地会出现的，在出现变故的时候要学会随机应变。

第八节　骑行

一、骑行运动概述

骑行运动是指以自行车作为工具比赛的体育运动。自行车起源于欧洲。1868年，在法国举办了最早的自行车比赛。1896年，在第一届奥运会上，自行车被列入正式比赛项目。

自行车项目的最高组织机构为国际自行车联盟，成立于1900年，总部设在瑞士洛桑。中国的自行车项目的最高组织机构为中国自行车运动协会，成立于1959年，总部设在北京。

骑行可以改善记忆力。不论是对于记忆力较强还是较弱的人来说，骑自行车都具有提高记忆力的作用，缓解帕金森，骑车可以改善与运动有关的大脑区域的活动情况。骑行也可以防癌。日常缺乏运动，就是容易致癌的不良行为之一。长期坚持骑自行车可增强心血管功能，尤其是有氧运动，提高人体新陈代谢和免疫力，起到健身防癌的作用。

二、自行车骑行基本技术

1. 骑行姿势

自行车正确的骑行姿势是：上体较低，头部稍倾斜前伸，双臂自然弯曲，以做上体的良好支点，便于腰部弓曲，降低身体重心，同时防止由于车子颠簸而产生的冲击力传到全身，双手轻轻而有力地握把，臀部坐稳车座位。

2. 蹬踏动作

蹬踏动作是自行车运动中关键的技术动作，也是最复杂、最难掌握的动作。良好的踏蹬动作可使运动员以最小的能量消耗得到尽可能大的功率。为此，自行车运动员一定要在改进踏蹬动作上下功夫。

骑车时大多数人习惯用脚心部位接触踏板，其实这样是不好的，比较正确的方式是前脚掌蹬踏。在整个骑行过程中人们采用的蹬踏方式主要有三种：自由式蹬踏法、脚尖下倾蹬踏法和脚跟朝下蹬踏法。

（1）自由式蹬踏方法：目前，一些优秀运动员大都采用自由式蹬踏方法。这种蹬踏方法，就是脚在旋转一周的过程中，根据部位不同，踝关节角度也随着发生变化。自由式踏蹬，符合力学原理，用力的方向与脚蹬旋转时所形成的圆周切线相一致，减少了膝关节和大腿动作幅度，有利于提高蹬踏频率，自然地通过临界区，减少死点。大腿肌肉也能得到相对的放松。但这种蹬踏方法较难掌握。

（2）脚尖朝下蹬踏法：其蹬踏特点是，在整个蹬踏旋转过程中脚尖始终是向下，这种方法踝关节活动范围较小，有利于提高频率，容易掌握，但腿部肌肉始终处于紧张状态，不利于自然通过临界区。

（3）脚跟朝下式蹬踏法：脚跟朝下式蹬踏方法是脚尖稍向上，脚跟向下 8°～15°，这种方法在正常骑行中很少使用，只是少数人在骑行过程中做过渡性调剂用力时才使用脚跟朝下式蹬踏方法。它的特点是肌肉在短时间内改变用力状态，得到短暂休息，达到恢复肌肉疲劳的目的。

3. 上坡骑行技术

上坡骑行要保持正常的踏蹬动作，不可突然用力，一般情况下，不宜采用站立式骑行或提拉式骑行方法，否则会过多地消耗体力。遇到短距离坡路，应充分利用物体运动的惯性原理，轻松地蹬踏，快到坡顶时可采用站立式骑行，把速度尽可能提高，给下坡加速创造有利条件。遇到漫长的上坡，要根据自己的体力状况及时调整传动比，不要等到骑不动和速度完全降下来时才改变传动比，要坚决避免重新起动的现象出现。坡路较长或有陡坡时，可交替使用站立式骑行方法，调剂用力部位，让部分肌肉得到休息。

上坡时跟车不要太近。由于上坡用力的原因，行车常常左右摆动，跟车过近，可能发生碰撞。再者，上坡时速度显著下降，跟车反而会使自己的骑行方法受到限制。

4. 下坡骑行技术

下坡时是骑行中最易出现危险的时候，因此下坡骑行的第一准则是安全。下坡时要将重心后移，越陡的坡越往后移。不要过于追求刺激，要精力集中，心细机智，两眼密切注意前方路况，随时准备果断处理路面上出现的任何情况。

还要同时利用好前后闸，尤其注意一定不要在下坡中猛刹前刹（特别是减震车）或遇拐弯时紧捏前刹不放。前轮点刹、后轮长刹是较好的下坡制动方法。

5. 转弯技巧

转弯时，运动员身体和车子要尽量保持一致，向里倾斜，上体和车子保持一条直线，以克服离心力。倾斜角度根据速度和弯道大小而定，但一般不得超过 28°，否则就有滑倒的危险。

转弯前要控制车速。用点闸的方法逐渐减速，刹车时，尽可能前后闸同时使用，前闸可稍稍提前。使用前闸，要求前轮的方向和车子前进的方向相一致，否则，会因运动员的体重和车子惯性受到限制而导致摔跤。进入弯道后将闸放开，以免造成不必要的减速。弯道上使用后闸不要过猛。否则车子可能掉头或滑倒。

三、自行车骑行注意事项

1. 骑行一定要有计划

要根据每个人的实际情况制定骑行的路线和行程，切不可盲目制定不切实际的行程，那样既让大家疲惫不堪，又失去了骑行的乐趣。不但要有必要的修车补胎工具，还应有医药急救物品，充足的准备是顺利骑行的保障。

2. 骑行最重要的是要佩戴安全头盔

安全头盔直接关系到生命安全。骑行前检查一下自己的装备、刹车、照明、轮胎的气压等，很必要。

3. 下坡时要控制速度

刚刚结束辛苦的爬坡，面对长距离的下坡，大家都想享受一下风驰电掣的感觉，很过瘾，会忘乎所以，但此时已然埋下了危险的种子。你不知道前面的未知路况是否有危险，除非你想上演空中飞人，否则，还是让速度慢下来吧，做到一切尽在掌控中。

4. 骑行要编队

集体出行，骑行要进行编队，要采用"一"字队形。这样不仅能展现团队风貌，更能节省体力。找一位经验丰富者带队领骑，控制速度，一个接一个，保持安全距离，还要有人负责收尾的工作，以免骑友掉队。骑行一定要遵守交通法规，不能逆行，不能"超速"，在路上一定要控制速度，切不可争强好胜超车、飙车，注意交通安全。

5. 尽量不赶夜路

因为骑行大都在远离城市的郊外，没有路灯，即使你装备有照明系统，但是由于路况的不熟悉、路上行驶车辆的不确定性，请尽量不要在天黑后骑行，未知的危险无处不在。

6. 严禁酒后骑车

酒后骑车与酒后驾车的情况同样危险，同样是在用危险方法危害他人、危害自己的行为，极易酿成悲剧，所以强烈反对酒后骑车。

知识拓展：高尔夫

第八章 民族传统体育运动

第一节 太极拳

一、太极拳运动概述

太极拳，是以中国传统文化哲学中的太极、阴阳辩证理念为核心思想，集颐养性情、强身健体、技击对抗等多种功能为一体，结合易学的阴阳五行之变化，中医经络学，古代的导引术和吐纳术形成的一种内外兼修、柔和、缓慢、轻灵、刚柔相济的中国传统拳术。

1949 年后，被国家体委（现为国家体育总局）统一改编作为强身健体之体操运动、表演、体育比赛用途，从而再分为比武用的太极拳、体操运动用的太极操和太极推手。

传统太极拳门派众多，常见的太极拳流派有陈氏、杨氏、武氏、吴氏、孙氏、和氏等派别，各派既有传承关系，相互借鉴，也各有自己的特点，呈百花齐放之态。太极拳是近代形成的拳种，流派众多，群众基础广泛，因此是中国武术拳种中非常具有生命力的一支。

2020 年 12 月，联合国教科文组织保护非物质文化遗产政府间委员会第 15 届常委会将"太极拳"项目列入联合国教科文组织人类非物质文化遗产代表作名录。

太极拳自 17 世纪中叶形成以来，世代传承，习练者遍布全国各地，并在海外有着广泛传播和传承。太极拳对于习练者的性别、年龄、体质、职业、民族没有限制，通过习练太极拳，人们在修身养性、强身健体的同时，也传承着中华民族的文化基因。"学拳明理"，太极拳所蕴含的阴阳循环、天人合一的中国传统哲学思想和养生观念，丰富着人们对宇宙、自然和人体运行规律的认知；其松柔圆活与立身中正的基本要求，尊师重道、学拳不可不敬、不可狂、不可满等价值观念，潜移默化地涵养着人们平和、包容、友善的心性。在提升人民群众健康意识、促进身心健康、推动人与人和谐共处、增强社会凝聚力等方面，太极拳都发挥着重要作用。

二、二十四式简化太极拳

二十四式简化太极拳也叫简化太极拳，是国家体委于 1956 年组织太极拳专家汲取杨氏太极拳之精华编串而成的。尽管它只有 24 个动作，但相比传统的太极拳套路来讲，其内容更显精练，动作更显规范，并且也能充分体现太极拳的运动特点。

（一）动作名称

第一组　1. 起势　2. 左右野马分鬃　3. 白鹤亮翅
第二组　4. 左右搂膝拗步　5. 手挥琵琶　6. 左右倒卷肱

第三组　7.左揽雀尾　8.右揽雀尾

第四组　9.单鞭　10.云手　11.单鞭

第五组　12.高探马　13.右蹬脚　14.双峰贯耳　15.转身左蹬脚

第六组　16.左下势独立　17.右下势独立

第七组　18.左右穿梭　19.海底针　20.闪通臂

第八组　21.转身搬拦捶　22.如封似闭　23.十字手　24.收势

（二）动作说明

准备姿势：如图8-1所示，身体自然直立，两脚并拢；头正颈直，下颌微收，眼平视，口轻闭，舌抵上颚；两臂自然垂于体侧，手指微屈；全身放松，呼吸自然，精神集中。

简易太极拳24个动作可以分成8组，每一组包含的动作如下。

第一组：

1. 起势

（1）两脚开立。如图8-2（a）所示，左脚缓缓提起（不超过右踝的高度）向左横跨半步，与肩同宽，脚尖、脚跟依次落地，成开立步。

（2）两臂前举。如图8-2（b）、（c）所示，两臂缓缓向前平举，至高、宽同肩。手心向下，指尖向前。

（3）屈膝按掌。如图8-2（d）所示，上体保持正直，两腿缓缓屈膝半蹲；同时两掌轻轻下按，落于腹前；掌膝相对。

图 8-1　准备姿势

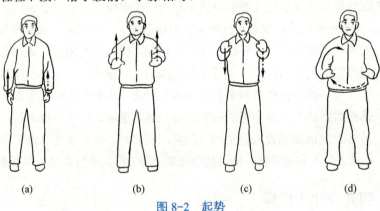

图 8-2　起势

动作要点：眼向前平视；两肩下沉，两肘松垂，手指自然微屈；屈膝、松腰、敛臀，身体重心落于两腿中间；落臂按掌与屈膝下蹲的动作要协调一致；两臂前举时吸气，向下按落时呼气。

2. 左右野马分鬃

（1）左野马分鬃。

1）收脚抱球。如图8-3（a）和图8-3（b）所示，上体微右转，身体重心移至右腿上；

同时右手向右、向上、向左画弧,右臂平屈于右胸前,掌心向下,手指微屈,左手向下、向右画弧,逐渐翻转至右腹前,掌心向上,两掌心上下相对呈抱球状;左脚随即收到右脚内侧,脚尖点地(即脚前掌着地,下同),呈左丁步;目视右手。

2)转体迈步。如图 8-3(c)和图 8-3(d)所示,上体缓缓左转,左脚向左前侧迈出一步,左腿自然伸直,脚跟着地;同时左、右手分别向左上、右下分开;视线随左手移动。

3)弓步分掌。如图 8-3(e)所示,随转体左脚全掌逐渐踏实,左腿屈膝前弓,身体重心逐渐前移至左腿,右腿自然伸直,右脚跟后蹬稍外碾,呈左弓步;同时两手继续分开,左手高与眼平,掌心斜向上,右手落于右胯旁,掌心向下,指尖朝前;两肘微屈,保持弧形;目视左手。

(2)右野马分鬃。

1)后坐翘脚。如图 8-3(f)所示,上体慢慢后坐,右腿屈膝,身体重心后移至右腿;左腿自然伸直,膝微屈,脚尖翘起;目视左手。

2)收脚抱球。如图 8-3(g)和图 8-3(h)所示,身体左转,左脚尖随之外摆(40°~60°),左脚全掌踏实,屈膝弓腿,身体重心移至左腿,右脚跟进收至左脚内侧,脚尖点地;同时左手翻转画弧至左臂胸前平屈,右手向左上前摆至左手下,两掌心相对在胸前左侧呈抱球状;目视左手。

3)转体迈步。如图 8-3(i)所示,动作说明与"(1)左野马分鬃"中"转体迈步"相同,只是左右式相反,且转体幅度稍小。

4)弓步分掌。如图 8-3(j)所示,动作说明与"(1)左野马分鬃"中"弓步分掌"相同,只是左右式相反。

(3)左野马分鬃。

1)后坐翘脚。如图 8-3(k)所示,动作说明与"(2)右野马分鬃"中"后坐翘脚"相同,只是左右式相反。

2)收脚抱球。如图 8-3(l)(m)所示,动作说明与"(2)右野马分鬃"中"收脚抱球"相同,只是左右式相反。

3)转体迈步。如图 8-3(n)所示,动作说明与"(1)左野马分鬃"中"转体迈步"相同。

4)弓步分掌。如图 8-3(o)所示,动作说明与"(1)左野马分鬃"中"弓步分掌"相同。

图 8-3　左右野马分鬃

图 8-3　左右野马分鬃（续）

动作要点：上体舒松正直，松腰松胯；身体转动时要以腰为轴；做弓步时，迈出脚先脚跟着地，然后过渡至全脚掌，脚尖向前，膝不可超过脚尖，后腿自然伸直，前后脚尖成 45°～60°夹角（下同）；野马分鬃式弓步时，前后脚的脚跟应分在中轴线的两侧，两脚横向距离（身体的正前方为纵轴，其两侧为横向）10～30 厘米；转体、弓腿和分手要协调一致；进步时先进胯，使两腿虚实分明；抱球时为吸气，转体迈步、弓步分掌时为呼气。

3. 白鹤亮翅

（1）跟步抱球。如图 8-4（a）所示，上体微左转，右脚脚跟先离地，向前跟进半步，前脚掌着地，落于左脚后（约 20 厘米），身体重心仍在左腿；同时左手翻掌向下，左臂平屈于左胸前，右手翻掌向上，向左上画弧至左腹前，与左手呈抱球状；目视左手。

（2）后坐转体。如图 8-4（b）所示，上动不停（表示动作与动作之间的连贯性），上体稍右转，右脚全脚掌踏实，右腿屈蹲，重心移至右腿；同时两手向右上、左下分开；视线随右手移动。

（3）虚步分掌。如图 8-4（c）所示，上动不停，上体稍向左转，面向前方（前进方向），左脚稍向前移，脚尖点地，膝微屈，呈左虚步；同时右手继续向右上画弧至右额前，掌心斜向左后方，指尖稍高于头，左手下按至左胯前，掌心向下，指尖朝前；目视前方。

图 8-4　白鹤亮翅

动作要点：上体舒松正直；转体、分掌和步型的调整要协调一致，同时完成；转动动作要以腰带臂，虚步动作要收腹敛臀；抱球过程吸气，转体分掌过程呼气。

第二组：

4. 左右搂膝拗步

（1）左搂膝拗步。

1）转体摆臂。如图 8-5（a）、图 8-5（b）和图 8-5（c）所示，上体微左转再右转；左脚收至右脚内侧，脚尖点地；同时右手体前下落，由下经右胯侧向右肩外侧画弧，至与耳同高，掌心斜向上，肘微屈，左手由左下向上，经面前再向右下画弧至右肩前，肘部略低于腕部，掌心斜向下；目视右手。

2）弓步搂推。如图 8-5（d）和图 8-5（e）所示，上动不停，上体左转，左脚向左前方迈出，呈左弓步，身体重心移至左腿；同时右手内旋回收，经右耳侧向前推出于右肩前方，高与鼻平，掌心向前，指尖朝上，左手向下经左膝前搂过（即向左画弧搂膝），按于左胯侧稍前，掌心向下，指尖朝前；目视右手。

（2）右搂膝拗步。

1）后坐翘脚。如图 8-5（f）所示，右腿屈膝，上体后坐，身体重心移至右腿，左腿自然伸直，脚尖翘起，略向外撇（约40°）；同时右臂微收，掌心旋向左前方，左手开始画弧外展；目视右手。

2）摆臂跟脚。如图 8-5（g）和图 8-5（h）所示，上体左转，左脚掌逐渐踏实，左腿屈膝前弓，身体重心移至左腿，右脚跟至左脚内侧，脚尖点地；同时两手继续翻掌画弧，左手向左上摆举至左肩外侧，与耳同高，掌心斜向上，右手随转体向上经面前，向左下摆至左肩前，肘部略低于腕部，掌心斜向下；目视左手。

3）弓步搂推。如图 8-5（i）和图 8-5（j）所示，动作说明与"（1）左搂膝拗步"中"弓步搂推"相同，只是左右式相反。

（3）左搂膝拗步。

1）转体摆臂。如图 8-5（k）所示，与"（2）右搂膝拗步"中"后坐翘脚"相同，唯左右相反。

2）摆臂跟脚。如图 8-5（l）和图 8-5（m）所示，与"（2）右搂膝拗步"中"摆臂跟脚"相同，唯左右相反。

3）弓步搂推。如图 8-5（n）和图 8-5（o）所示，动作说明与"（1）左搂膝拗步"中"弓步搂推"相同。

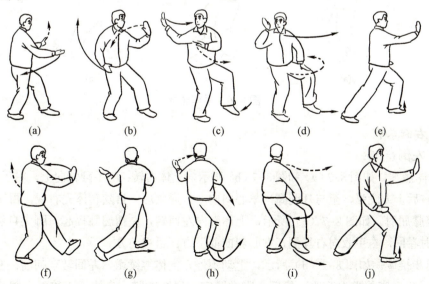

图 8-5　左右搂膝拗步

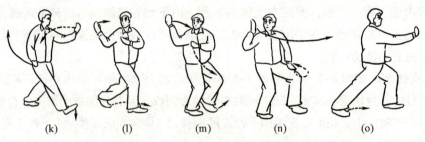

(k)　　　(l)　　　(m)　　　(n)　　　(o)

图 8-5　左右搂膝拗步（续）

动作要点：推掌时，上体舒松正直，松腰松胯，沉肩垂肘，坐腕舒掌；搂膝拗步成弓步时，两脚跟的横向距离约 30 厘米（同肩宽）；两手推搂和转体弓腿必须协调一致，同时完成；转体摆臂、后坐翘脚、摆臂跟脚动作过程中吸气，弓步搂推动作过程中呼气。

5. 手挥琵琶

（1）跟步展臂。如图 8-6（a）所示，右脚跟进半步，以前脚掌着地，落于左脚内后约 20 厘米处；同时右臂稍向前伸展，腕关节放松；目视右手。

（2）后坐引手。如图 8-6（b）所示，上体后坐，右脚全脚掌踏实，身体重心移至右腿；上体稍向右转，左脚跟离地；随转体左手由左下向前上弧形挑举，高与鼻平，肘微屈，掌心斜向下，右手屈臂后引，收于左肘里侧，掌心斜向下；目视左手。

（3）虚步合臂。如图 8-6（c）所示，上体微向左回转，但仍保持稍向右侧身状；左脚稍向前移，脚跟着地，膝微屈，呈左虚步；同时，两臂外旋，屈肘合抱，左手与鼻相对，掌心向右，右手与左肘相对，掌心向左，犹如怀抱琵琶；目视左手。

(a)　　　(b)　　　(c)

图 8-6　手挥琵琶

6. 左右倒卷肱

（1）左倒卷肱。

1）转体撤掌。如图 8-7（a）和图 8-7（b）所示，上体右转；两手翻转向上，右手向下撤引，经腰侧向右后上方画弧，至与耳同高，掌心斜向上，肘微屈；目随转体先右视，再转看左手。

2）提膝屈肘。如图 8-7（c）所示，上体微向左回转，左腿屈膝提起，脚尖自然下垂；同时右臂屈肘卷回，右手收向右耳侧，掌心斜向前下方；目视前方。

3）退步推掌。如图 8-7（d）所示，上动不停，上体继续微向左回转至朝前；左脚向后略偏左侧退一步，脚前掌先着地，然后全脚掌踏实，屈膝微蹲，身体重心移至左腿，右脚跟离地，并以前脚掌为轴随转体将脚扭正（脚尖朝前），膝微屈，呈右虚步；同时右手经耳侧向前推出，高与鼻平，左臂屈肘收至左胯旁，掌心向上；目视右手。

（2）右倒卷肱。

1）转体撤掌。如图 8-7（e）所示，上体稍左转；左手向左肩外侧引举，腕与肩同高，掌心斜向上，肘微屈，右手随之翻掌向上；目随转体先左视，再转看右手。

2）提膝屈肘。如图 8-7（f）所示，动作说明与"（1）左倒卷肱"中"提膝屈肘"相同，只是左右式相反。

3）退步推掌。如图 8-7（g）所示，动作说明与"（1）左倒卷肱"中"退步推掌"相同，只是左右式相反。

（3）左倒卷肱。动作说明与"（1）左倒卷肱"相同。

（4）右倒卷肱。动作说明与"（2）右倒卷肱"相同。

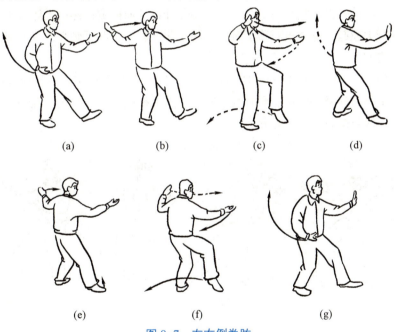

图 8-7 左右倒卷肱

动作要点：前推和后撤的手臂均应画弧线；退左脚略向左后斜，退右脚略向右后斜，避免两脚成一条直线；最后退右脚时，脚尖外撇的角度应略大些，以便于接下来做"左揽雀尾"的动作；转体撤掌和提膝屈肘时吸气，退步推掌时呼气。

第三组：

7. 左揽雀尾

（1）转体抱球。如图 8-8（a）、图 8-8（b）和图 8-8（c）所示，上体右转，左脚收至右脚内侧，脚尖点地，成左丁步，重心落于右腿；同时右手由胯侧向右后上方画弧屈臂于右胸前，掌心向下，左手由体前画弧下落至右腹前，掌心向上，两手相对呈抱球状；目视右手。

（2）弓步掤臂。如图 8-8（d）和图 8-8（e）所示，上体左转，左脚向左前方上步，屈膝，右腿自然蹬直，身体重心前移至左腿，呈左弓步；同时左臂向左前方平屈掤出（左臂平屈成弧形，用前臂外侧和手背向左侧推出），高与肩平，掌心向内，右手向右下方画弧落按于右胯旁，掌心向下，指尖朝前；目视左前臂。

（3）转体伸臂。如图8-8（f）所示，上体稍向左转；左前臂内旋，左手前伸翻掌向下，右前臂外旋，右手翻掌向上，经腹前向前上伸至左前臂下方；目视左手。

（4）转体后捋。如图8-8（g）所示，上动不停，上体右转；右腿屈蹲，上体后坐，左腿自然伸直，身体重心移至右腿；同时两手经腹前向右后上捋，直至右手掌心斜向上，高与耳平，左臂平屈于胸前，掌心向内；目视右手。

（5）弓步前挤。如图8-8（h）和图8-8（i）所示，上体微左转，左腿屈膝前弓，右腿自然蹬直，重心前移呈左弓步；同时右臂屈肘回收，右手经面前附于左腕内侧，掌心向内，左掌心向外，双手同时向前慢慢挤出，与肩同高，两臂呈半圆形；目视左腕。

（6）后坐收掌。如图8-8（j）、图8-8（k）和图8-8（l）所示，左前臂内旋，左掌下翻，右手经左腕上方向前伸出，掌心向下，两手左右分开，与肩同宽；然后上体后坐，屈右膝，左腿自然伸直，脚尖翘起，身体重心移至右腿；同时两臂屈肘，两手画弧回收至腹前，掌心均向前下方；目视前方。

（7）弓步按掌。如图8-8（m）所示，上动不停，左脚掌踏实，左腿屈膝前弓，右腿自然蹬直，身体重心前移呈左弓步；同时两手向前、向上推按，与肩同宽，腕高与肩平，掌心向前，指尖朝上，两肘微屈；目视前方。

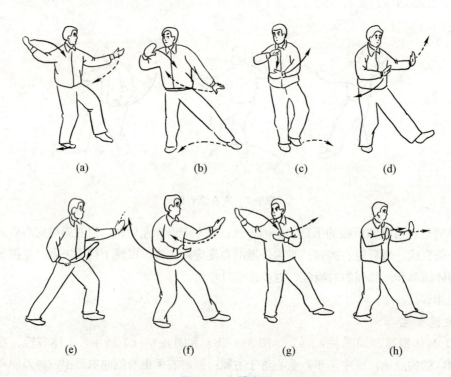

图8-8 左揽雀尾

(i)　　　(j)　　　(k)　　　(l)　　　(m)

图 8-8　左揽雀尾（续）

动作要点：左揽雀尾中包括掤、捋、挤、按 4 种击法；上体舒松正直，松腰松胯；动作处处带弧，以腰为主宰，带动手臂运动；掤臂、松腰与弓腿，后坐与引捋，前挤、转腰与弓腿，按掌与弓腿，均要协调一致；转体抱球时吸气，掤式时呼气，捋式时吸气，挤式时呼气，后坐收掌时吸气，按式时呼气。

8. 右揽雀尾

（1）转体抱球。如图 8-9（a）和图 8-9（b）所示，上体右转并后坐，屈右膝，左腿自然伸直，脚尖内扣，身体重心后移至右腿；同时右手经面前平摆右移，掌心向外，两臂成侧平举；视线随右手移动。

如图 8-9（c）和图 8-9（d）所示，上体微左转，屈左膝，右脚收至左脚内侧，脚尖点地，呈右丁步，重心回移到左腿；同时左臂平屈胸前，掌心向下，右手由体侧右下向上翻掌画弧至左腹前，掌心向上，两手相对呈抱球状；目视左手。

（2）弓步掤臂。如图 8-9（e）和图 8-9（f）所示，动作说明与"7. 左揽雀尾"中"（2）弓步掤臂"相同，只是左右式相反。

（3）转体伸臂。如图 8-9（g）所示，动作说明与"7. 左揽雀尾"中"（3）转体伸臂"相同，只是左右式相反。

（4）转体后捋。如图 8-9（h）所示，动作说明与"7. 左揽雀尾"中"（4）转体后捋"相同，只是左右式相反。

（5）弓步前挤。如图 8-9（i）和图 8-9（j）所示，动作说明与"7. 左揽雀尾"中"（5）弓步前挤"相同，只是左右式相反。

（6）后坐收掌。如图 8-9（k）、图 8-9（l）和图 8-9（m）所示，动作说明与"7. 左揽雀尾"中"（6）后坐收掌"相同，只是左右式相反。

（7）弓步按掌。如图 8-9（n）所示，动作说明与"7. 左揽雀尾"中"（7）弓步按掌"相同，只是左右式相反。

(a)　　　(b)　　　(c)　　　(d)　　　(e)　　　(f)　　　(g)

图 8-9　右揽雀尾

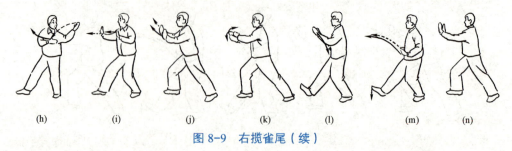

(h)　　　(i)　　　(j)　　　(k)　　　(l)　　　(m)　　　(n)

图 8-9　右揽雀尾（续）

动作要点：与"7.左揽雀尾"相同。

第四组：

9. 单鞭

（1）转体扣脚。如图 8-10（a）和图 8-10（b）所示，上体左转并后坐，左腿屈膝微蹲，右膝自然伸展，右脚尖翘起内扣，身体重心移至左腿；同时左手经面前至身体左侧平举，肘微垂，掌心向左，指尖朝上，右手向下经腹前向左画弧至左肋前，臂微屈，掌心向后上方；视线随左手移动。

（2）丁步勾手。如图 8-10（c）和图 8-10（d）所示，上体右转，屈右膝，左脚收至右腿内侧，脚尖点地，身体重心移至右腿；同时右手逐渐翻掌，并向右上方画弧，经面前至身体右侧时变勾手，勾尖朝下，腕高与肩平，肘微垂，左手向下经腹前向右上画弧至右肩前，掌心转向内；视线随右手移动，最后目视右勾手。

（3）弓步推掌。如图 8-10（e）和图 8-10（f）所示，上体左转，左脚向左前方迈出，呈左弓步，身体重心移至左腿；同时左掌经面前翻掌向前推出，掌心向前，腕与肩平，左掌、左膝、左脚尖上下相对；视线随左手移转，最后目视左手。

(a)　　　(b)　　　(c)　　　(d)　　　(e)　　　(f)

图 8-10　单鞭

动作要点：上体保持正直，松腰；上下肢动作应协调一致；在做图 8-10（a）、图 8-10（b）和图 8-10（c）动作时吸气，做图 8-10（d）、图 8-10（e）和图 8-10（f）动作时呼气。

10. 云手

（1）云手一。

1）转体扣脚。如图 8-11（a）、图 8-11（b）和图 8-11（c）所示，身体渐向右转，右腿屈膝半蹲，左脚尖翘起、内扣、着地，身体重心回移至右腿；同时左手下落经腹前向右上画弧至右肩前，掌心斜向后，右手松勾变掌，掌心向右前方；目视右手。

212

2）收步云手。如图 8-11（d）和图 8-11（e）所示，上体左转，身体重心随之左移；右脚提起，收至左脚内侧（相距 10～20 厘米），前脚掌先着地，全脚掌逐渐踏实，两脚平行，两膝微屈；同时左手画弧经面前向左运转，至身体左侧时，内旋外撑，掌心向外，腕与肩平；右手下落，经腹前向左上方画弧，至左肩前，掌心斜向里；目视左手。

（2）云手二。

1）开步云手。如图 8-11（f）、图 8-11（g）和图 8-11（h）所示，上体右转，左脚向左横跨一步，脚尖向前，前脚掌先着地，全脚掌逐渐踏实，身体重心移至右腿；同时右手经面前向右画弧，至身体右侧时，内旋外撑，掌心向外，腕与肩平；左手向下经腹前向右上方画弧，至右肩前；目视右手。

2）收步云手。动作说明与"（1）云手一"中"收步云手"相同。

（3）云手三。

1）开步云手。动作说明与"（2）云手二"中"开步云手"相同。

2）收步云手。动作说明与"（1）云手一"中"收步云手"相同。

动作要点：云手左右各做 3 次，左云手时收右脚，右云手时跨左脚；视线随云手移动；身体转动以腰为轴，松腰松胯，重心应稳定；两臂随腰而动，要自然圆活，速度应缓慢均匀；最后右脚落地时，脚尖微内扣，以便于接做"单鞭"的动作；转体扣脚和开步云手时吸气，收步云手时呼气。

图 8-11　云手

11. 单鞭

（1）转体勾手。如图 8-12（a）、图 8-12（b）和图 8-12（c）所示，上体右转，左脚跟离地，身体重心移至右腿；同时右手经面前向右划弧至身体右侧，内旋、五指屈拢变成勾手，勾尖朝下，左手向下经腹前向右上划弧至右肩前，掌心斜向内；视线随右手移动，最后目视右勾手。

（2）弓步推掌。如图 8-12（d）和图 8-12（e）所示，动作说明与"9. 单鞭"中"（3）弓步推掌"相同。

图 8-12 单鞭

动作要点：与"9.单鞭"相同。

第五组：

12. 高探马

（1）跟步翻掌。如 8-13（a）所示，上体微向右转，右脚跟进半步，前脚掌先着地，全脚掌逐渐踏实，屈膝后坐，身体重心移至右腿，左脚跟提起；同时右勾手变掌外旋，两掌心翻转向上，两肘微屈；目视左手。

（2）虚步推掌。如图 8-13（b）所示，上体微向左转，左脚稍向前移，脚尖点地，膝微屈，成左虚步；同时右臂屈肘，右手经耳侧向前推出，腕与肩平，掌心向前，左手收至左腰前，掌心向上；目视右手。

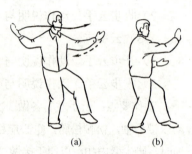

图 8-13 高探马

动作要点：上体舒松正直；上下肢动作应协调一致；跟步翻掌时吸气，虚步推掌时呼气。

13. 右蹬脚

（1）弓步分掌。如图 8-14（a）、图 8-14（b）和图 8-14（c）所示，左脚提起向左前侧方迈出，脚尖稍外撇，成左弓步，身体重心前移至左腿；同时左手前伸至右腕背面，两腕背对交叉，腕与肩平，左掌心斜向后上，右掌心斜向前下；随即两手分开，经两侧向腹前划弧，肘微屈；目视前方。

（2）收脚抱手。如图 8-14（d）所示，上动不停，右脚跟进，收至左脚内侧，脚尖点地；同时两手下落，经腹前由外向内上画，相交合抱于胸前，右手在外，掌心均向内；目视右前方。

（3）蹬脚分掌。如图 8-14（e）和图 8-14（f）所示，右腿屈膝上提，右脚向右前方慢慢蹬出，脚尖朝上，力贯脚跟；同时两手翻掌左右划弧分开，经面前至侧平举，肘微屈，腕与肩平，掌心均斜向外；右臂与右腿上下相对；目视右手。

图 8-14 右蹬脚

动作要点：身体重心要稳定；分掌与蹬脚动作要同时进行、协调一致；图8-14（a）和图8-14（b）的动作过程为吸气，图8-14（c）到图8-14（d）的动作过程为呼气，图8-14（d）到图8-14（e）的动作过程为吸气，图8-14（e）到图8-14（f）的动作过程为呼气。

14. 双峰贯耳

（1）屈膝并掌。如图8-15（a）和图8-15（b）所示，右小腿回收，屈膝平举，脚尖自然下垂；同时左手摆至体前，两手并行由体前向下画弧，落于右膝上方，掌心均翻转向上；目视前方。

（2）迈步落手。如图8-15（c）所示，右脚向前方落下，脚跟着地；同时两手继续下落至两胯旁，掌心均斜向上；目视前方。

（3）弓步贯拳。如图8-15（d）所示，右脚掌逐渐踏实，右腿屈膝前弓成右弓步，身体重心移至右腿；同时两手继续向后画弧，并内旋握拳，从两侧向前、向上画弧形摆至面部前方，高与耳齐，宽约与头同，拳眼斜向下，两臂微屈；目视右拳。

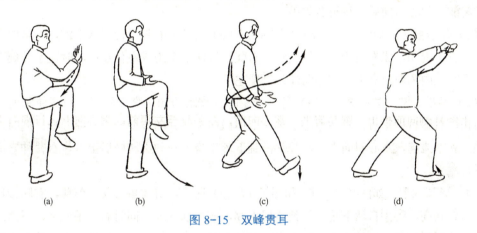

图8-15 双峰贯耳

动作要点：头颈正直，松腰松胯，沉肩垂肘，两拳松握；弓步与贯拳要协调一致，同时完成；屈膝并掌到迈步落手时吸气，迈步落手到弓步贯拳时呼气。

15. 转身左蹬脚

（1）转体分掌。如图8-16（a）和图8-16（b）所示，上体向左后转，左腿屈膝后坐，右脚尖内扣（约90°），身体重心移至左腿；同时两拳变掌，向左右两侧分开平举，掌心斜向外，肘微屈；目视左手。

（2）收脚抱手。如图8-16（c）和图8-16（d）所示，上动不停，右腿屈膝后坐，左脚收至右脚内侧，脚尖点地，身体重心回移至右腿；同时两手下落经腹前向上画弧，交叉合抱于胸前，左手在外，两掌心皆向内；目视前方。

（3）蹬脚分掌。如图8-16（e）和图8-16（f）所示，动作说明与"13. 右蹬脚"中"（3）蹬脚分掌"相同，只是左右式相反。

图 8-16 转身左蹬脚

动作要点：与"13.右蹬脚"相同。

第六组：

16.左下势独立

（1）收腿勾手。如图 8-17（a）和图 8-17（b）所示，左腿回收平屈，小腿稍内扣，脚尖自然下垂；随之上体右转；同时右掌变勾手，勾尖朝下，左手向上、向右经面前画弧下落，立于右肩前，掌心斜向后；目视右勾手。

（2）仆步穿掌。如图 8-17（c）和图 8-17（d）所示，右腿慢慢屈膝下蹲，左脚向左侧偏后伸出，脚尖内扣，成右弓步，上体左转，右腿继续向下全蹲成左仆步；同时左手外旋下落，向左下沿左腿内侧向前穿出，掌心向外；目视左手。

（3）弓步立掌。如图 8-17（e）所示，左脚以脚跟为轴，脚尖外摆，左腿屈膝前弓，右脚尖内扣，右腿自然蹬直，身体重心前移；上体微向左转并随步型转换向前起身；同时左臂继续前伸，立掌挑起，掌心斜向右，右勾手内旋下落于身后，勾尖转向后上方，右臂伸直成斜下举；目视左手。

（4）提膝挑掌。如图 8-17（f）和图 8-17（g）所示，身体重心继续前移，右腿慢慢屈膝提起，与腹同高，脚尖自然下垂，左腿微屈支撑，成左独立式；同时右勾手变掌，下落经右腿外侧向体前弧形挑起，屈臂立于右腿上方，肘膝相对，掌心斜向左，指尖朝上，腕与肩平，左手下按落于左胯旁，掌心向下，指尖朝前；目视右手。

图 8-17 左下势独立

动作要点：仆步时，左脚尖与右脚跟在一条直线上；图8-17（a）到图8-17（b）的动作过程为吸气，图8-17（c）到图8-17（d）的动作过程为呼气，图8-17（d）到图8-17（e）的动作过程为吸气，图8-17（f）到图8-17（g）的动作过程为呼气。

17. *右下势独立*

（1）落脚勾手。如图8-18（a）和图8-18（b）所示，右脚落于左脚右前方，脚尖点地，然后以左脚前掌为轴脚跟内转，身体随之左转；同时左手向左后侧提起，成勾手平举，勾尖朝下，腕与肩平，臂微屈；右手随转体经面前向左划弧至左肩前，掌心斜向后；目视左勾手。

（2）仆步穿掌。如图8-18（c）和图8-18（d）所示，动作说明与"16.左下势独立"中"（2）仆步穿掌"相同，只是左右式相反。

（3）弓步立掌。如图8-18（e）所示，动作说明与"16.左下势独立"中"（3）弓步立掌"相同，只是左右式相反。

（4）提膝挑掌。如图8-18（f）和图8-18（g）所示，动作说明与"16.左下势独立"中"（4）提膝挑掌"相同，只是左右式相反。

图8-18　右下势独立

动作要点：右脚尖触地后要稍提起，再向下仆腿；其他均与"左下势独立"相同。

第七组：

18. *左右穿梭*

（1）左穿梭。

1）落脚转体。如图8-19（a）和图8-19（b）所示，上体左转，左脚向左前落地（先以脚跟着地，再全脚掌踏实），脚尖外摆，两腿屈膝，成半坐盘式，身体重心略前移；同时左手内旋屈臂于左胸前，掌心向下，右手外旋摆至腹前，掌心向上；目视左手。

2）收脚抱球。如图8-19（c）所示，上体继续左转，右脚收到左脚内侧，脚尖点地，身体重心移至左腿；同时两手左上右下成抱球状；目视左手。

3) 弓步架推。如图 8-19（d）、图 8-19（e）和图 8-19（f）所示，上体右转，右脚向右前方迈出，呈右弓步，身体重心前移；同时右手内旋，向前、向上画弧，举架于右额前，掌心斜向上；左手先向左下画弧至左肋前，再向前上推出，与鼻同高，掌心向前；目视左手。

（2）右穿梭。

1) 收脚抱球。如图 8-19（g）和图 8-19（h）所示，右脚尖稍向外撇，左脚收至右脚内侧，脚尖点地，身体重心移至右腿；同时右臂屈肘落于右胸前，掌心向下，左手外旋，向下、向右画弧下落于右腹前，掌心向上，两手右上左下在右胸前成抱球状；目视右手。

2) 弓步架推。如图 8-19（i）、图 8-19（j）和图 8-19（k）所示，动作说明与"左穿梭"中"弓步架推"相同，只是左右式相反。

图 8-19　左右穿梭

动作要点：身体正直，重心平稳；架推掌和前弓腿动作要协调一致；弓步时，两脚跟的横向距离同搂膝拗步式，约 30 厘米；落脚转体和收脚抱球时吸气，弓步架推时呼气。

19. 海底针

（1）跟步提手。如图 8-20（a）所示，上体稍向右转，右脚向前跟进半步，右腿屈膝微蹲，左脚稍提起，身体重心移至右腿；同时右手下落经体侧向后、向上屈臂提至右耳侧，掌心斜向左下，指尖斜向前下，左手经体前下落至腹前，掌心向下，指尖斜向右前方；目视右前方。

（2）虚步插掌。如图 8-20（b）所示，上动不停，上体稍左转；左脚稍向前移，脚尖点地成左虚步；同时右手向斜前下方插出，掌心向左，指尖斜向前下，左手向下、向后画弧，经左膝落至左大腿侧，掌心向下，指尖朝前；目视前下方。

动作要点：右手前下插掌时，上体稍前倾，松腰松胯，收腹敛臀，不可低头；跟步提手时吸起，虚步插掌时呼气。

20. 闪通臂

（1）提脚提手。如图 8-21（a）所示，左腿屈膝，左脚微提起；同时右手经体前上提至肩，掌心向左，指尖朝前；左手向前、向上画弧至右腕内侧下方，掌心向右，指尖斜向上；目视前方。

（2）迈步分手。如图 8-21（b）所示，上体稍右转，左脚向左前方迈出，脚跟着地；同时右手上提内旋，掌心翻向外；目视右前方。

（3）弓步推掌。如图 8-21（c）所示，上体继续右转，左脚掌踏实，左腿屈弓呈左弓步，重心前移；同时左手向前推出，掌心向前，高与鼻平，肘微屈；右手屈臂上举，圆撑于右额前上方，掌心斜向上；目视左手。

动作要点：上体正直，松腰沉胯；推掌、撑掌和弓腿动作要协调一致；弓步时，两脚跟横向距离不超过10厘米；提脚提手时吸气，迈步分手和弓步推掌时呼气。

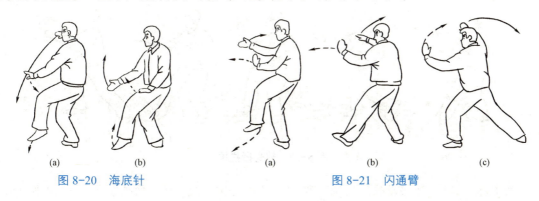

图 8-20 海底针　　　　　图 8-21 闪通臂

第八组：

21. 转身搬拦捶

（1）转体扣脚。如图 8-22（a）所示，上体右转，右腿屈膝后坐，左脚尖翘起内扣，身体重心移至右腿；同时两手向右画弧，右手呈右侧举，左手至头左侧，掌心均向外；目视右手。

（2）坐身握拳。如图 8-22（b）所示，上体继续右转，左腿屈膝后坐，右脚跟离地，以脚前掌为轴微向内转，身体重心回移至左腿；同时右手继续向下、向左画弧，经腹前屈臂握拳，摆至左肋旁，掌心向下；左手继续上举至左额前上方，掌心斜向前上；目视右前方。

（3）摆步搬拳。如图 8-22（c）和图 8-22（d）所示，上动不停，身体右转至面向前方；右脚提收到左踝内侧（不触地），再向前垫步迈出，脚尖外撇，脚跟先着地，随即全脚掌踏实；同时右拳经胸前向前翻转搬出（即右手经胸前以肘关节为轴，向上、向前搬打），高与肩平，掌心向上，拳背为力点，肘微屈；左手经右前臂外侧下落，按于左胯旁，掌心向下，指尖朝前；目视右拳。

219

（4）转体收拳。如图8-22（e）所示，上体微向右转，右腿屈膝，重心前移，左脚跟提起；同时左拳经体侧向前上画弧，右拳内旋回收至体侧，掌心转向下，右臂平屈于胸前右侧；目视前方。

（5）上步拦掌。如图8-22（f）和图8-22（g）所示，上动不停，左脚向前上步，脚跟着地；同时左手向前上画弧拦出，高与肩平，掌心斜向右，指尖斜向上；右拳向右摆，内旋屈收于右腰旁，掌心转向上；目视左手。

（6）弓步打拳。如图8-22（h）所示，身体稍左转，左脚掌踏实，左腿屈弓呈左弓步，重心前移；同时右拳向前打出，高与胸平，拳眼向上，肘微屈；左手微收，附于右前臂内侧，掌心向右，指尖斜向上；目视右拳。

图8-22 转身搬拦捶

动作要点：上、下肢动作应协调一致；"搬"要先按后搬，在体前画立圆，并与右脚外撇提落相配合；"拦"以腰带臂平行绕动向前平拦，并与上步动作相配合；"捶"，拳要螺旋形向前冲出，应与弓步动作相配合，同时完成；图8-22（a）和图8-22（b）为吸气，图8-22（b）、图8-22（c）和图8-22（d）为呼气，图8-22（d）、图8-22（e）、图8-22（f）和图8-22（g）为吸气，图8-22（g）和图8-22（h）为呼气。

22.如封似闭

（1）穿手翻掌。如图8-23（a）和图8-23（b）所示，右拳变掌，两掌心翻转向上，左掌经右手前臂下向前伸出；两手交叉，随即分别向两侧分开，与肩同宽；目视前方。

（2）后坐收掌。如图8-23（c）和图8-23（d）所示，上动不停，右腿屈膝，上体慢慢后坐，左脚尖翘起，身体重心移向右腿；同时两臂屈肘回收，两手翻转向下，沿弧线经胸前内旋向下按于腹前，掌心斜向下；目视前方。

（3）弓步推掌。如图8-23（e）和图8-23（f）所示，上动不停，左脚掌踏实，左腿屈膝成呈弓步，重心前移；同时两手向上、向前推出，臂微屈，腕与肩平，掌心均向前；目视前方。

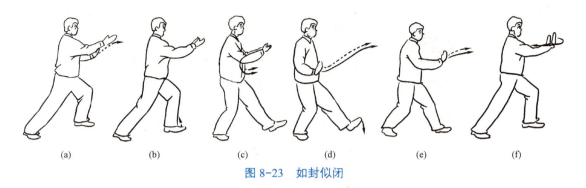

图 8-23 如封似闭

动作要点：上体保持正直；两手距离不超过两肩；穿手翻掌时吸气，后坐收掌和弓步推掌时呼气。

23. 十字手

（1）转体分掌。如图 8-24（a）和图 8-24（b）所示，上体稍右转，右腿屈膝后坐，脚尖稍外撇，左腿自然带直，脚尖内扣，呈右侧弓步，身体重心移向右腿；同时右手随转体经面前向右平摆画弧，与左手呈两臂侧平举，肘微屈，掌心均向前；目视右手。

（2）收脚合抱。如图 8-24（c）和图 8-24（d）所示，上动不停，上体稍左转，左腿屈膝，右脚尖内扣，脚跟离地，身体重心移至左脚；随即右脚轻轻提起向左回收，前脚掌先着地，进而全脚掌踏实，脚距与肩同宽，脚尖朝前，两腿慢慢伸直呈开立步，身体重心移到两腿中间；同时两手下落，经腹前再向上画弧，交叉合抱于胸前，腕与肩平，两臂撑圆，两掌心均向内，右手在外，成十字手；目视前方。

图 8-24 十字手

动作要点：动作要虚实分明；两手向外分开时吸气，两手向下画弧时呼气，两手向上向里合抱交叉时吸气。

24. 收势

（1）翻掌分手。如图 8-25（a）所示，两手向外翻掌，掌心向下，左右分开，与肩同宽；目视前方。

（2）垂臂落手。如图 8-25（b）和图 8-25（c）所示，两臂慢慢下落至两胯外侧，自然下垂，松肩垂肘；目视前方。

（3）并步还原。如图 8-25（d）所示，左脚提起与右脚并拢，两脚尖向前，恢复呈预备姿势；目视前方。

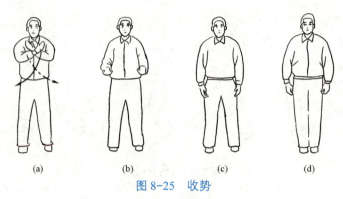

(a) (b) (c) (d)

图 8-25 收势

第二节 太极剑

一、太极剑概述

太极剑属于太极门派中的一种器械，是在太极拳基础之上创编而成的，因此具有太极拳和剑术两者的风格特点。太极剑也是太极中的短兵器之一。

太极剑的种类很多，流派甚多，主要有京朝派杨门太极剑、武当太极剑、陈氏太极剑和杨氏太极剑。国家体委在传统的基础上新编的，比较经典的就是32式和42式太极剑。

不同派式的太极剑风格各异，但总体来说都具有如下的运动风格特点：以静御动，后发先至，剑走轻灵，以柔克刚，避实击虚，故又成为套路结构的精髓，成为剑术套路中的上乘佳品，深受武术界人士及广大武术爱好者的喜爱。

二、剑的结构及名称

中国古代的剑有巨剑、长剑、短剑、小剑之分，现代的剑以比赛用剑为准。剑分为剑身和剑把两段，由以下各部分组成，如图8-26所示。

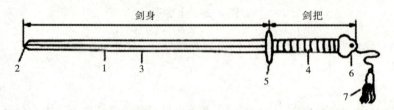

图 8-26 剑的结构

1—剑刃；2—剑尖；3—剑脊；4—剑柄；5—剑格；6—剑首；7—剑穗

（1）剑刃：剑身两侧锋利的薄刃。

（2）剑尖：剑身锋锐的尖端。

(3) 剑脊：剑把长轴隆起的部位。
(4) 剑柄：剑把上贴手的部位，又称剑茎。
(5) 剑格：剑柄与剑身相隔的突出处，又称护手。
(6) 剑首：剑柄后端的突出部多成凸形，又称剑墩。
(7) 剑穗：附在剑首上的丝织的穗子，又称剑袍。

三、剑术的基本技术

1. 手型、剑指

剑指的正确姿势是中指、食指伸直并拢，向手背方向翘曲。拇指压在无名指和小指的指甲上，撑圆。

2. 握剑

太极剑共有以下 6 种握剑方法。

（1）平握：五个手指平卷握剑，如图 8-27（a）所示。一般多用于劈剑、崩剑、架剑、推剑等。

（2）直握：手握剑柄，由小指、食指、无名指、中指依次紧握成螺形，拇指靠近食指，如图 8-27（b）所示。

（3）钳握：拇指、食指与虎口钳夹，起支点固定作用，其余三指松握，如图 8-27（c）所示。一般都用于带剑、抽剑、云剑、挂剑等。

（4）反握：手臂向内，向里旋转，手心向外，拇指支架于剑柄的下方，向上用力，中指、无名指、小指向下勾压，如图 8-27（d）所示。一般多用于撩剑、反刺剑等。

（5）垫握：食指伸直，垫在护手下面以助力和控制剑的方向，拇指也伸直，其余三指屈指，如图 8-27（e）所示。一般多用于绞剑、削剑、击剑等。

（6）反手握：持剑使剑身贴于左臂后方，左手食指贴于剑柄，指尖指向剑首，其余四指扣握于护手，如图 8-27（f）所示。多用于太极剑的起、收势持剑。

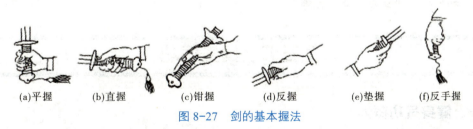

(a)平握　　(b)直握　　(c)钳握　　(d)反握　　(e)垫握　　(f)反手握

图 8-27　剑的基本握法

3. 基本剑法

太极剑的基本剑法主要有劈、刺、点、崩、撩、带、抹、拦、击、挂、托、穿、抽等。

（1）劈剑。腰和整个臂膊用力，力达与虎口反向的一侧剑刃中、前段，由上向下着力。如"独立抢劈"式、"反身回劈"式等。

（2）刺剑。以腿、腰和臂用力，力注剑尖，用剑的尖端直插对方要害部位。如果以剑的形态分，有平刺（剑脊向上、下，剑刃平向两侧）、立刺（剑刃向上、下）、拗刺（旋腕用力，使剑尖螺旋刺进）等。如果以剑的位置分，有上刺、下刺、斜刺、反刺等。

（3）点剑。握剑的手以腕用力，力注剑尖，用与虎口反向一侧剑刃前端部分从上向下啄击。主要攻击对方持剑的手腕或肩臂，如"并步点剑"式、"虚步点剑"式的动作。

（4）崩剑。两脚左右开立，右手握剑直臂右刺，左臂侧平举，目视右前方。右手握剑屈腕，直臂体前，向左下落，使剑尖猛向上崩起，沉腕力达剑尖，左剑指附于右臂内侧。

（5）撩剑。撩剑是进攻性动作。用反向虎口一侧的剑刃中段或前端着力，手腕向上提拉，从下向前或向上移动掀割。如"左虚步撩"式、"右弓步撩"式。

（6）带剑。带剑是以守为攻的动作。小臂外旋或内旋翻转，着力于外侧剑刃，使之由前向后或向斜后拉割。如"向右平带"式、"转身斜带"式等。

（7）抹剑。守中带攻。用剑刃平着由前向后，或由左向右抹，力在剑刃。如"旋转平抹"式。

（8）拦剑。拦剑是防守动作。用剑刃平着由后向前推挡，或由下向上推架。如"右弓步拦"式。

（9）击剑。击剑是攻击性动作。手心朝上，用朝虎口一侧剑刃的剑尖部分向前打击，力量贯注剑的前端。如"撤步反击"式。

（10）挂剑。剑尖后勾，立剑由前向后上方或后下方格开对方的进攻。挂剑的时候肘部应当固定不动，靠肩部带动剑运动。

（11）托剑。甲右手持剑自乙右侧以剑点击乙右腿；乙提右腿避开，并以右手剑截甲腕。甲闪开上步从乙身前用剑劈乙头部；乙上步成左丁步并横剑自下而上以剑身后步小指一侧剑刃托截甲腕。

（12）穿剑。平剑、剑尖经胸腹间弧形向前穿出叫平穿剑。要求力达剑尖，剑身不得触及身体；前臂内旋，立剑使剑尖由前向后随体转而出为后穿剑。

（13）抽剑。抽剑是防守动作。收屈肘关节，力在剑刃，用剑刃由前向后或左右抽回。如"退步回抽"式、"转身回抽"式等。

第三节　健身气功

一、健身气功概述

健身气功是以自身形体活动、呼吸吐纳、心理调节相结合为主要运动形式的民族传统体育项目，是中华悠久文化的重要组成部分。

练习健身气功对于增强人的心理素质，改善人的生理功能，提高人的生存质量，提高道德修养等，具有独特的作用。

流行的主要健身气功有九种：健身气功·易筋经；健身气功·五禽戏；健身气功·六字诀；健身气功·八段锦；健身气功·十二段锦；健身气功·大舞；健身气功·导引养生功十二法；

健身气功·马王堆导引术；健身气功·太极养生杖。

二、健身气功·八段锦基本技术

八段锦，起源于北宋，共八百多年的历史。古人把这套动作比喻为"锦"，意为五颜六色，美而华贵。体现其动作舒展优美，视其为"祛病健身，效果极好；编排精致；动作完美"，此功法分为八段，每段一个动作，故名为"八段锦"。

（一）预备式

头要向上顶，下颌略微收，舌尖抵上腭，嘴唇要轻闭，沉肩坠肘，腋下虚掩；舒指松腕，胸部宽舒，腹部松沉；收髋敛臀，上体中正。

呼吸徐、缓、韵、细，气沉丹田，调息6～9次。

（二）第一段双手托天理三焦（图8-28）

1.动作分解

（1）保持站姿，两脚分开与肩同宽，手臂下垂，两眼目视前方，记住要用鼻子呼吸，意守丹田。

（2）双手平放在腹前，十个手指伸直并拢，左右两手的指尖相对，保持掌心向上，然后慢慢移至胸前。接着掌心分别向内、外、上、下翻转，边翻转边向上托起。

（3）稍停片刻，调整呼吸至平稳，再将两个手臂分别伸向两侧，掌心由上向斜外方翻转，两手臂逐渐降下，落在身体两侧。同时，改为用嘴呼气，调整气息。

次数：重复此动作7次，注意随时调整呼吸。

2.功能与作用

三焦是人身体的通道，通五脏六腑，这个动作可以祛除雨水天气带来的寒湿浊气，提升人体阳气。

（三）第二段左右开弓似射雕（图8-29）

1.动作分解

（1）两脚平行开立，略宽于肩，成马步站式。上体正直，两臂平屈于胸前，左臂在上，右臂在下。

（2）手握拳，食指与拇指呈八字形撑开，左手缓缓向左平推，左臂展直，同时右臂屈肘向右拉回，右拳停于右肋前，拳心朝上，如拉弓状。眼看左手。

（3）（4）动作与（1）（2）动作同，唯左右相反，如此左右各开弓4～8次。

2.功能与作用

这一动作重点是改善胸椎、颈部的血液循环。临床上对脑震荡引起的后遗症有一定的治疗作用。同时对上、中焦内的各脏器尤对心肺给予节律性的按摩，因而增强了心肺功能。通过扩胸伸臂、使胸肋部和肩臂部的骨骼肌肉得到锻炼和增强，有助于保持正确姿势，矫正两肩内收圆背等不良姿势。

图 8-28　双手托天理三焦

图 8-29　左右开弓似射雕

（四）第三段调理脾胃臂单举（图 8-30）

1. 动作分解

（1）左手自身前成竖掌向上高举，继而翻掌上撑，指尖向右，同时右掌心向下按，指尖朝前。

（2）左手俯掌在身前下落，同时引气血下行，全身随之放松，恢复自然站立。

（3）（4）动作与（1）（2）动作同，唯左右相反。如此左右手交替上举各 4～8 次。

2. 功能与作用

这一动作主要作用于中焦，肢体伸展宜柔宜缓。由于两手交替一手上举一手下按，上下对拔拉长，使两侧内脏和肌肉受到协调性的牵引，特别是使肝胆脾胃等脏器受到牵拉，从而促进了胃肠蠕动，增强了消化功能，长期坚持练习，对上述脏器疾病有防治作用。熟练后亦可配合呼吸，上举吸气，下落呼气。

（五）第四段五劳七伤往后瞧（图 8-31）

1. 动作分解

（1）两脚平行开立，与肩同宽。两臂自然下垂或叉腰。头颈带动脊柱缓缓向左拧转，眼看后方，同时配合吸气。

（2）头颈带动脊柱徐徐向右转，恢复前平视。同时配合呼气，全身放松。

（3）（4）动作与（1）（2）动作同，唯左右相反。如此左右后瞧各 4～8 次。

2. 功能与作用

这一动作对五劳七伤都有防治作用。头部运动对活跃头部血液循环、增强颈部肌肉活动有较明显的作用，而且对消除大脑和中枢神经系统的疲劳和一些生理功能障碍等也有促进作用。

图 8-30　调理脾胃臂单举　　　　图 8-31　五劳七伤往后瞧

（六）第五段摇头摆尾去心火（图 8-32）

1. 动作分解

（1）马步站立，两手叉腰，缓缓呼气后拧腰向左，屈身下俯，将余气缓缓呼出。动作不停，头自左下方经体前至右下方，像小勺舀水似的引颈前伸，自右侧慢慢将头抬起，同时配以吸气；拧腰向左，身体恢复马步桩，缓缓深长呼气。同时全身放松，呼气末尾，两手同时做节律性掐腰动作数次。

（2）动作与（1）动作同，唯左右相反。

如此（1）（2）动作交替进行各做 4～8 次。

2. 功能与作用

这一动作除强调松，以解除紧张并使头脑清醒外，还必须强调静。"心火"为虚火上炎，烦躁不安的症状，此虚火宜在呼气时以两手拇指做掐腰动作，引气血下降。同时进行的俯身旋转动作，亦有降伏"心火"的作用。动作要保持逍遥自在，并延长呼气时间，消除交感神经的兴奋，以去"心火"。同时对腰颈关节、韧带和肌肉等亦起到一定的作用，并有助于任、督、冲三脉的运行。

（七）第六段两手攀足固肾腰（图 8-33）

1. 动作分解

（1）两脚平行开立，与肩同宽，两掌分按脐旁。

（2）两掌沿带脉分向后腰。

（3）上体缓缓前倾，两膝保持挺直，同时两掌沿尾骨、大腿向下按摩至脚跟。沿脚外侧按摩至脚内侧。

（4）上体展直，同时两手沿两大腿内侧按摩至脐两旁。如此反复俯仰 4～8 次。

2. 功能与作用

这一段动作，既有前俯，又有后仰，可充分伸展腰背肌肉，同时两臂也尽量向下伸展，显然对增强腰部及下腹有良好作用。长期坚持锻炼，有疏通带脉及任督二脉的作用，能强腰、壮肾、醒脑、明目，并使腰腹肌得到锻炼和加强。年老体弱者，俯身动作应逐渐加大，有较重的高血压和动脉硬化患者，俯身时头不宜过低。

图 8-32 摇头摆尾去心火

图 8-33 两手攀足固肾腰

（八）第七段攒拳怒目增气力（图 8-34）

1. 动作分解

（1）左拳向前方缓缓击出，成立拳或俯拳皆可。击拳时宜微微拧腰向右，左肩随之前顺展拳变掌臂外旋握拳抓回，呈仰拳置于腰间。

（2）与（1）动作同，唯左右相反。如此左右交替各击出 4～8 次。

2. 功能与作用

这一动作要求两拳握紧，两脚拇趾用力抓地，舒胸直颈，聚精会神，瞪眼怒目。此式主要运动四肢、腰和眼肌。根据个人体质、爱好、年龄与目的不同，决定练习时用力的大小。其作用是舒畅全身气机，增强肺气。同时使大脑皮层和植物神经兴奋，有利于气血运行，并有增强全身筋骨和肌肉的作用。

（八）背后七颠百病消（图 8-35）

1. 动作分解

两臂内旋，向两侧摆起（吸）；两臂屈肘，两掌相叠置于丹田处（呼）。两臂自然下落还原时则体态安详，周身放松，呼吸自然。如此起落 4～8 次。

2. 功能与作用

这一动作通过肢体导引，吸气两臂自身侧上举过头，呼气下落，同时放松全身，并将"浊气"自头向涌泉引之，排出体外。"浊气"是指所有紧张、污浊病气。脚跟有节律地弹性运动，从而使椎骨之间及各个关节韧带得以锻炼,对各段椎骨的疾病和扁平足有防治作用。同时有利于脊髓液的循环和脊髓神经功能的增强,进而加强全身神经的调节作用。

图 8-34 攒拳怒目增气力

图 8-35 背后七颠百病消

第九章 搏击运动

第一节 拳击

一、拳击概述

拳击是一种格斗运动，由两个体格和能力相当的对手用手套盖住拳头互相搏斗。古典古希腊和罗马时代有裸拳对抗，后发展为皮革带缠手加固；现代拳击始于法律禁止持剑决斗，仍然是裸拳对抗，直到拳击学会将手套引入拳击比赛，成为必须遵守的规则。

拳击被称为"勇敢者的运动"。早在古希腊和罗马时代就有着许多有关拳击的记载。在古代奥运中，拳击运动就已经是比赛项目之一。在公元前688年举行的第23届古代奥运会上，拳击运动就被列为正式比赛项目。现代拳击运动始于近代英国，盛行在美国。拳击有奥运拳击和职业拳击比赛之分。

拳击运动对于健身人群来说是一项十分有益的运动。拳击是一项全身运动，主要锻炼部位就是上半身和下半身，如腰部、手臂和腿部等。

拳击训练能提高身体素质，增强肌肉力量，提高反应能力，加速血液循环，增强心肺功能和消化功能等。在练习拳击时，会使神经系统的兴奋性提高，而且还会使大脑的耗氧量大大减少。

二、拳击基本技术

1. 站立姿态

拳击正确的站立姿势：体重应均匀地分到两脚前脚掌部位，重心在中间，要求上体要弓。

（1）首先面对对方，相隔半步，双臂自然下垂站稳。

（2）面向对方，左脚向前出35~45厘米。也可以根据自己的身高和习惯来确定距离，一般使自己感到舒适为好。

（3）右脚与左脚呈45°角，为了减少一点幅度，右脚跟往右侧开一点，左右分开的距离为20~30厘米。这样的站法主要目的是在受到外来打击时，身体保持平衡。假如站成一条横线，受不住从前方来的直拳，容易后倒；站成一条竖线，容易横倒，对攻防两方面都不利。

（4）后脚跟抬起5厘米左右，把自己的体重均匀地落到前后脚趾骨基节部位。前腿的膝关节微屈，同时，后脚也跟着前脚微屈膝。重心放置在两腿之间，身体不论处于静止还是移动状态，重心投影均不得越出两足及两足间的支撑面。

2. 基本步法

拳击的基本步法有滑步、冲刺步、侧步、环绕步、急退步五种步法。

（1）滑步。

1）前滑步，基本姿势预备向前移动，后脚为驱动蹬地的同时前脚微微抬起向前滑动，当前脚落地，后脚迅速跟上，前脚滑动距离与后脚跟步距离一致，身体重心随着两脚前进平稳前移，两脚落地后身体重心仍保持在两脚之间，实战姿势保持不变。

2）后滑步，前脚蹬地同时后脚微微抬起向后滑步，后脚落地前脚迅速跟上，与前滑步一样，后脚退多少前脚跟多少，两脚落地后距离与实战姿势双脚距离一致。

3）向左滑步，右脚蹬地，左脚微抬向左滑动，待左脚落地后右脚也向左滑动跟上，其距离与左脚滑动距离相等，移动完成保持实战姿势。

4）向右滑步，与左滑步相反，左脚蹬地同时右脚向右滑动，左脚跟步保持实战姿势不变。

动作要领：向某一方向移动时，该方向的脚称为方向脚。方向脚移动后，另一只脚要迅速跟进。滑步时，身体重心要平稳，重心勿超出支撑面。脚掌尽可能不离开地面，不可做跳跃步，两腿膝关节和大腿肌群自然放松。滑步是一种稳健的步法。其目的在于调整身体至最佳位置，逼近对手准备攻击，或引诱对方出击，造成对手防御上的空隙，并趁机出拳攻击。使用滑步时要预防对手突然发起猛攻，有了思想准备就可应付突然的变化。

（2）冲刺步。由左势的基本姿势开始，将后脚前移至前脚水平位置，后脚掌猛蹬地，蹬伸小腿与大腿的弯度，将力量通过髋部向左微水平转动推动前脚猛踏向前一步，随即向右转动，恢复原姿势。

动作要领：向前冲步动力来自后脚和后腿。后脚前移要突然，同时猛蹬地，使前脚冲出。

（3）侧步。侧步是对手出拳方向的外侧上一步或向后转一步，避开对手的直拳攻击，为自己创造有利攻击位置的一种步法。侧步法有左右侧法两种，右侧步是向对手右拳方向侧步，左侧步是向对手左拳方向侧步。

1）右侧步。对手打右直拳时，我右足先起动向右后侧转，左足以足尖为轴，足跟向左侧转动 40°～60°。人站在对手右拳外侧。

2）左侧步。对手打左直拳时，我右足先起动向右侧上一步，左足以足尖为轴，原地向右转 100°～120°。

人站在对手左拳外侧位置。左侧步比右侧步难度大，因为左侧步比右侧步更接近对手的右手，受到对方右手打击的可能性更大。掌握左侧步法能发挥自己的有力武器打击对方的腹部和下巴。

动作要领：使用左右侧步时，两足不走交叉步，身体不可左右摇摆。侧步是防御的一种，也是进攻的一部分，因此，在学习侧步时应注意和反击动作结合起来。

（4）环绕步。环绕步是以对手为中心，并围绕对手移动的一种步法。环绕步有向左环绕和向右环绕两种。它的动作好像侧步法，但它不属于侧步法，它的动作幅度较小，只微微闪躲对方的打击，并且能够反击。

1）向左环绕步。这种步法在双方对峙时用于寻找对方的空隙和进攻的机会。为了躲闪对方，免受击打，使对方快速直线进攻失效，使出拳扑空。

动作要领：向左环绕滑动时，右脚蹬地，左脚先向左斜前方滑移，着地后右脚迅速向同一方向跟进，身体重心随着两脚的移动，由原来的位置向斜前方移动，在移动中应保持基本姿势。

注意事项：练习时注意绕弧形路线，不可沿横线直进。

2）向右环绕步。与向左环绕步同，方向相反。

（5）急退步。由左势的基本姿势开始，前后脚脚掌同时蹬地，蹬伸小腿和大腿弯度，与地面做出反弹急速向后移动，两脚几乎同时落地，保持原来的距离和位置。

动作要领：两脚向后急退落地时，前脚是提踵的前脚掌着地，后脚实着地，瞬间要调整原基本姿势。感觉两脚蹬地蹬伸小腿与大腿弯度，与地面作用的弹力。

3. 拳法

拳击的基本拳法包括直拳、摆拳、勾拳、刺拳、组合拳等。

（1）直拳。直拳是最基本的动作，是从肩部出击，轨迹成直线，途径短，拳重，是主力拳，如图 9-1 所示。直拳的主要击打部位为对方脸部的下颌部分。使用直拳时，通过腿的蹬力，发力于腰，利用身体的冲力，借助于手腕的抖力，将出拳力量集中于拳峰上，快速出击，拳面接触到目标后，犹如触电似的迅速将拳收回。直拳可分为左直拳和右直拳两种。

图 9-1　直拳

1）左直拳。左手距离击打目标最近，利于防守和进攻，如配以准确的"距离感"和灵活多变的步法，快速地出击能使对手感到手足无措，进退维谷。

2）右直拳。右直拳是拳击运动中采用的重拳之一。右直拳适合于远距离的攻击，但右直拳一般使用时机少，在有充分把握时才能使用。右拳较左拳离对方远，发拳时身体变化幅度较大，所以右直拳较左直拳慢。

（2）摆拳。摆拳是从侧面袭击对手的有力拳法，如图 9-2 所示。由于从侧面击打，身体向相反方向移动，起到分散对手注意力的作用。但摆拳走的路线较长，容易被对手发现，而且因力量大，一旦击空容易失去平衡。摆拳速度比直拳慢，一般不做开始的引拳。摆拳分为左摆拳和右摆拳两种。

1）左摆拳。在格斗势的基础上，上体稍向左转，随即身体向右转髋转体，左膝内扣，左脚跟提起外摆，同时，左臂上抬与肩平，左肘弯曲约 130°，拳心向下稍向外，拳面向右，拳由左侧划弧线向右摆击，拳不超过身体中线，上体转身不超过90°，着力点在拳面，右拳护颌，目视攻击方向。击出后，将拳收回，成格斗势。

2）右摆拳。在格斗势的基础上，身体向左转髋转体，其余动作同左摆拳方向相反。

图 9-2　摆拳

（3）勾拳。勾拳是拳击中最常用的拳法之一。它是一种向侧面挥动手臂的拳击技巧，目的是击中对手的脸部或身体。勾拳的基本技巧是将手臂弯曲，肘部向外侧旋转。勾拳分为平勾拳和上勾拳两种。

1）平勾拳又分左平勾拳和右平勾拳两种，主要击打目标是两腮、下颌或颈部侧面。使用勾拳时，手臂形状如勾，臂肘弯曲度90°左右，保持臂肘弯曲的同时击打目标，如图9-3所示。

2）上勾拳又分前手上勾拳和后手上勾拳，主要击打部位是身体腰带以上正侧头部位置，如图9-4所示。

勾拳较其他拳法技术要复杂，学习时也有一定的难度。

图 9-3　平勾拳　　　　　　　图 9-4　上勾拳

（4）刺拳。刺拳属于直拳类型，是一种试探性拳法，以左刺拳为多。刺拳的出击路线轨迹呈直线，以对手脸部为主要击打目标。使用刺拳时，臂膀由屈到伸，拳头直线出击。当肘臂将要伸直时，拳头内旋转或拳背向上。左脚在出拳的同时向前滑步，上体应稍前倾，并配合送肩动作，如图9-5所示。拳走的路线比直拳短，拳的力量较轻，能起试探对手的作用，并配合其他拳法以连续进攻。

图9-5 刺拳

第二节 跆拳道

一、跆拳道概述

1. 跆拳道的起源与发展

跆拳道起源于朝鲜半岛，距今已有两千多年的历史。朝鲜民族古时以农业及打猎为生，在抵御野兽、对抗入侵与祭祀活动的舞艺中，逐渐演变出有意识的攻防技巧及格斗自卫武艺的雏形。在两千年前的高句丽皇室墓葬的壁画中，画有两名男子在用跆拳道的攻防姿势互相争斗。

所谓跆拳道，跆（TAE），意为以脚踢、摔撞；拳（KWON），以拳头打击；道（DO），是一种艺术方法。跆拳道是一种利用拳和脚的艺术方法。它是以脚法为主的功夫，其脚法占70%。跆拳道的套路共有25套；另外还有兵器、擒拿、摔锁、对拆自卫术及10余种基本功夫等。跆拳道是经过东亚文化发展的一项朝鲜武术，以东方心灵为土壤，承继长久传统，以"始于礼，终于礼"的武道精神为基础。

在跆拳道没有正式命名时，韩国徒手的搏击流派有很多。名称也有跆跟、手搏、唐手、托肩、花郎道等。从20世纪50年代起，其内涵风格及名字均得到规范和统一。

由于跆拳道有着极大的锻炼价值和极高的安全性，在2000年悉尼奥运会上，跆拳道被列为正式比赛项目。现在，全球有上千万人在练习跆拳道，跆拳道已成为深入人心的时尚运动。

2. 跆拳道的特点与锻炼价值

跆拳道的特点是以腿为主，以手为辅，主要在于腿法的运用。腿法技术在整体运用中约占

3/4，因为腿的长度和力量是人体最长最大的，其次才是手。腿的技法有很多种形式，可高可低、可近可远、可左可右、可直可屈、可转可旋，威胁力极大，是实用制敌的有效方法。跆拳道精神为：礼义廉耻，忍耐克己。

跆拳道是创新与发展起来的一门独特武术，具有较高的防身自卫及强健体魄的实用价值。跆拳道通过品势、撑击和功力检测等运动形式，使练习者增强体质，掌握技术，并培养坚忍不拔的意志品质。

二、跆拳道基本技术

1. 基本步法

步法，跆拳道基本技术之一。根据对手的姿势、位置和距离变化，为摆脱对手的攻击范围并进行还击；或将对手逼进攻击范围并对其进行有效攻击时采用的脚步移动方法。

（1）上步（图9-6）。标准实战姿势开始，两脚成斜马步，后脚蹬地向前迈步，身体侧转成另一侧斜马步，可连续进行，注意拧腰转髋。后蹬地，前脚向前跳跃为前跃步。前滑步和前跃步都属于前进步，是主动进攻时采用的步法。也可用于假动作，配合手臂动作进行，便于快速接近对方。

（2）前滑步（图9-7）。由标准实战姿势开始，两脚成斜马步；前进时，后脚蹬地，前脚向前滑行，后脚迅速向前跟进，身体保持斜马步不变，可连续进行。

（3）后滑步（图9-8）。由标准实战姿势开始，前脚掌用力蹬地，后腿先退后一步，前脚随即后退，两脚及身体仍保持原来姿势；若前脚掌蹬地后，后脚沿地向后滑行一步，前脚随即同样向后滑行一步，两脚及身体仍保持原来姿势。这种步法可以拉开和对手的距离，避开对方的进攻，准备做反击动作。

（4）撤步（图9-9）。从标准实战姿势开始，以后脚前脚掌为轴，前脚抬起向后经后脚内侧向后撤一步，形成和原来相反的实战姿势。后撤步可根据实战需要左右变化，调整与对方的相对距离，准备进行攻击或反击。

（5）跳换步（图9-10）。由标准实战姿势开始，两脚同时蹬地使身体腾空，空中两脚前后交换，同时转体；落地时身体姿势成另一侧的准备姿势。跳换步的腾空不宜高，略离地面即可；换步时要拧腰转髋，迅速敏捷，其目的是干扰对方的攻防思路，选择适宜自己进攻的方位和转换自己身体的得分部位使对方不能得分。同时争取反击的空间和时间，马上转入进攻。

图9-6 上步　　　　图9-7 前滑步　　　　图9-8 后滑步

图 9-9　撤步　　　　　　图 9-10　跳换步

2. 腿法

跆拳道是一种以腿法为主的武技，实战中步法的灵活运用对保证充分发挥腿的威力、取得实战的胜利具有极其重要的意义。腿法使用时多以后腿进攻，因此跆拳道的步法具有鲜明的特点，即重心落在两脚之间或偏于前脚，而且身体姿势大都以侧向站位，以便保护身体和下面要害部位和使后腿通过拧腰转髋发力，增加击打的力量和速度。

（1）前踢。前踢为跆拳道腿法中基本中的基本，为"关节武器化"一言的最基础表达。

从实战姿势的基本姿势开始。右脚蹬地髋关节向左旋转，右腿以髋关节为轴屈膝上提。当大腿抬至水平或稍高时，关节向前送，向前顶，小腿以膝关节为轴快速向前上方踢出，力达腿尖，整条腿蹬直。踢击后迅速放松，右腿沿原路线弹回，将右脚放置在左脚前面仍成实战姿势。

动作方法：

1）从实战姿势开始，如图9-11（a）所示。

2）右脚蹬地重心前移至左脚，左脚支撑，右脚随蹬地屈膝上提膝关节，上体略后仰，如图9-11（b）所示。

3）左脚以脚掌为轴外旋约90°，同时，右腿迅速伸膝向前上踢击，右腿上直，力达脚尖或前脚掌，如图9-11（c）所示。

4）踢击目标后小腿快速放松回收，右脚落回成右势实战。

(a)　　　　　　(b)　　　　　　(c)

图 9-11　前踢

(2) 横踢。横踢是跆拳道比赛中使用率、得分率很高的踢法，类似散打中的边腿，但跆拳道的横踢幅度小、隐蔽性好、速度快。

动作方法：保持基本姿势，右脚蹬地，大小腿折叠向上、向前提膝，左脚掌为轴拧转180°，右膝关节向前抬至水平状态，如图 9-12（a）所示，小腿快速向前踢出，如图 9-12（b）所示，收回，恢复成实战姿势或成为右势。

(3) 下劈。以脚掌、脚跟攻击对方的脸、肩部。分为正劈、内劈、外劈三种，一般称为劈腿，或下压腿。比赛中通常女运动员得分较高。

动作方法：保持基本姿势，左脚蹬地，重心稍前移，右脚尽量上举至头顶上方，如图 9-13 所示；放松落下，上身保持直立，以脚掌击打目标。轻轻落下，恢复成实战姿势。

(a)   (b)

图 9-12　横踢

图 9-13　下劈

(4) 侧踢。类似于散打中的侧踹。但在比赛中用得不是太多，因侧踢后难以连续出腿，而且跆拳道规则中对力度达不到使对手重心摇晃的，是不记分的。

动作方法：保持基本姿势，右脚蹬地起腿，屈膝上提，左脚以脚掌为轴，外旋180°，脚跟正对前方，如图 9-14（a）所示，右腿快速向右前方直线踢出，如图 9-14（b）所示，力点在脚跟，收腿、放松，重心向前落下，恢复成实战姿势。

(a)   (b)

图 9-14　侧踢

三、跆拳道品势（拳套）练习

品势是由"品"和"势"结合而成。品指的是"模样"，势指的是"气势"。从上述名称不难看出，品势不只是外形技术动作，更要表示其动作的气势；品势不仅要动作外形漂亮，更要结合内在气势，这才是正确的。

品势种类可按其内容分为公认品势和创作品势。公认品势是品级审查时指定为考试内容的指定品势，是由国技院指定的，在跆拳道修炼过程中必须练习的品势。例如，太极一至八章、高丽、金刚、太白等就是公认品势。创作品势是把跆拳道技术按照自己的想法改编的品势。

跆拳道品势路线示意图，如图 9-15 所示。以下简要介绍太极一章（图 9-16）。

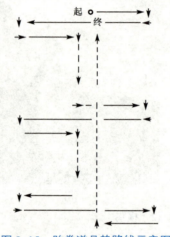

图 9-15　跆拳道品势路线示意图

1. 准备势

右脚向侧方向横跨一步，两脚与肩同宽，两腿自然站立；两手握拳置于身前，拳心向内；两眼平视前方。

（1）右转身下截：身体向左转 90°，前行步站立，同时，左手握拳向左下截，右拳收于腰间，收于腰间的拳，拳心向上。

（2）右顺步冲拳：右脚向前一步呈前行步站立，同时右拳向前内旋平冲，左拳收于腰间。

（3）后转身下截：右脚向后撤步，身体以左脚为轴，向右转体 180°，呈前行步站立；同时，右臂屈肘向下截拳。

（4）左顺步冲拳：左脚向前进一步仍是前行步站立；同时，左拳向前内旋平冲，右拳收于腰间。

（5）左弓步下截：身体向右转 90°，左脚向侧方向移步，呈左弓步；同时，左臂向下截击，左手握拳，拳心向内，右拳收于腰间。

（6）左弓步冲拳：两脚原地不动，右拳向前内旋平冲，左拳回收于腰间。

（7）右转身外格：右脚向右移步，左脚以脚掌为轴原地内旋，脚尖转向右前方，身体随之右转；同时左拳前伸外格，拳心向上，右拳收于腰间。

（8）前进步冲拳：左脚向前进一步呈前进步站立，右拳向前内旋平冲，左拳回收于腰间。

（9）后转身内格：以右脚掌为轴，身体向左后转180°，随即左脚向前进步；同时，右臂向内格挡。

（10）右弓步冲拳：右脚向前进一步呈右弓步；同时，左拳向前内旋平冲，右拳收于腰间。

（11）右弓步下截：以左脚为轴，身体向右转90°，右脚向前方向移动；右手握拳向右下截击，左拳收于腰间。

（12）右弓步冲拳：两脚原地不动，左拳向前内旋平冲，右拳收于腰间，呈右弓步冲拳。

（13）左转身上架：右脚不动，身体左转，左脚向前移步；同时左臂屈肘上架，置于额前，拳心向外，呈前行步站立。

（14）右前踢冲拳：右脚蹬地，屈膝上提，以膝关节为轴伸膝前踢；左脚掌支撑，两臂屈肘置于体侧。右脚放松前落，呈前行步站立；同时，右拳向前内旋平冲，左拳收于腰间。

（15）后转身上架：以左脚为轴，身体向右转180°，右脚向前方向移步呈前行步；同时，右臂屈肘上架，横置于额前，拳心朝前。

（16）右前踢冲拳：右脚支撑，左腿屈膝上提，以膝关节为轴伸膝向前上踢击；同时，两臂屈肘置于体侧，左脚前落呈前行步站立，左拳向前内旋平冲，右拳收于腰间。

（17）左弓步下截：以右脚为轴，身体向右转约90°，左脚向前方向上一步，呈左弓步；同时，左臂向左下方截击，右拳收于腰间。

（18）右弓步冲拳：左脚不动，右脚向前上一步，呈右弓步；同时，右拳向前内旋平冲并发声"停！"左拳收于腰间。

2. 收势

以右脚为轴，身体向左后转180°，左脚后撤与右脚平行呈准备势。

图9-16 太极一章

图 9-16 太极一章（续）

第三节 散打

一、散打概述

散打，又称散手，是中国发源的搏击，古时称之为相搏、手搏、技击等。散打不追求花式，目的是通过散打技法的灵活、巧妙的应用，来战胜对方。散打的招法动作分为实战姿势、步法、拳法、腿法、摔法、防守法五类，根据各种各样的武术散打各自不同的表现形式、性质、价值、功能来划分，可以将散打分为竞技散打、实用散打、演练散打三类。

1979年3月，中国掀起"武术热"，散打运动正式开始试点探索，在国内各大院校积极展开。2008年8月，在奥林匹克体育中心举办了北京奥运会武术散打比赛，其举办使散打项目成为武术比赛的重要项目，对于武术散打项目迈向国际化具有里程碑意义。

散打的主要特点为民族性、对抗性、体育性。学习散打可增强武德教育、完善人格、健体防身、娱乐消遣、推动社会的发展、提升国家软实力。

二、散打基本技术

1. 实战姿势

实战姿势通常也叫作预备式或格斗式，是格斗前所采用的临战运动姿势。它不仅能使身体处于强有力的状态，而且有最佳的快速反应能力，利于快速移动发起进攻和防守，并且暴露面小，能有效地保护自己的要害部位。

实战姿势分为左实战式和右实战式。下面以左实战式为例：两脚前后开立，前脚跟与后脚尖距离约同肩宽。左脚全脚掌着地，右脚跟稍抬起，前脚掌着地，两膝稍弯曲，自然里扣，身体重心右移，上体含胸收腹扭臀，左臂内曲约90°，拳眼与鼻尖平行。右臂内曲约45°，拳置于脖前，两肘自然下垂并稍向里合，下颌内收，目视对方上体。

2. 步法

散打步法是为保持与对手间的距离，实施进攻与防守动作或破坏对手与进攻与防守意图，而进行专门的脚步移动方法，步法较多，比如滑步、垫步等等。

（1）滑步。

前滑步：实战势，后脚蹬地，前脚向前移动，落地时以前脚掌先落地，随之后脚前移，落地后与原基本姿势相同。后滑步反之。

左滑步：实战势，后脚蹬地，前脚向左平移，后脚随之向左移动，动作完成后与原实战势相同。右滑步反之。

（2）垫步。

前垫步：实战势，前脚蹬地，后脚前移，在前脚里侧处落地的同时前脚前移，落步后仍成原基本姿势。

后垫步：实战势，后脚蹬地，前脚后移，在前脚里侧落地的同时后脚后移，落步后仍成基本姿势，变换要快，两腿不可交，叉垫步时身体重心要求两脚贴近地面滑行。

3. 拳法

拳法技术在散打运动中常用的有直、摆、勾、劈、鞭拳五种。在实战中具有速度快和灵活多变的特点，它能以最短的距离、最快的速度击中对手。拳法益于结合进行训练，并且能任意配合其他技术使用。只要掌握得好、利用得巧妙，就能给对手造成很大的威胁。

（1）直拳。直拳又称冲拳，分为左直拳和右直拳。

1）左冲拳：左势站立，右脚微蹬地，身体重心稍向左脚移动，同时转腰送肩，左拳直线向前击出，力达拳面，右拳自然收回额前，如图9-17所示。

动作要点：左右直拳抢攻对方头部。当对方侧弹腿进攻时，左手防守，同时右直拳反击对方头部。

用法：可击打对方的脸部、胸部、腹部，也可用于防守反击，并可用于虚招迷惑对方探路，是进攻技术中远距离拳法。

2）右直拳：左脚向前进步，右脚跟进，前脚掌内扣点地，转腰送肩同时右拳直线向前冲击对方，力达拳面。左拳收回左肩内侧作保护，如图9-18所示。

动作要点：蹬地、转腰、送肩要顺，收回要快，成预备式，并且眼睛要注视对方。

用法：攻击的距离长，力量大，有较大的杀伤力，属于重拳远距离拳法。

图 9-17　左直拳

图 9-18　右直拳

（2）摆拳。摆拳分为左摆拳、右摆拳。

1）左摆拳：左势站立，上体微向右扭转，同时左臂稍抬起时，前臂内旋向前里弧形出击，力达拳面，大小臂夹角约130°，右拳自然收回领前，如图 9-19 所示。

动作要点：左拳虚晃，右摆拳抢攻对方头部。当对方右蹬腿攻击我中盘时，左手里挂防守，随即用右摆拳反击对方头部。

用法：左摆拳是一种远距离弧线形进攻技法，多用于防守反击。

2）右摆拳：原地右脚蹬地内扣，身体向左摆动，同时右拳由上向里并向下弧线挥击对方，肘微屈，拳心朝下，力达拳背，左拳护于左颌下作为保护，如图 9-20 所示。

动作要点：右脚内扣、转腰、摆拳、发力要一致，力达拳背，收回要快，成预备式，并且眼睛要注视对方。

用法：右摆拳是一种远距离弧线形进攻技法，多用于防守反击。蹬地转腰的力量使右摆拳重于左摆拳。

图 9-19　左摆拳

图 9-20　右摆拳

（3）勾拳。勾拳分为左勾拳和右勾拳。

1）左勾拳：左势站立，上体稍向左侧倾，重心略下沉，左拳微下落，随即左脚蹬地，上体右转，挺腹前送左髋，左拳由下向上曲臂勾击，力达拳面，大小臂夹角约90°，右拳自然回收于颌前。

动作要点：假动作虚晃，忽然上部靠近对方，用上勾拳击其下颌。当对手以下前抱摔时，迅速后退用左勾拳反击其头部。

用法：用于近身格斗，是短距离拳法技术。

2）右勾拳：右脚蹬地，扣膝合胯，身体向左转，同时右拳由下向上勾起（上勾）。抬臂提肘成直角，拳心朝下，平击对手，力达拳面（平勾）。

动作要点：发力短促有力，上勾拳是由下向上发力，右平勾是由右向左发力。

用法：用于近身格斗，是短距离拳法技术。

4. 腿法

腿法内容丰富，分屈伸性、直摆性、扫转性三大部分。格斗中腿法灵活机动，变化多端，攻击距离远，力度大，还具有隐蔽性、突出性攻击部位的特点。在运用腿法攻击时，要求做到快速有力，击点准确。

（1）蹬腿。蹬腿分左蹬腿和右蹬腿。

1）左蹬腿：左势站立，身体重心稍后移，同时左腿屈膝提起，曲肩向前，脚尖上勾，随即从脚跟领先向前蹬出，力达脚跟，如图9-21所示。

动作要点：用蹬腿攻击对方上盘，当对方运用边腿攻击时，突然用右蹬腿抢先攻击对上盘。

用法：屈膝高抬，爆发用力，快速连贯，走直线。

图9-21　左蹬腿

2）右蹬腿：在预备势的基础上，身体稍向后仰，右腿随即正直提膝向正前方蹬，脚尖朝上；击出时，左手护颌，右手自然下挥，眼平视攻击方向；击出后，先屈收右腿，而后在后方落地，恢复成预备势，如图9-22所示。

动作要点：后仰幅度不能过大，前蹬迅猛，蹬出后先屈收小腿。

用法：屈膝高抬，爆发用力，快速连贯，走直线。

图 9-22　右蹬腿

（2）踹腿。踹腿分为左踹腿和右踹腿。

1）左踹腿：左势站立，身体重心后移，上体稍右转，同时左屈膝提起，脚尖勾起，随即展髋，使脚掌正对攻击方向，使之迅速由曲到伸，向前踹出，力达脚跟，如图9-23所示。

动作要点：以左侧踢踹腿，假装攻击对方下盘，随即用左踹腿实攻对方上盘，左边腿假装攻对方下盘，然后转身踹腿攻击对方上盘。

用法：阻击对方用手攻击的远距离腿法。

图 9-23　左踹腿

2）右踹腿：在预备势的基础上，身体向左转体逆向左斜，右腿屈收至腹前，而后向右方踹出，着力点在脚跟，腿与体侧成直线；击出时，右脚尖向左，左手护额，右手自然下挥，重心落于左腿，眼平视攻击方向；击出后，先屈收左腿，而后在前方点地，迅速恢复成预备势，如图9-24所示。

动作要点：上体、大腿、小腿、脚掌成一条直线，踹出时一定要以大腿推动小腿直线向前发力。

用法：阻击对方用手攻击的远距离腿法。

图 9-24　右踹腿

（3）横摆腿。上体右转并侧倒，顺势带动左腿（直腿），向右方横摆鞭打扣膝，力达脚背，眼睛注视对方，如图 9-25 所示。

动作要点：以转体带动摆腿，动作连贯，弧线快速。

用法：主要横击对方的腹部、头部的远距离腿法。

图 9-25　横摆腿

5. 摔法

摔法是在竞技里的格斗中以巧妙的技法使对手倒地的方法，在格斗中，用摔法必须做到快速果断，因为是竞技里的格斗，所以不能给对留下喘息的机会，才能保护自己。

（1）抱腿别腿摔。抱对方前腿后，左手迅速前伸，别其后支撑腿，同时右手后拉左边前顶对方将对拉倒，如图 9-26 所示。

动作要点：抱腿准、有力，上步、转体、下压协调一致。

(a) (b) (c)

图 9-26 抱腿别腿摔

（2）抱腿推击摔。对方用左腿法攻击时，将对方左腿抱住，上步用左手打击对方的上体，如图 9-27 所示。

动作要点：抱腿准、有力，上步打击对方的上体要快。

(a) (b) (c)

图 9-27 抱腿推击摔

（3）抱双腿过胸摔。上前迅速上左步，屈膝弓腰，两手由外向内抱住对方腿根部，左边前顶其髋腹部，随即向前上右步，蹬腰腿抬头将对方向后摔落，如图 9-28 所示。

动作要点：上步下潜快，抱腿紧，起来要用爆发力。

 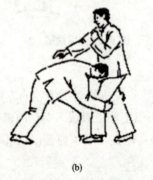 

(a) (b) (c)

图 9-28 抱双腿过胸摔

6. 防守法

防守是一种可以节制和削弱对方的攻击，保护自己并能处于反击位置的方法，最终目的在于防守后的反击。准确巧妙地防守，不但能保护自己，而且能为攻击创造更好的条件。

（1）拍挡防守：以左拍挡为例，左手掌心向里贴，向里横拍并稍右转体。

（2）挂挡防守：左右手屈臂向同侧头部或肩部挂挡。

（3）里抄防守：左右手臂微屈并外放，紧贴腹前，手心向上，同时左右手屈臂，紧贴胸前立掌，掌心向外。

（4）外抄防守：左右手臂外旋弯曲，上臂紧贴肋部。

（5）提膝防守：重心右移，前腿屈膝起，后腿支撑，上体姿势不变。

（6）截击防守：当对方准备进攻时，使手截腿阻截对方攻势。不接触防守。

（7）后闪防守：重心后移，上体略后仰闪躲。

（8）侧闪防守：上体向左侧或右侧闪躲或用左右闪步防守。

（9）下潜防守：屈膝降低重心，同时低头缩颈向下闪躲两手护头。

（10）上跳防守：两脚蹬地，使身体向上跳闪。

参考文献

[1] 韩秋红. 大学体育与健康课程 [M]. 北京：清华大学出版社，2020.

[2] 袁守龙. 大学体育与健康 [M]. 北京：人民邮电出版社，2019.

[3] 潘瑞成，吴建平. 大学体育 [M]. 北京：高等教育出版社，2020.

[4] 佟艳华. 新编大学体育健康教程 [M]. 北京：科学出版社，2017.

[5] 曹学，刘鲲. 大学体育 [M]. 2版. 武汉：华中科技大学出版社，2019.

[6] 王庆军. 大学体育与健康 [M]. 南京：南京师范大学出版社，2021.

[7] 付玉坤. 大学体育 [M]. 北京：首都经济贸易大学出版社，2015.

[8] 陈志伟，林致诚，林顺英. 大学体育与健康教程 [M]. 2版. 厦门：厦门大学出版社，2019.

[9] 代永胜，曾伟. 大学体育基础教程 [M]. 2版. 武汉：武汉大学出版社，2022.

[10] 艾丽，张平. 新时代大学体育运动与健康教程 [M]. 北京：清华大学出版社，2022.

[11] 闫俊杰，秦光宇，贾冲. 大学体育 [M]. 南京：东南大学出版社，2020.

[12] 何艳君，曹志凯. 新编大学体育教程 [M]. 北京：北京大学出版社，2021.

[13] 张昕，郭斌. 大学体育健康指导教程 [M]. 西安：西安电子科技大学出版社，2019.

[14] 王仲春，赵燕鹏. 大学体育与健康 [M]. 2版. 北京：化学工业出版社，2022.

[15] 赵少平. 大学体育教程 [M]. 上海：上海交通大学出版社，2020.